Inhalt

Bibliografische Information der Deutschen Nationalbibliothek:

Die Deutsche Nationalbibliothek verzeichnet diese Publikation

In der Deutschen Nationalbiografie; detaillierte bibliografische

Daten sind im Internet über http://dnb.dnb.de abrufbar.

© 2019 Dominik Nunn

Herstellung und Verlag:

BoD – Books on Demand, Norderstedt

ISBN: 978-3-7504-1630-7

Vorwort

Lieber Leser,

die Arbeitswelt hat sich in den letzten Jahren stark gewandelt.
Neben den erweiterten Möglichkeiten durch die neuen Technologien,
steigt auch der Termin- und Leistungsdruck.
Wir finden uns in einem modernen Paradoxon,
bei dem man auf der einen Seite einem Informationsüberfluss gegenübersteht
und auf der anderen Seite gleichermaßen Leistung und Effizienz gefordert wird.
In meinem Alltag sehe ich sowohl beruflich als auch privat einen großen Bedarf,
die Mitmenschen mit der neuen Technologie vertraut zu machen und auch
den Umgang damit und die Chancen aufzuzeigen.
Dieses Buch zeigt ein Modell welches sich für mich als absolut erfolgreich
erwiesen hat
und ich möchte Sie an den Methoden teilhaben lassen um auch Ihnen die
Möglichkeit zu geben die Chancen der neuen Medien zu nutzen und somit Ihren
Alltag zu bereichern.
Ich wünsche Ihnen viel Freude beim Lesen und hoffe,
dass Sie die beschriebenen Ansätze in Ihrem Alltag anwenden können

Motivation

Die neuen Medien und die Vielfalt an Ablenkungen,
gepaart mit dem Leistungsdruck der heute herrscht beschert uns neben viel
Burnout gefährdeten Arbeitnehmern vor allem eines – demotivierte Mitarbeiter.
Der Schlüssel zum Erfolg ist nicht mehr wie früher harte Arbeit
und Disziplin sondern vielmehr ein Zusammenspiel aus Motivation,
der Zeit , Methodik und der Fachkenntnisse.
Drei dieser Themen werden wir in diesem Buch beleuchten,
ich möchte zunächst einige Denkanstöße für die Motivation geben.

Bevor wir uns mit den Themen „intrinsisch" und „extrinsisch" befassen,
müssen wir uns damit auseinander setzen was denn Menschen
generell für ein Motiv haben um sich für etwas begeistern zu können.
Hierbei greife ich auf die Bedürfnispyramide nach Maslow zurück.
Die Pyramide stellt ganz gut dar,
dass wir zunächst unsere Grundbedürfnisse befriedigen
und dann über die sozialen Bedürfnisse in die oberen Ebenen aufschließen.
Das Bedürfnis nach Wertschätzung ist das Bedürfnis,
das in unserer heutigen Zeit am meisten vermisst wird.
Personen die dieses Bedürfnis befriedigt haben suchen
meist nach Selbstverwirklichung und versuchen sich selbst zu entwickeln.

Bedürfnis nach

Selbstverwirklichung
z.B. Entwicklung und

Entfaltung
der Persönlichkeit)

Bedürfnis nach Wertschätzung
(z.B. Selbstachtung, Anerkennung,
Status)

Soziale Bedürfnisse
(z.B. Zugehörigkeitsgefühl, Liebe)

Sicherheitsbedürfnisse
(z.B. Geborgenheit und Schutz der Person)

Physiologische Bedürfnisse
(z.B. Hunger, Durst)

Hierarchie der Bedürfnisse nach Maslow

Neben den Bedürfnissen steht zur Debatte warum man Motiviert ist etwas
zu tun, hierbei erläutert Frankl das es in jeder Situation einen Sinn gibt der
die Menschen antreibt – auch wenn die Situation noch so aussichtslos ist.
Beim Sinn findet Frankl 3 Quellen des Sinns:

Religion / Gott

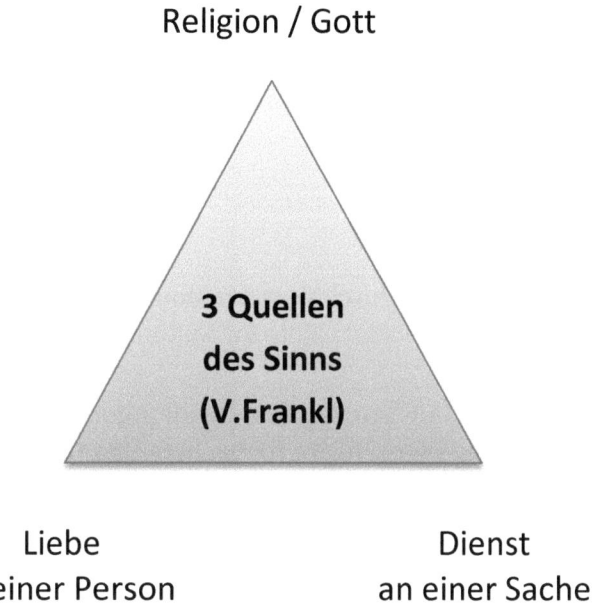

**3 Quellen
des Sinns
(V.Frankl)**

Liebe
zu einer Person

Dienst
an einer Sache

Gefühle lassen sich nicht absichtlich (per intentionem) herbeiführen,
sie müssen sich einstellen (per effectum).

Motivation wird oft benötigt lässt sich aber nicht von Manager einstellen.
Ich wachse eine Pflanze (Aktiv ziehen - geht nicht Ich kann nur
Rahmenbedingungen schaffen- gießen und pflegen)

Bei den Rahmenbedingungen setzen die Begriffe extrinsisch und intrinsisch an –
schauen wir uns die Motive etwas genauer an.

Extrinsisch

Die extrinsische Motivation kommt von „extern" also von außen.
Diese Motivation funktioniert bis zu einem gewissen Grad,
ist aber leider die am weitesten verbreitete Motivationsart.
Im Prinzip wir die Motivation erreicht indem man eine Art Belohnung
aussetzte die bei Erreichen ausgeschüttet wird.
Der Satz „Ein gutes Pferd springt nur so hoch wie es muss" beschreibt recht
treffend wo der Haken bei dieser Motivationsart liegt – die Motivation ist
nicht dauerhaft sondern vielmehr nur solange gegeben bis die
Bedingungen für die Belohnung und somit das Ziel also das Motiv erreicht
wurde. Generell kann man zwischen zwei Motivationsarten unterscheiden
„Monetär und „Macht/Druck"

Monetär

Die Monetäre Motivation wird durch Bonuszahlungen erreicht.
Das wohl beste Beispiel sind Umsatz Ziele im Außendienst die zu einer
Bonuszahlung führen.
Anreize können aber auch in Form von Bonuszahlungen für Überstunden,
reduzierte Krankheitstage oder schlicht für rechtzeitige Bezahlung (Skonto)
geschaffen werden.

Macht / Druck

Neben dem finanziellen Anreiz gibt es auch unschöne Methoden um die
Motivation „zu erzwingen" so wird die Macht eines Vorgesetzen
missbraucht um zu Druck auf den Mitarbeiter auszuüben.
Beispiele hierfür sind die Androhung von Konsequenzen wenn etwas nicht
erledigt wird z.B. Ihr befristeter Vertrag läuft bald aus.
Wenn ich mir anschaue wie oft Sie samstags gearbeitet haben,
muss ich mir schon überlegen ob ich Ihren Vertrag verlängere.

Extrinsische Motivation kann kurzfristig eine Option sein,
wenn Sie fair bleibt.
Meine persönliche Überzeugung ist, dass eine Bonuszahlung als Zeichen der
Wertschätzung für die geleistete Arbeit dienen kann aber nicht die Basis der
Motivation sein sollte.

Intrinsisch

Wenn die Mitarbeiter Ihre Arbeit gerne machen und die Eigenmotivation zum Antrieb werden ist dies die langfristig bessere Lösung.

Zum einen haben Mitarbeiter die selbst motiviert sind den Vorteil, dass Sie Ihre Arbeit aus einem Sinn heraus verrichten, zum Anderen machen Sie die Arbeit gerne und haben Spaß daran.

Wenn ein Vorgesetzter ein Team formt und es schafft die Mitarbeiter nach Ihren Stärken in die Arbeitsaufgabe einzubinden wird das Team zu einem Erfolgskonzept.

Wir verbringen den Großteil unserer Zeit bei der Arbeit und sollten schon aus Eigeninteresse etwas tun, das uns Spaß bereitet.

Aus diesem Grund ist es so wichtig für sich zu prüfen was man gerne tut und danach den für einen am besten geeigneten Beruf zu wählen.

Es ist leichter gesagt als getan, denn viele Menschen haben Schwierigkeiten zu definieren was Sie eigentlich wollen.

Ich fand den Vergleich mit einem Navigationssystem immer recht treffend, wenn man Weiß wo man hin möchte ist es recht einfach das Ziel einzugeben – je ungenauer an das weiß, desto schwieriger wird es die das Ziel und damit Zufriedenheit zu erlangen.

Gibt man Beispielsweise Land, Ort, Straße und Hausnummer an ist das Ziel eindeutig beschrieben und man wird es mit dem Navigationssystem oder ggf. mit einer Karte oder über Nachfragen finden.

Hat man nur das Land rückt das Ziel in weite Fernen.

Mit den persönlichen Zielen verhält es sich ähnlich, wir sind oft zu sehr auf das „wie" konzentriert als auf das „was".

Am Anfang steht das „was", wenn man für sich definiert hat was man möchte beginnt man die Möglichkeiten zu prüfen wie man an das Ziel kommt.

Dies kann mit dem Auto der Bahn, der Landkarte dem Navigationssystem oder dem Handy sein.

Einige Ansätze um die Ziele zu finden habe ich im Abschnitt Zeitmanagement beschrieben denn es ist wichtig seine Zeit für die **einem** wichtigen Dinge zu verwenden.

Um nochmal die Überleitung zum Thema Motivation zu finden, möchte ich hier einige Denkanstöße geben die einem helfen die Motivation zu halten und auch in schwierigen Zeiten/Situationen gerüstet zu sein.

„Ask for the intention" - die Absicht Hinterfragen

Wie oben beschrieben gehört es zur Selbstfürsorge sich darum zu
bemühen, dass man seine Motivation hält.
Ich tue dies durch Literatur aber auch durch andere Medien.
Schaut man sich die Interviews von Oprah Winfrey an,
so stellt man fest das eines Ihrer Geheimnisse
die Frage nach der Absicht ist.
Auf die Praxis bezogen bedeutet das, Sie hinterfragt bei jedem Interview
ob Sie damit den Menschen hilft oder ob das Ziel Einschaltquoten und
sind die durch das bloß stellen von Gästen erreicht werden.
Wenn die Absicht in Ihrem Sinn ist, dann stimmen Sie den Interviews zu.
Diese Methode hilft mir täglich - bei jeder E-Mail und auch bei jedem
Problem stelle ich mir die Frage, was ich mit der Antwort / einem Telefonat
oder einem Gespräch erreichen möchte.
Dies hilft ungemein um von der emotionalen Ebene auf die Sachliche
aufzuschließen und Zielorientiert an Problemen zu arbeiten.
Dass dies funktioniert sehe ich im Alltag und die Erfolge helfen die
Motivation aufrecht zu erhalten.

„Gratitude Stone" - der Dankbarkeits-Stein

Als ich das Buch „the Secret" (das Geheimnis) gelesen habe, bin ich auf
einige interessante Gedanken gestoßen die sich für mich gut in das bereits
bekannte einfügen.
Hierzu möchte ich zunächst folgenden Denkanstoß geben:

»Geld alleine macht nicht glücklich«

Es ist nicht selten, dass man feststellt wie unglücklich manche Menschen sind
obwohl es Ihnen sehr gut geht oder Sie gar immensen Reichtum besitzen.
Die Unzufriedenheit kann durch Vergleiche mit anderen zustande
kommen hängt oft aber schlicht damit zusammen,
dass gar nicht definiert wird was für einen wichtig ist.
Bevor wir hierauf eingehen, hier noch eine Methode die hilft zufriedener
zu werden – der Dankbarkeits-Stein.

Die Idee dahinter ist, dass man einen Gegenstand z.B. Stein mit sich führt. Steckt man diesen morgens in die Hose, soll er eine kleine Erinnerung darstellen – man nutzt diesen Moment um an etwas zu denken für das man dankbar ist. wenn man Ihn abends wieder aus der Hosentasche nimmt denkt man jedes Mal an die Dinge für die man dankbar ist.
So lenkt man den Fokus auf die Dinge für die man dankbar ist und schafft es eine positive Einstellung zu befördern.

Täglich 5 Dinge, die an dem Tag positiv waren
Eine ähnliche Methode mit mehr Verpflichtung ist,
dass man jeden Abend 5 Dinge aufschreibt die den Tag über positiv waren.
Dieses Vorgehen schärft den Blick auf das Positive, ermöglicht eine Reflektion des Tages und hat den Charme, dass man beim Lesen der Einträge positive Erinnerungen reaktivieren kann.

Diese Methode ist die perfekte Überleitung zu unserem nächsten Thema das definieren von Zielen und das erörtern was für einen wichtig ist.
Oft wird versucht mit Ratschlägen das Glück von anderen zu befördern,
dies führt sehr oft nicht zum gewünschten Ziel da jeder Mensch anders ist.
D.h. wir haben andere Interessen, uns machen andere Dinge glücklich nicht jeder träumt von denselben Dingen.
Wenn ich da so mache Erwartungshaltung an Hilfe durch Psychologen oder andere Menschen höre, frage ich mich oft ob diese denn erfüllt werden.

»Ich gehe zu einem Arzt damit er mir sagt was ich tun soll«

Aus meiner Sicht kann der Arzt hier Rahmenbedingungen schaffen und Lösungsansätze und Impulse geben.
Das Umsetzen dieser Ansätze, die Selbstfürsorge und das herausfinden was für einen gut ist liegt in der Verantwortung von uns selbst.
Das Aufschreiben von positivem kann hier ein Wegweiser sein.
->Wenn man solche Aufzeichnungen über einen Zeitraum hinweg
   aufschreibt kann man recht einfach erkennen,
   was einem gut tut und was für einen wichtig ist.

The big five for life

Wie im letzten Abschnitt erläutert ist es für viele Menschen schwer zu
definieren was für einen wichtig ist.
Dies führt zwangsläufig zum nächsten Thema:

»Sich über seine Ziele klar werden und diese definieren«

In Bezug auf die Motivation kann man die Ziele als Antrieb sehen,
wenn ich mir klar darüber werde was ich möchte kann ich mir Ziele setzen.
Schaffe ich es meine Arbeit in Einklang mit **meinen** Zielen zu bringen,
so habe ich eine intrinsische Motivationsquelle.
Aus diesem Grund halte ich es für wichtig einen Job auszuüben der zu
seinen Zielen passt und somit auch Spaß bereitet.
Denn wer 7-8 Stunden pro Tag an Energie Opfert für etwas das weder zur
Zielerfüllung dient noch Spaß bereitet wird auf Dauer nicht motiviert sein
und zudem sehr unzufrieden werden.
Als ich das Buch „the big five for life" gelesen habe, war ich beeindruckt.
Der Grund war nicht nur, dass das Buch mir aus der Seele gesprochen hat,
die Idee dies zu vermitteln mit dem Vergleich zu den big five in Afrika war
einfach genial.
In Afrika wird der Erfolg einer Safari daran bemessen,
wie viele der „big five" also der großen fünf Tiere man gesehen hat.
(Elefant, Nashorn, Büffel, Löwe und Leopard)
Der Grundgedanke ist nun herauszufinden was für einen im Leben wichtig
ist und sein Leben dann auf die für einen wichtigsten fünf Dinge auszurichten.
Drastisch gesagt, welche fünf Dinge möchte man in seinem Leben erreicht
haben wenn man stirbt.
Hat man die fünf Dinge erreicht, so kann man sich neue Ziele stecken
und diese verfolgen was in letzter Konsequenz zu einer anderen Ebenen führt.

Vision Board

Hat man einmal wie in den vorangegangenen Abschnitten bereits
beleuchtet seine Ziele definiert, so kommen wir zum nächsten Schritt.

»Die Ziele umsetzen«

Jeder kennt es in Bezug auf die Fitness – man verfolgt eifrig das Ziel mehr
Sport zu treiben und wenn es darum geht in das Fitnessstudio zu gehen,
oder regelmäßig zu laufen, ebbt unser Tatendrang ab.
Man sucht Entschuldigungen, beschäftigt sich mit vermeidlich
„wichtigeren Dingen".
Wir brauchen „Commitment" auf Deutsch eine Art Bekenntnis.
D.h. wir müssen uns dafür entscheiden dass wir unser Ziel auch wirklich
wollen – dies ist kein Problem, wenn wir wirklich unsere Ziele verfolgen
und nicht die die „andere" uns empfehlen, für richtig halten usw.
Es wird nicht immer jeder zustimmen und wie oben beschrieben gibt es
auch noch den inneren Schweinehund, aus diesem Grund sollten wir
unsere Ziele visualisieren.
Es ist wie bei Hausaufgaben oder Reflektionen die wir ab und an
Durchführen - wir beschäftigen uns mit unseren Zielen und deren Erreichung
damit wir sie am Ende verinnerlichen und leben.
Ein tolles Mittel hierfür ist das „Vision Board" also das Schwarze Brett der
eigenen Vision.
Hierbei nutzt man z.B. eine Pinnwand und steckt Bilder von den eigenen
Zielen an selbige.
Die Pinnwand hängt man dann in sein Büro oder eine Stelle an die man
täglich seine Aufmerksamkeit bringt.
Durch das ständige anschauen ist man in ständiger Konfrontation mit
seinen Zielen und man hat zudem einen Motivationsschub bei jedem
Anschauen des Vision Boards.
Der ein oder andere kennt diese Technik wenn man z.B. sein Urlaubsziel als
Bildschirm Hintergrund verwendet oder sich ein Bild des letzten Urlaubes
ins Büro hängt.

Zeitmanagement

Hat man sich mit der Motivation und den eigenen Zielen befasst,
kommt oft der Alltag und mit Ihm die große Frage, wie bekomme ich alles
unter einen Hut – wie schaffe ich es bei all den Aufgaben den Überblick zu
behalten und wie gehe ich an Aufgaben heran.
Letztendlich muss hier jeder für sich den richtigen Weg finden,
aber ich möchte hier einige Techniken,
Tricks und Kniffe zeigen die mir im Alltag helfen.
Ich möchte hier den Satz von Eckard von Hirschhausen zitieren
„Sehen Sie es wie einen intellektuellen Supermarkt – es werden mehrere
Techniken vorgestellt und Sie nehmen sich das was für Sie passt mit".

Brain Storming

Bevor man ein Thema angeht muss abgewogen werden,
wie man dieses bearbeitet und welche Themen dabei beachtet werden müssen.
Hierbei nutze ich oft zunächst das alt bewährte Brain Storming.
Beim Brain Storming schreibt man alles auf, das einem zum Thema einfällt.
Wenn man hierbei die Themen gleich um das Thema herum anordnet
und die Begriffe somit vor sortiert, hat man eine gesunde Basis
um in das Thema zu starten.
Das Brain Storming kann auch in Gruppen durchgeführt werden so können
Ideen gemeinsam in einer Arbeitsgruppe oder einem Team ausgearbeitet
oder aufgegriffen werden.

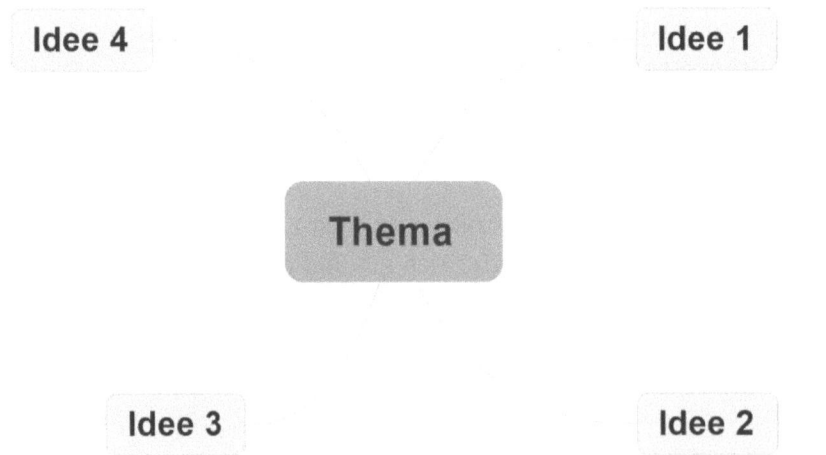

Themen Sterne nach Michael Rossié

Michael Rossié ist einer der besten Speaker Deutschlands, als ich ein
Seminar von Ihm besuchen durfte sind mir die Themen Sterne aufgefallen.
Im Prinzip ist das Prinzip des Brainstormings auf die Sterne übertragen,
er nutzt die Sterne und 7 Zacken um vor jeder freien Rede die Themen zu
sammeln – diese können dann beliebig kombiniert werden.
Wem also ein Brainstorming zu umfangreich ist, kann auch diese Themen
Sterne nutzen um Ideen zu einem Thema zu sammeln.

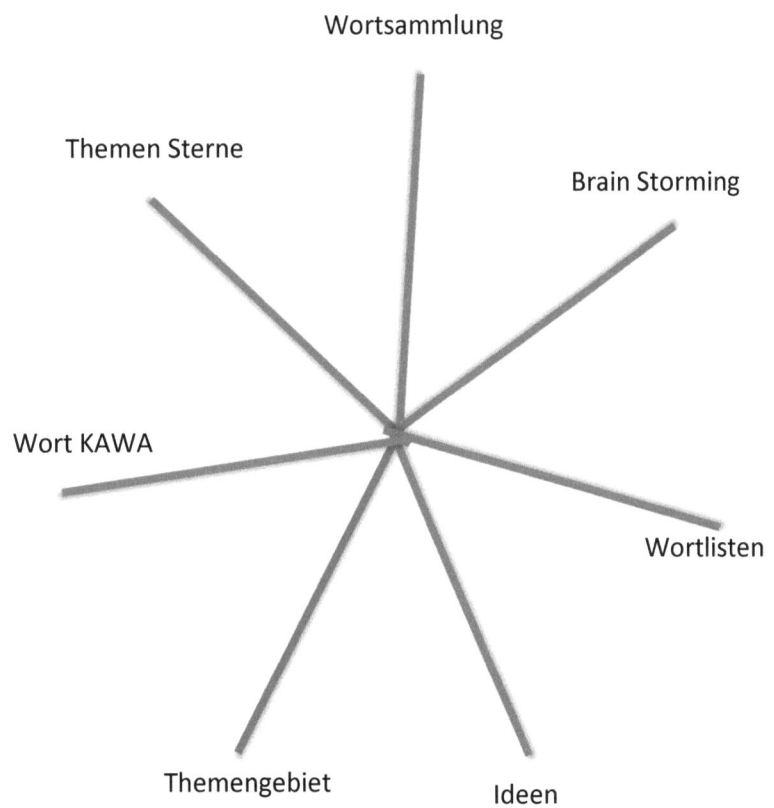

Wortlisten ABC Liste nach Birkenbihl

Eine Erweiterung der Brainstorming Methode ist die
ABC Liste nach Birkenbihl.

Hierbei notiert man zunächst die Buchstaben von A-Z auf einer Vorlage,
diese kann man ggf. später auch kopieren.

Nun schreibt man hinter jeden Buchstaben, zu dem einem etwas in Bezug
auf das Thema einfällt das Wort, dass einem gerade in den Sinn kommt.

Hat man mehr als ein Wort, kann man dieses einfach hinten anreihen.

Oft genügt der Buchstabe um direkt Begriffe ins Gedächtnis zu rufen,
diese Vorgehensweise nutze ich gerne um das Brainstorming zu
vervollständigen und zu ergänzen.

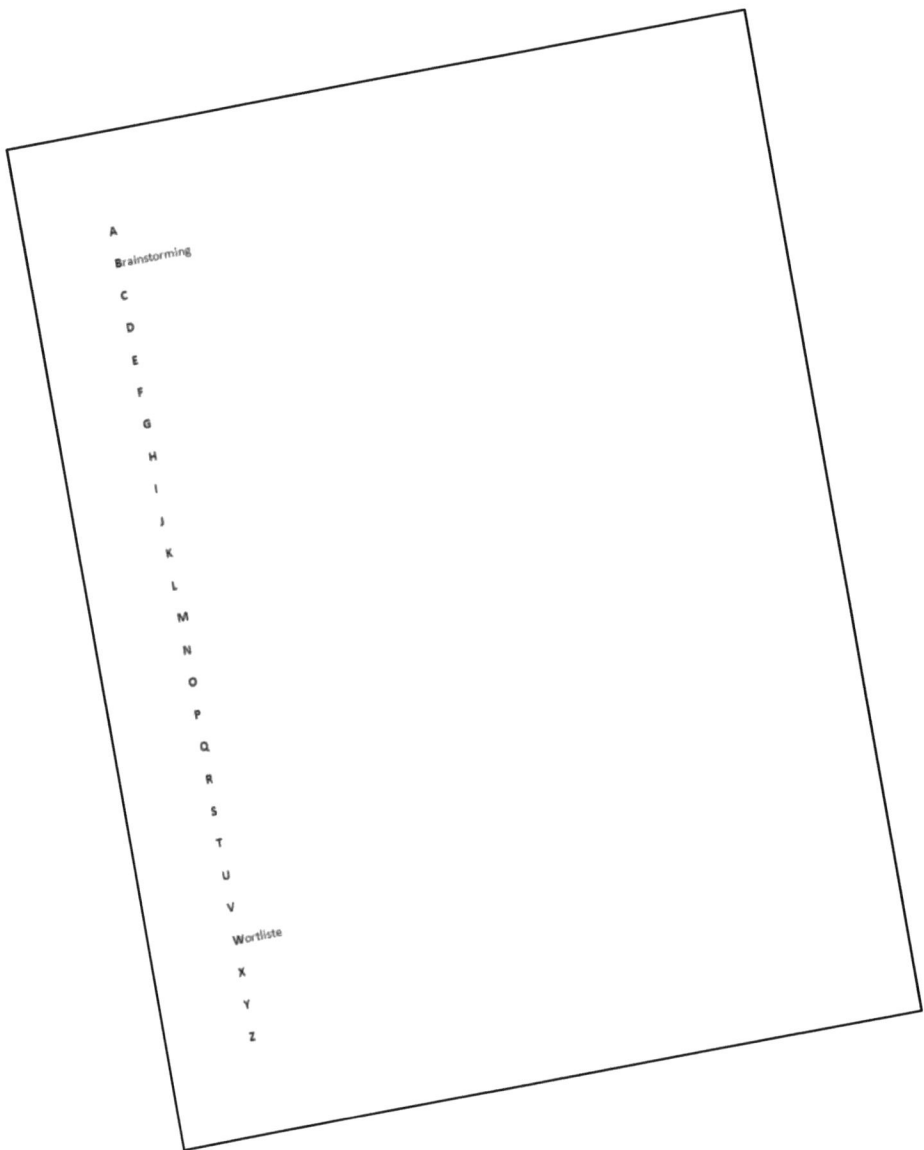

Wort KaWa

Liegen einem die oben beschriebenen Methoden um Ideen zu sammeln nicht,
so kann auch eine kreative Methode genutzt werden.
Für mich hat sich hierbei das Wort Kawa nach Birkenbihl als
geeignet erwiesen – hierbei schreibt man den Begriff, um den man Begriffe
sammeln möchte in die Mitte eines Blattes oder Flipcharts
und sucht nun nach Begriffen die mit den einzelnen Buchstaben anfangen:

Wichtiges von unwichtigem unterscheiden

Hat man nun die Zielsetzung ausgearbeitet und auch Ideen dazu gesammelt,
so kommt oft das größere Problem – man verstrickt sich in Details,
ist zu gutmütig oder kommt erst gar nicht ins Handeln.
Wichtig ist da das große Ziel, auf dass man sich besinnen kann,
bei vielen Aufgaben kann das Eisenhower Diagramm eine Hilfe sein:

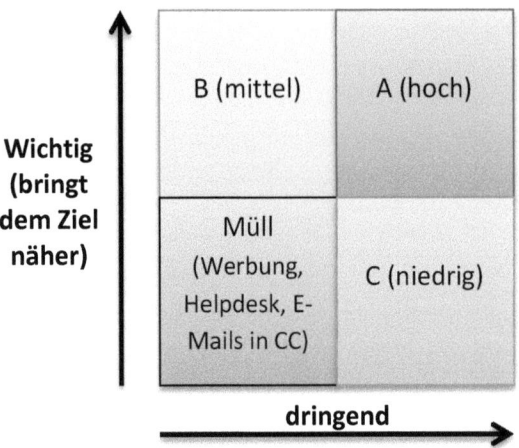

Das Diagramm ist in zwei Achsen aufgeteilt die Ache für Dringlichkeit
und die Achse für die wichtigen Aufgaben (bezogen auf das Ziel).

Innerhalb der Achsen werden nun 4 Quadranten eingeteilt:

Ohne Belang ist der Quadrant unten links – weder dringend noch wichtig.
Niedrige Priorität genießt der Quadrant unten rechts – dringend aber nicht wichtig
Mittlere Priorität genießt der Quadrant oben links – nicht dringend aber wichtig
Hohe Priorität genießt der Quadrant oben rechts –dringend und wichtig

Es klingt trivial, es ist aber nicht zu vernachlässigen.

Ein Beispiel, dass viel Zeit fressen kann sind Werbe Emails.
->Total unwichtig und auch nicht dringend,
   aber ich kann doch eben einmal schnell schauen was es dort neues gibt…
->Hat man das Diagramm kann man sich einfach kurz die Frage stellen,
   in welchem Quadranten denn die Werbe E-Mail liegt und so abwägen.

Den Alltag einteilen

Nun haben wir also Ziele gesetzt, Ideen für die Umsetzung gesammelt
und einen Kompass um wichtiges von unwichtigem zu unterscheiden.
Wie nun ein ausgewogenes Arbeitspensum finden?

Eines ist klar, wenn wir unsere Zeit nicht für unsere Ziele planen,
dann wird Sie durch andere geplant.
Nun gibt es einige Ansätze z.B. durch Holger Wöltje, um mit Outlook schon
am Wochenende die Aufgaben für die nächste Woche zu planen.
Dies erfordert natürlich ziemlich viel Disziplin, was aber mit Sicherheit
sinnvoll ist, ist sich Blöcke während des Tages insbesondere zwischen
Aufgaben für unerwartetes frei zu halten.
Dies sollte in der Regel zwischen 30%-50% liegen.
->*Schafft man nicht, was man sich vorgenommen hat so wirkt dies eher
demotivierend.*
->*Wie Bodo Schäfer so schön sagt, die Menschen neigen dazu zu
überschätzen was man in einer Woche schaffen kann und zu
unterschätzen was man in einem Jahr schaffen kann.*

Insofern an der Stelle etwas realistischer Planen und dafür einmal im Jahr die
Ziele mit den umgesetzten Themen abgleichen.

Was mir in meinem Alltag ungemein hilft ist, dass ich meine Regelarbeitszeit in
den Kalender in Outlook eingepflegt habe.
D.h. bei einer 40 Stunden Woche habe ich mir für das 8 Stunden Fenster
ein Arbeitsbeginn Vermerk und ein Arbeitsende Vermerk in den Kalender
aufgenommen.
->*Um auch hier realistisch zu bleiben, habe ich die sogenannten Kulanz
Zonen eingesetzt. D.h. ich plane ein 1 Stunden Fenster davor und danach
um auch schwankende Phasen abzudecken.*
->*Ziel ist sich bewusst zu machen, ab wann die Regelarbeitszeit zu Ende ist.
Denn alles was darüber hinaus geht macht unseren Stundensatz kaputt
Und viel schlimmer es ist Zeit die wir verschenken.*

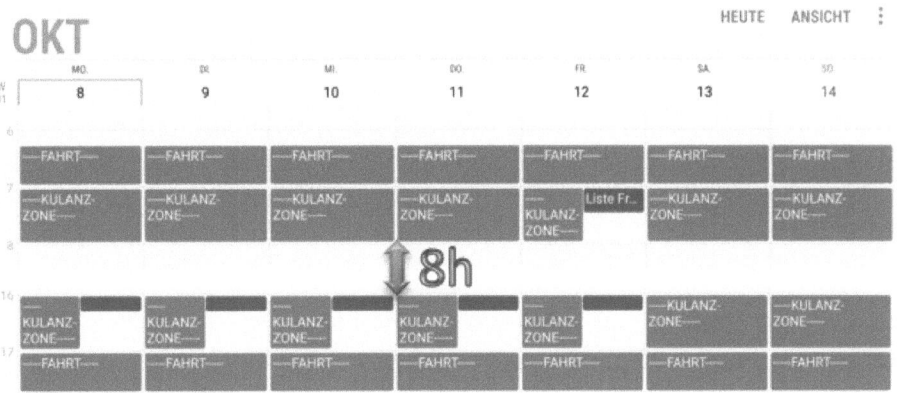

Ansätze für den Alltag in der Praxis

Jetzt haben Sie das Buch bis an diese Stelle gelesen und denken sich vielleicht „das klingt ja alles plausibel aber wie setze ich das am besten um".
In den folgenden Abschnitten möchte ich einige Ansätze für den Alltag mit an die Hand geben, mit denen Sie ins Handeln kommen.

Stress / Druck vermeiden

Wenn man dem Abschnitt weiter oben folgt und für sich definiert hat was wichtig und was unwichtig ist, kommt die Herausforderung und der Alltag.
Stress entsteht meist wenn Druck aufgebaut wird d.h. man macht seine Arbeit zwar gerne aber man kommt nicht dazu mit Ruhe an einer Sache zu arbeiten.
Hier ist die Selbstdisziplin gefordert und auch die Courage sich einfach die Zeit zu nehmen um an einem Thema zu bleiben.
Doch wie kann ich den Druck und den Drang zu reagieren vermeiden
um mich auf etwas zu konzentrieren?
Hierbei hilft es einfach einmal das Telefon stumm zu schalten
und die E-Mail Benachrichtigung in Outlook abzuschalten.

1.
2.
3.
4.

Arbeitsblöcke bilden

Jeder kennt es, man fängt an etwas zu arbeiten und wird von einem Telefonat,
der E-Mail gestört. Also eben kurz in das andere Thema eintauchen,
ggf. hier nochmal einige Minuten für eine E-Mail investieren
und wie im Flug vergeht die Zeit.
Noch viel schlimmer – jedes Mal müssen Sie sich neu in das Thema denken
und das kostet Zeit und ist ineffektiv.
Vielleicht kennen Sie Themen von Zuhause, die man lange vor sich her
schiebt und wenn man dann einmal anfängt und über dem Thema bleibt
geht es wie von alleine?
Mir jedenfalls geht das oft so und ich komme dabei so in Schwung,
dass ich oft noch gleich einige weitere Themen erledige z.B. Fließen in der zu
renovierenden Wohnung abtragen – ich war so in der Materie,
dass ich nicht einmal etwas zu Mittag gegessen habe und als die Fließen runter
waren habe ich gleich mit den Tapeten weitergemacht.
Nun was will ich Ihnen nun damit sagen? Vielleicht haben sie auch schon
vom Flow Erlebnis gehört, das Beispiel oben veranschaulicht es ziemlich gut,
man ist so „im Fluss", dass man im Nu die Aufgabe erledigt hat
und oft sogar noch Zeit übrig hat.
Ihnen zu raten die Fließen im Bad abzutragen um ein solches Erlebnis zu
verspüren wäre doch etwas weit her geholt und würde mir vielleicht
den Unmut Ihres Partners sichern – aber der Tapetenwechsel ist ein gutes
Stichwort.
Wie erreichen wir einen solchen Flow für Alltagsaufgaben?
Wichtig ist es, dass wir Aufgaben die ähnlich sind zusammenfassen.
Bei mir können das Themen wie Urlaubserfassung, Änderungsmitteilungen
oder Dashboards erstellen sein – ich setze mir einen Tag in der Woche
und markiere nun die E-Mails bzw. wandle diese in Aufgaben um.

->Die Aufgaben oder markierten E-Mails können dann an einem Tag
   in der Woche „als Block" abgearbeitet werden.
->Das schafft in jedem Fall Effizienz, denn man muss jetzt nicht 5x in der
   Woche die Urlaubsliste öffnen oder die Konsole für die Dashboards.
   So gewinnt man hier also schon mal Zeit
->Wenn man sich nun noch den Freiraum nimmt und sich für diese
   Zeit den Kalender blockt oder ggf. ein Meeting Raum bucht oder das
   Homeoffice nutzt, so kann man durchaus in den Fluss kommen.

Rezept für das Umsetzen von Aufgaben

Wenn es an das Umsetzen der anstehenden Aufgaben geht,
steht man oft vor einem großen Berg von Arbeit.
Hier ist es wichtig, dass man weiß wie man mit der Arbeit umgeht
und diese umsetzt.
Hierzu gefällt mir das folgende Zitat recht gut:

>> *»Nichts ist besonders schwer, wenn du es in kleine Aufgaben teilst«*
-Henry Ford-

An dieses Zitat angeknüpft finde ich die Vorgehensweise für Aufgaben von Alex
Fischer sehr nützlich, er teilt die Aufgabe zunächst auf drei Jobs auf:

1. Ziele Finder / Visionär (General)
   Bevor man mit einer Aufgabe beginnt, sollte man die Ziele der Aufgabe
   analysieren und die Vision die man hat definieren.
   Also was möchte ich mit der Aufgabe erreichen, was ist der Sinn der
   Aufgabe - „Was soll es tun", „Wie soll es sein".

2. Manager / Coordinator (Offiziere)
   Nun zerlegt man die Aufgaben in Teilstücke,
   sodass Sie abarbeitbar ist d.h. man definiert die Ressourcen.
   Zudem löst man an der Stelle alle Fragezeichen.
   Also wie strukturiere ich, was mache ich selbst, welche Ressourcen
   benötige ich.
   D.h. Wenn einem die Vision bewusst ist, dann arbeitet Ihr das
   Grundgerüst aus (z.B. bei einem Buch der das Inhaltsverzeichnis).
   „Man schreibt sich quasi ein Programm"

3. Abarbeiter / Worker (Soldaten)
   Nun folgt das Abarbeiten d.h. das Ausführen der Teilstücke die wir in den
   Schritten zuvor definiert haben.
   An dieser Stelle können je nach Aufgaben Teilaufgaben vergeben werden,
   man kann aber auch für sich Teilstücke innerhalb der Woche oder
   Deadline Kalender einteilen.

Der Erfolg hängt also maßgeblich davon ab, dass ich weiß wo ich hin möchte
und wie gut mein Plan dafür ausgearbeitet ist.

Selbstfürsorge & Freiräume schaffen

Bei allem Ehrgeiz darf die sogenannte work life ballance nicht zu kurz kommen.
Aus meiner persönlichen Erfahrung kann ich berichten,
dass es gar nicht so einfach ist hier die richtige Balance zu finden.
Das hängt vor allem damit zusammen, dass jeder für sich entscheiden muss was
für einen gut ist und wie er mit Stress umgeht bzw. was er sich zumuten kann.
Auch wenn hier von Seiten der Berufsgenossenschaft und dem Arbeitsschutz
Modelle geschaffen werden die den Mitarbeiter schützen sollen ist es wichtig,
dass man für sich selbst die beste Strategie entwickelt. Ich halte es nur für
bedingt sinnvoll dass man Handy und Laptop am Wochenende gezwungen
abschaltet.
Es darf nicht zu einem "Muss" werden, da stimme ich zu.
Dennoch hilft es mir persönlich wenig, wenn ich im Rückstand liege und
am den Wochenenden keinen Zugriff auf das Firmennetzwerk bekomme um hier
mit Ruhe etwas abzuarbeiten.
Der Stress der dann am darauffolgenden Montag wartet wäre umso belastender
und solange ich mir noch Freizeit einplane,
halte ich es für legitim auch am Wochenende etwas zu arbeiten.
Reflektiert auf den ersten Abschnitt des Buches möchte ich auch noch
hinzufügen, dass Arbeit die man gerne tut nicht unbedingt ein Stressfaktor sein
muss. Der Begriff „Workaholic" finde ich deshalb auch unpassend,
ich sehe mich als „Workeuphoric".
Es ist wichtig Zeiten zur Regeneration zu nutzen und hier kann man sich auch
Optimierungen im Alltag überlegen.
So nutze ich die Fahrt zur Arbeit indem ich Zug fahre.
Hierbei kann ich die Zeit nutzen um zu lesen, ich habe durch den Weg zum
Bahnhof und zur Arbeitsstätte etwas für meine Gesundheit
und Bewegung getan und obendrein tue ich etwas für die Umwelt.
Nun ist mir klar, dass dies nicht für jeden das optimale Modell ist,
ich möchte hierbei nur aufzeigen welche Möglichkeiten es gibt.

Ansätze IT

Think out of the box

In den vorherigen Kapiteln haben Sie nun vieles gelesen über die Zielsetzung,
Strategien zum Umsetzen und wie man Effektiv vorgeht.
Wichtig ist auch die Motivation und die im letzten Abschnitt beschriebene
Work-Life Ballance, aus diesem Grund möchte ich Ihnen nun noch einige
Ansätze und Ideen mit an die Hand geben die Sie direkt umsetzen können.
Einige Herangehensweisen sind auch auf andere Betriebssysteme übertragbar,
der Fokus liegt jedoch auf Windows und MS-Office.
Der Hintergrund ist, dass diese Programme noch immer überwiegend in
Unternehmen eingesetzt werden.

Die Überschrift macht es jedoch sehr deutlich, denken Sie etwas weiter
und kombinieren Sie verschiedene Ansätze um noch mehr Effizienz zu erhalten.
Ich bin ein großer Fan von Querdenker Ansätzen und lese hierbei
Leidenschaftlich Bücher von Hermann Scherer,
der mir hier die nötige Inspiration für eigene Ansätze gibt.
Vielleicht kennen Sie hier auch die ein oder andere Storry,
in der Er z.B. vom Verkauf eines Esels G/T 17:59 berichtet,
die Tauschrate von Miles erörtert
oder vom Taxi und der Pizza Video Lass los G/T 17:16 erzählt.
Ich persönlich nutze genau solche Ideen im Alltag um die Effizienz zu steigern
und Lösungen zu finden die möglichst einfach aber effektiv sind.
So entstand die eine oder andere Idee in diesem Buch genau aus solchen
Ansätzen.

Windows

Suchfunktion

Das Wort Suchmaschine ist fast nicht mehr zu finden,
vielmehr spricht man heute von „googlen".
Ich möchte an dieser Stelle dennoch die Windows Suchmaschine etwas unter die
Lupe nehmen um hierbei noch einige Ansätze zum Suchen in Windows zu geben.
Zunächst hat Windows aber auch Android
und IOs die Möglichkeit die Ansicht zu ändern.
Selbst wenn die Ordner nicht sortiert sind kann man hier schnell Dateien weder
finden, wenn man weis wie.
Die Ansicht details ist hierbei am hilfreichsten:

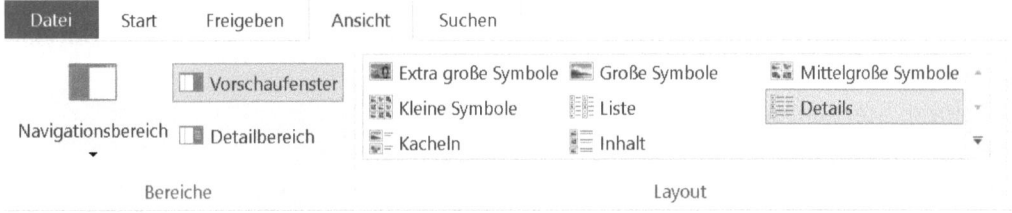

Sobald dieser Ansichtmodi aktiv ist,
kann man im Ordner bereits folgende Spalten finden:

☐ Name	Änderungsdatum	Typ	Größe

Klickt man auf die Spalte, so wird von A-Z oder von Z-A sortiert.
Beim Datum kann man so leicht Dateien finden, die zuletzt erstellt wurden.
Gekennzeichnet wird die Sortierung mit einem kleinen Pfeil:

Änderungsdatum   A-Z   Änderungsdatum   Z-A

Es gibt jedoch auch die Möglichkeit gezielt zu suchen.
Beim Erstellen von Urlaubsvideos sortiere ich z.B. oft zuerst die Bilder
und dann die Videodateien.
Die Videodateien werden in der Vorschau wie ein Bild angezeigt,
damit ich nicht versehentlich ein Video lösche,
da ich es für ein misslungenes Bild halte wähle ich nur die Bilder aus:

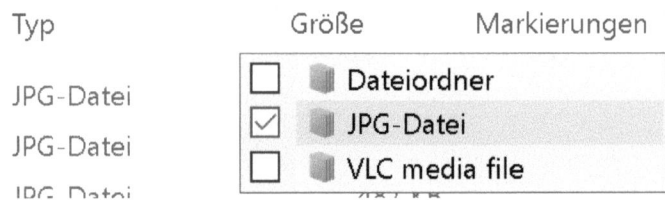

Die Funktion kann jedoch auch beim Sortieren angewandt werden um z.B. zunächst nur nach Word Dateien zu suchen,
die dann auch noch chronologisch geordnet werden nach Datum.
So erhält man schnell einen Überblick und ist in der Lage eine flinke Grundsortierung vorzunehmen.

Änderungsdatum	Typ	Größe
09.09.2019 11:53	Rich Text Format	
09.09.2019 11:53	Rich Text Format	

☑ Rich Text Format
☐ Textdokument

Neben dieser Möglichkeit gibt es in Windows noch das Suchfeld:

"Neuer Ord... 🔍

Mit diesem Suchfeld können Texte gesucht werden,
mit dem in diesem Buch beschriebene iFilter zudem Text innerhalb in der Datei.
Das Suchfeld ermöglicht jedoch noch mehr!
Mit einem Sternchen davor
und dahinter können auch Textfragmente gesucht werden.
So kann man z.B. ähnlich wie oben beschrieben nach einem Dateityp suchen.
Z.B. nach PDF Dateien ***.pdf** .
Der Vorteil -> Ihr könnt über mehrere Ordner suchen.
Diese Optionen sind gerade wenn wir unserer Sortierstruktur einführen sehr hilfreich.
Ein Praxis Beispiel aus meinem Alltag war, dass wir für Produkte Ordner gebildet hatten und nun nicht wie zuvor beim Auswählen eines Dateianhangs in Outlook alle Dateien sichtbar waren.
Um nun das Klicken von Ordner zu Ordner zu vermeiden, kann man simple *.pdf in den übergeordneten Ordner eingeben und erhält nun wieder eine Ansicht aller PDF Dateien wie zuvor.

Diese Funktionen reichen für den Alltag völlig aus, für Profis hier folgende Anmerkung:

Man kann auch mehrere Wörter suchen, Windows intepretiert zwei Wörter als „UND". Soll ein Begriff ausgeschlossen werden, kann dies über ein – vor dem Wort. Zudem ist „AND", „OR", „NOT" und Klammergruppierung möglich. Oder konkrete Attribute wie „name:", „ordnername:", „erweiterung:", „datum:" und „größe:"

PDF / iFilter

Ein Problem, dass mit Sicherheit viele kennen und was ich auch immer
wieder höre ist „ich arbeite lieber mit Katalogen und Notizbüchern,
da finde ich es schneller."
Wenn man diese Aussage genauer anschaut verbirgt sich dahinter,
dass oft im PC kein Ansatz für eine Struktur liegt
und dadurch längere Zeit für das Suchen von Dateien aufgewendet wird.
Ähnliches gilt für Kataloge.
Wer das Tastenkürzel Strg+f kennt (Suche starten im PDF oder auf Homepages),
kann im Handumdrehen Begriffe in einem PDF Katalog finden.
Das geht oft schneller als im Schlagwortregister zu suchen.
Für Fans von Lesezeichen und Post-IT Notizen im Katalog kann ich nur das
Programm PDF Annotator empfehlen – wer ein Notebook mit Stift oder ein
Tablet mit Stift benutzt, kann hier sogar Handschriftlich Notizen einbringen
und elegant suchen, ergänzen und finden.
Für mich ist es also nicht langsamer, aber eine Umgewöhnung.
Dennoch die Vorteile liegen auf der Hand!
Wer kann schon alle seine Kataloge, Bücher oder Skripte auf Geschäftsreise,
mit in den Urlaub oder in den Zug nehmen?
Wer sich damit den neuen Möglichkeiten arrangiert hat,
kann in der gewohnten Umgebung *überall auf alles zugreifen.

Neben diesen genialen Funktionen konnte man in vorherigen Windows
Versionen über die Windows Suchfunktion also im Explorer Suchfenster:

Nicht nur Dateinamen suchen,
sondern auch direkt Schlagworte in den PDF Dateien.
Diese Funktion war ab Windows 7 so nicht mehr möglich.
Nach meinem Kenntnisstand ist der Hintergrund die größeren
Datenmengen und die dadurch entstehende Wartezeit.
Zu der Zeit als Windows 7 auf den Markt kam, war bereits Datenspeicher
in TB Größe vorhanden und hier sind natürlich deutlich mehr Daten zu
durchsuchen was die Zeiten der Suche erhöht, wenn auch noch jedes
Dokument geprüft wird.

Dennoch es ist auch mit Windows 7 oder Windows 10 möglich!
Hierzu benötigt man den iFilter von Adobe, der kostenlos im Internet zum
Download bereit steht.
Nach der Installation erscheint bei der ersten Suche in einem Ordner mit
PDF Dateien eine Leiste, hier wird gefragt, ob die Indizierung für den Ordner
durchgeführt werden soll mit dem Hinweis, dass dies etwas dauern kann.
Sobald die Indizierung abgeschlossen ist kann nach beliebigen Begriffen im PDF
gesucht werden.

*zum Thema Überall gehe ich später nochmal auf das
  Thema externe Festplatte ein.

Ordner Benennung / Struktur

Auch im Computer gibt es Ordner, allerdings finden viele Menschen es
schwierig eine Ordnerstruktur zu schaffen, die es ermöglicht die Dinge
schnell wieder zu finden.

Zunächst einmal gilt es eine Struktur zu finden die uns ermöglicht Dateien
in einem einzelnen Ordner wieder zu finden.

Ich halte mich persönlich an die Ordnerstruktur, die ich auch zuvor bei der
Papierform hatte.

Wie beim einen Handelsüblichen Ordner benötigen wir zunächst ein
Cluster nach dem wir sortieren.

Hierzu werden beim Papierordner Register genutzt,
im digitalen Ordner nute ich Textdateien, die ich entsprechend benenne.

Eine Textdatei erstellt Ihr wie folgt:

Rechtsklick ->

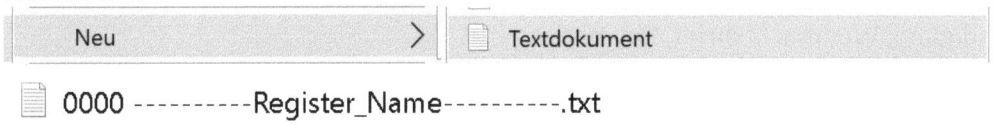

0000 ----------Register_Name----------.txt

Wie benenne ich die Dateien?

Bevor wir den eigentlichen Namen bei der Benennung eintippen stellen wir
eine Nummer voran.

Die Nummer dient der Sortierung, hier können wir beim Digitalisieren der
Reihenfolge folgen, die wir im Papierordner haben, später reich alleine schon die
Nummer um eine intuitive Ablage zu schaffen.

Als Beispiel für den Ordner Briefe würden wir jeden Brief den wir ablegen mit
einer vorangestellten Nummer versehen.

0001 Brief_A.rtf

0002 Brief_B.rtf

0003 Brief_C.rtf

0004 Brief_D.rtf

Selbst wenn wir die Datei also mit keiner konkreten Benennung versehen,
können wir so über die Vorschau genau wie in unserem Papier Ordner
chronologisch in unserem digitalen Ordner suchen.

*Die Vorschau für PDF wir automatisch installiert, wenn Ihr den kostenlosen
PDF Reader von Acrobat installiert.*

Das Vorschaufenster wird über Ansicht Vorschaufenster aktiviert:

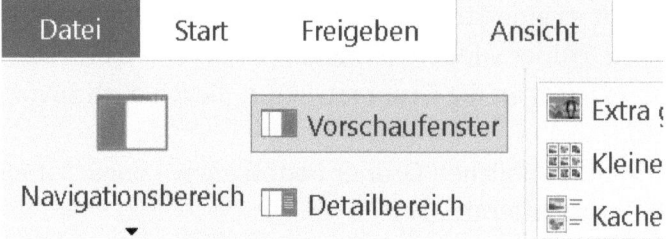

Wenn Ihr nun die Dateien noch logisch benennt,
so macht dies ein schnelleres finden möglich.
Als Beispiel bei den Briefen könnten wir unterscheiden zwischen
Kündigung, Weihnachtsbrief, Bewerbung etc.

Name

- 0000 ----------Kuendigung----------.txt
- 0001 Brief_Kuendigung_Fitnessstudio.rtf
- 0002 Brief_Kuendigung_ABO.rtf
- 0003 Brief_Kuendigung_Firmaxyz.rtf
- 1000 ----------Weihnachtsbrief----------.txt
- 1001 Brief_Weihnachtsbrief_A.rtf
- 1002 Brief_Weihnachtsbrief_B.rtf
- 1003 Brief_Weihnachtsbrief_C.rtf
- 1004 Brief_Weihnachtsbrief_D.rtf
- 2000 ----------Bewerbung----------.txt
- 2001 Brief_Bewerbung_Firma_A.rtf
- 2002 Brief_Bewerbung_Firma_B.rtf
- 2003 Brief_Bewerbung_Firma_C.rtf

Nun haben wir also denselben Funktionsumfang im Ordner des Computers,
wie auch im Papierordner.

Im nächsten Schritt sollten wir uns nun überlegen,
wie wir die Ordner an sich organisieren.
Viele von uns nutzen hierzu die uns von Windows vorgeschlagenen
Eigene Dateien.
Innerhalb dieses Ordners können wir nun ähnlich wie bei der Sortierung im
Ordner vorgehen.
Wie in unserem Regal oder Schrank in dem die Ordner nach einer
bestimmten Logik angeordnet sind, ordnen wir nun auch unsere Order in
der Ebene unter den Eigenen Dateien für mich sieht dies wie folgt aus:

- 00 Vorlagen
- 01 Finanzordner
- 02 Lohn_und_Personalunterlagen
- 03 Einkommenssteuer
- 04 Handy_Telefon
- 05 Auto
- 06 Immobilie_bzw_Miete
- 07 Zeugnisse_Arbeitsvertraege_Co
- 08 Wiederspruch_Kuendigung
- 09 Firma
- 10 E-Mail
- 11 Schulen_Ausbildung
- 12 Hobby
- 13 Kunden
- 14 Person_XXX
- 15 Urlaub
- 16 FUN
- 17 Handschriftliche_Notizen
- 18 Notizbuch

Probleme / Lösungsansätze (Suche)

Setzt man die Ansätze bei großen Datenmengen ein,
so kann es zu Verzögerungen kommen.
Um dies zu vermeiden sollte man möglichst nicht zu viele übergeordnete
Ordner bei der Suche mit einschließen.
Die PDF Indizierung mit dem iFilter kann zudem die Rechnerperformance
herunterbremsen, dies ist bei Firmen für Sever zu berücksichtigen.
Eine Lösungsansatz hier ist, dass man die Dateien vom Server auf einen
Computer spiegelt und dort den iFilter aufspielt.
Die Festplatte oder den indizierten Ordner kann man dann im Netzwerk
für die Kollegen freigeben.
So ist der Rechner rein für die Indizierung zuständig.

Nutzt man die Windows Suchfunktion,
so kann es schwierig sein komplizierte Suchanfragen zu replizieren.
Hierfür bietet Windows die Option, die Anfrage zu speichern.

BATCH / DOS

Ich hatte noch das Glück mit einem DOS Rechner arbeiten zu dürfen
und somit sind mir auch die DOS Befehle geläufig.
Oft wird dies unterschätzt, diese können aber in einer .bat Datei zur
Automatisierung beitragen und die Effizienz steigern.
Zudem kann man sich schnell kleine Helferlein basteln,
hier möchte ich einige nützliche Beispiele geben.
Zunächst erstellt man eine **.txt** Datei in Windows.
Dies ist in jedem Ordner oder einfach auf dem Desktop über
Rechtsklick ->

Nun die Dos Befehle eintippen und den Dateinamen auf **.bat** ändern

Tree Funktion

Mit der Tree Funktion kann man Dateien und Unterordner in einem
Verzeichnis anzeigen.
Spannend für den Hintergrund beim Sortieren ist,
dass man diese Namen und Dateien in einer Textdatei speichern kann.
Hier eine kleine Anleitung für ein simples Tool,
das Ihr nutzen könnt um in jedem beliebigen Ordner
eine solche Textdatei zu erstellen.
Im Weiteren möchte ich kurz erläutern wie wir diese Daten nutzen und
weiterverarbeiten können.

Wie im ersten Abschnitt beschrieben erstellen wir zunächst eine Textdatei,
in diesem Fall bietet sich der Name „Tree" an.

 Tree.txt

Nun schreiben wir folgende Zeile in diese Textdatei:

tree /f >> Liste.txt

Tree ist hierbei die Funktion die Ordner zu listen mit **/f** stellt die Funktion die
Files also Dateinamen dar. **>> Liste.txt** schreibt das Ergebnis in eine Datei Liste.

Tree.txt - Editor

Datei Bearbeiten Format Ansicht ?

```
tree /f >> Liste.txt
```

Da wir hier keine Pfadangaben gemacht haben,
wird dies in dem Verzeichnis erstellt, indem wir die .bat Datei ausführen.
Nun also die Textdatei speichern und mit „F2" in Tree.bat umbenennen:

 Tree.bat

Nun kann diese Datei in einen beliebigen Ordner kopiert werden
und durch ein Doppelklick ausgeführt werden.
Das Ergebnis ist eine Textdatei mit dem Namen „Liste" und der Auflistung aller
Dateien und Ordner:

Liste.txt

```
Liste.txt - Editor

Datei Bearbeiten Format Ansicht ?
Auflistung der Ordnerpfade fr Volume Windows
Volumeseriennummer : 8E19-2DB2
C:.
    0000 ----------Kuendigung----------.txt
    0001 Brief_Kuendigung_Fitnessstudio.rtf
    0002 Brief_Kuendigung_ABO.rtf
    0003 Brief_Kuendigung_Firmaxyz.rtf
    1000 ----------Weihnachtsbrief----------.txt
    1001 Brief_Weihnachtsbrief_A.rtf
    1002 Brief_Weihnachtsbrief_B.rtf
    1003 Brief_Weihnachtsbrief_C.rtf
    1004 Brief_Weihnachtsbrief_D.rtf
    2000 ----------Bewerbung----------.txt
    2001 Brief_Bewerbung_Firma_A.rtf
    2002 Brief_Bewerbung_Firma_B.rtf
    2003 Brief_Bewerbung_Firma_C.rtf
    Liste.bat
    Liste.txt
    Tree.txt

Es sind keine Unterordner vorhanden
<
```

Diese .txt Datei kann nun mit Excel geöffnet werden die Namen herausgefiltert werden:

Excel öffnen, nun auf **Datei** -> **Öffnen** klicken und das Feld neben Dateiname von Alle Excel-Dateien auf -> Alle Dateien ändern:

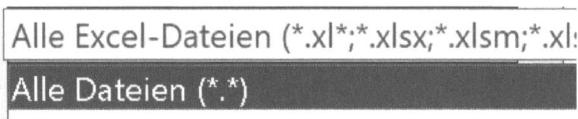

Nun seht Ihr eure Textdatei, diese Auswählen und öffnen.

Im ersten Dialog Getrennt auswählen:

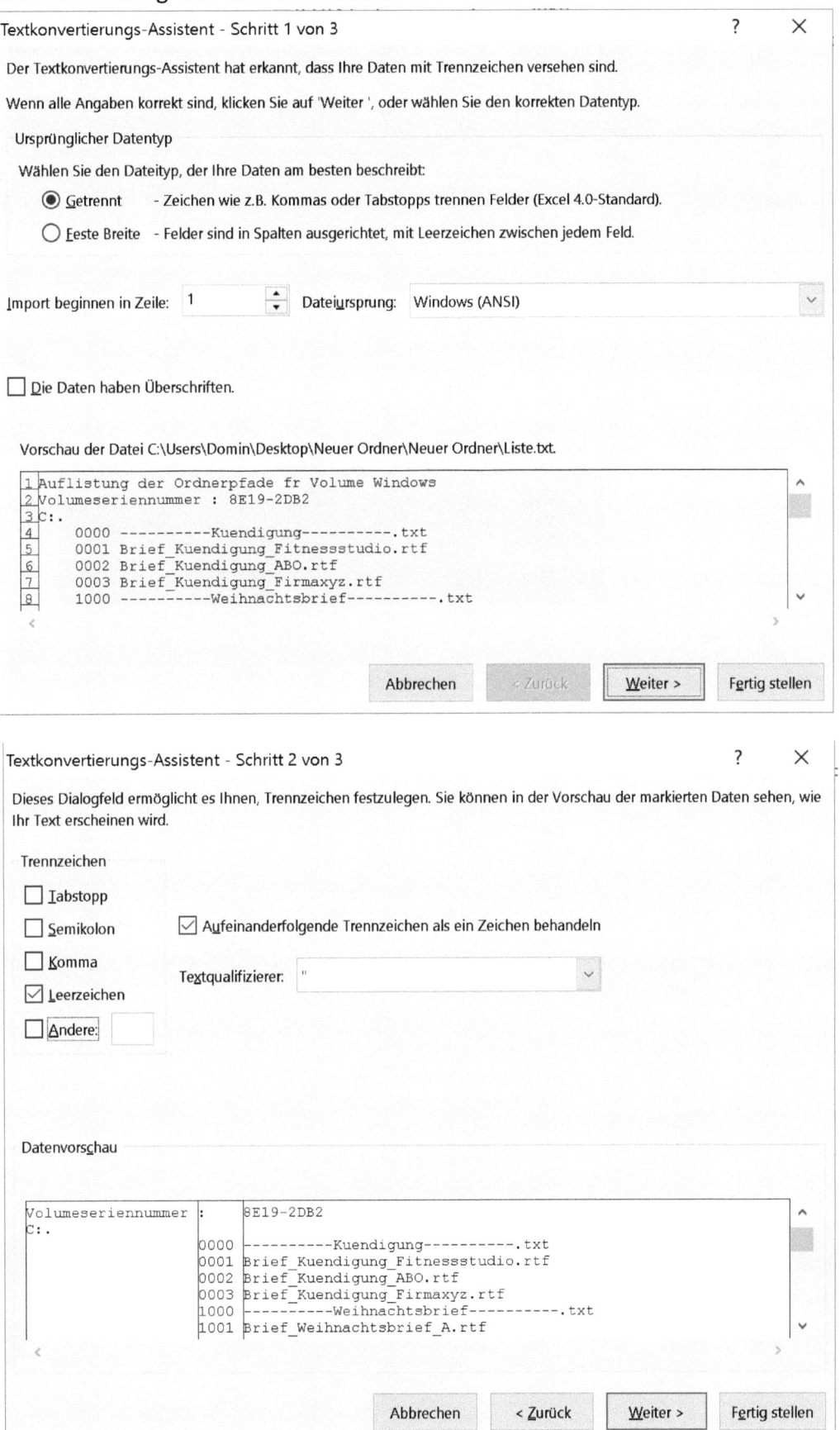

Nun das Format der Spalten noch auf Text ändern:

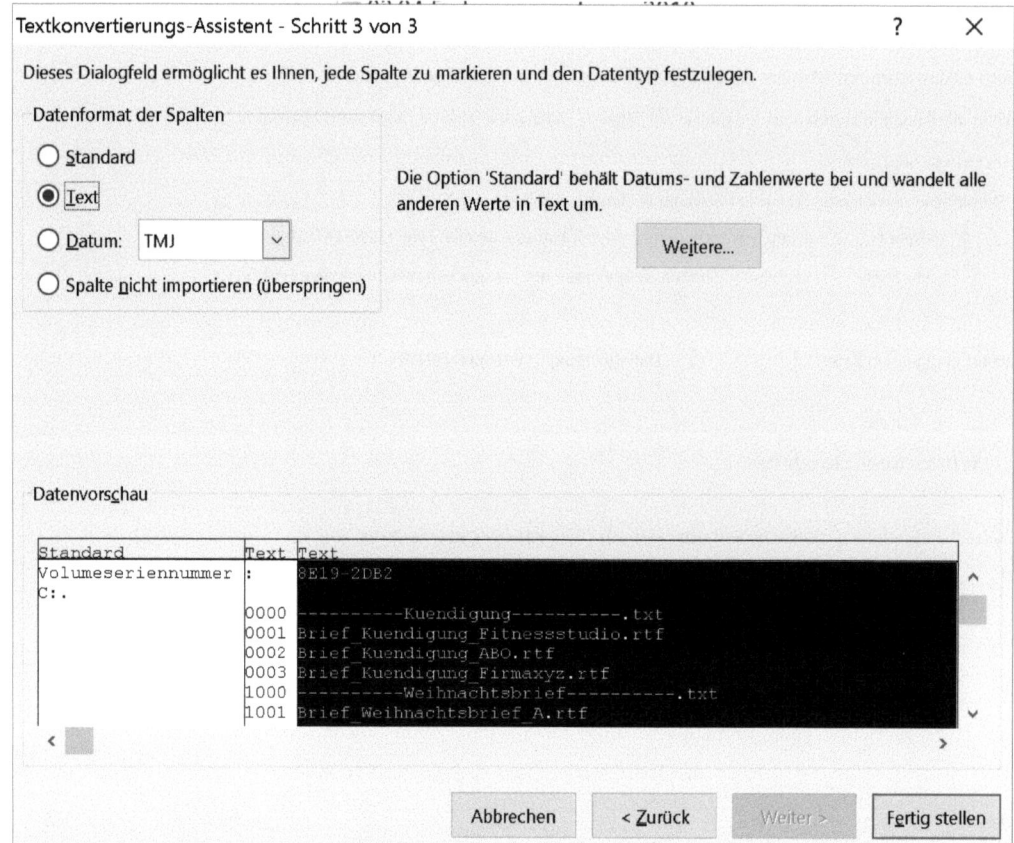

In Spalte G führen noch unseren Dateinamen korrekt zusammenführen:

	A	B	C	D	E	F	G
1	Auflistung	der	Ordnerpfade fr		Volume	Windows	
2	Volumeserier	:	8E19-2DB2				
3	C:.						
4		0000	----------Kuendigung----------.txt				=B4&" "&C4
5		0001	Brief_Kuendigung_Fitnessstudio.rtf				
6		0002	Brief_Kuendigung_ABO.rtf				
7		0003	Brief_Kuendigung_Firmaxyz.rtf				
8		1000	----------Weihnachtsbrief----------.txt				
9		1001	Brief_Weihnachtsbrief_A.rtf				
10		1002	Brief_Weihnachtsbrief_B.rtf				
11		1003	Brief_Weihnachtsbrief_C.rtf				
12		1004	Brief_Weihnachtsbrief_D.rtf				
13		2000	----------Bewerbung----------.txt				
14		2001	Brief_Bewerbung_Firma_A.rtf				
15		2002	Brief_Bewerbung_Firma_B.rtf				
16		2003	Brief_Bewerbung_Firma_C.rtf				
17		Liste.bat					
18		Liste.txt					
19		Tree.txt					
20							
21	Es	sind	keine	Unterordner	vorhanden		

Nun kopieren wir die benötigten Namen (**Strg+c**)

	A	B	C	D	E	F	G	H	I
	Auflistung	der	Ordnerpfade fr		Volume	Windows			
	Volumeserier:		8E19-2DB2						
	C:.								
			0000	----------Kuendigung----------.txt			0000 ----------Kuendigung----------.txt		
			0001	Brief_Kuendigung_Fitnessstudio.rtf			0001 Brief_Kuendigung_Fitnessstudio.rtf		
			0002	Brief_Kuendigung_ABO.rtf			0002 Brief_Kuendigung_ABO.rtf		
			0003	Brief_Kuendigung_Firmaxyz.rtf			0003 Brief_Kuendigung_Firmaxyz.rtf		
			1000	----------Weihnachtsbrief----------.txt			1000 ----------Weihnachtsbrief----------.txt		
			1001	Brief_Weihnachtsbrief_A.rtf			1001 Brief_Weihnachtsbrief_A.rtf		
			1002	Brief_Weihnachtsbrief_B.rtf			1002 Brief_Weihnachtsbrief_B.rtf		
			1003	Brief_Weihnachtsbrief_C.rtf			1003 Brief_Weihnachtsbrief_C.rtf		
			1004	Brief_Weihnachtsbrief_D.rtf			1004 Brief_Weihnachtsbrief_D.rtf		
			2000	----------Bewerbung----------.txt			2000 ----------Bewerbung----------.txt		
			2001	Brief_Bewerbung_Firma_A.rtf			2001 Brief_Bewerbung_Firma_A.rtf		
			2002	Brief_Bewerbung_Firma_B.rtf			2002 Brief_Bewerbung_Firma_B.rtf		
			2003	Brief_Bewerbung_Firma_C.rtf			2003 Brief_Bewerbung_Firma_C.rtf		
			Liste.bat						
			Liste.txt						
			Tree.txt						
	Es	sind	keine		Unterordner	vorhanden			

und fügen es mit **Strg+v** direkt wieder ein:

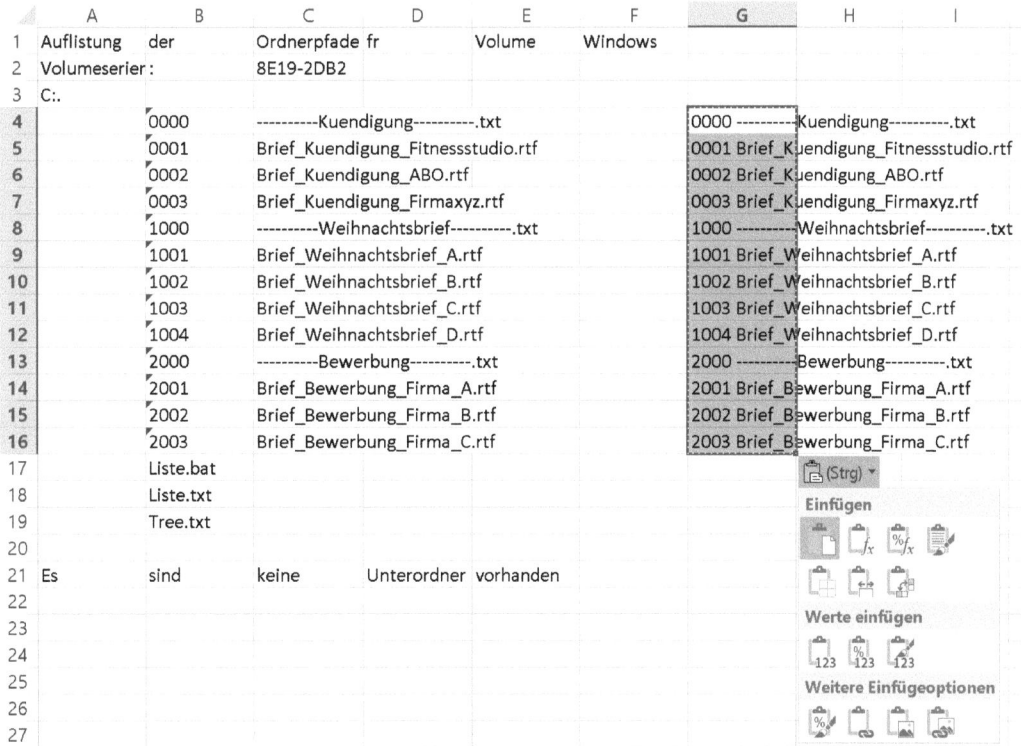

	A	B	C	D	E	F	G	H	I
1	Auflistung	der	Ordnerpfade fr		Volume	Windows			
2	Volumeserier:		8E19-2DB2						
3	C:.								
4			0000	----------Kuendigung----------.txt			0000 ----------Kuendigung----------.txt		
5			0001	Brief_Kuendigung_Fitnessstudio.rtf			0001 Brief_Kuendigung_Fitnessstudio.rtf		
6			0002	Brief_Kuendigung_ABO.rtf			0002 Brief_Kuendigung_ABO.rtf		
7			0003	Brief_Kuendigung_Firmaxyz.rtf			0003 Brief_Kuendigung_Firmaxyz.rtf		
8			1000	----------Weihnachtsbrief----------.txt			1000 ----------Weihnachtsbrief----------.txt		
9			1001	Brief_Weihnachtsbrief_A.rtf			1001 Brief_Weihnachtsbrief_A.rtf		
10			1002	Brief_Weihnachtsbrief_B.rtf			1002 Brief_Weihnachtsbrief_B.rtf		
11			1003	Brief_Weihnachtsbrief_C.rtf			1003 Brief_Weihnachtsbrief_C.rtf		
12			1004	Brief_Weihnachtsbrief_D.rtf			1004 Brief_Weihnachtsbrief_D.rtf		
13			2000	----------Bewerbung----------.txt			2000 ----------Bewerbung----------.txt		
14			2001	Brief_Bewerbung_Firma_A.rtf			2001 Brief_Bewerbung_Firma_A.rtf		
15			2002	Brief_Bewerbung_Firma_B.rtf			2002 Brief_Bewerbung_Firma_B.rtf		
16			2003	Brief_Bewerbung_Firma_C.rtf			2003 Brief_Bewerbung_Firma_C.rtf		
17			Liste.bat						
18			Liste.txt						
19			Tree.txt						
20									
21	Es	sind	keine		Unterordner	vorhanden			
22									
23									
24									
25									
26									
27									

Bei den Optionen wählen wir **Werte einfügen** (erste Option)

Nun markieren wir die Spalten A-F und löschen diese:

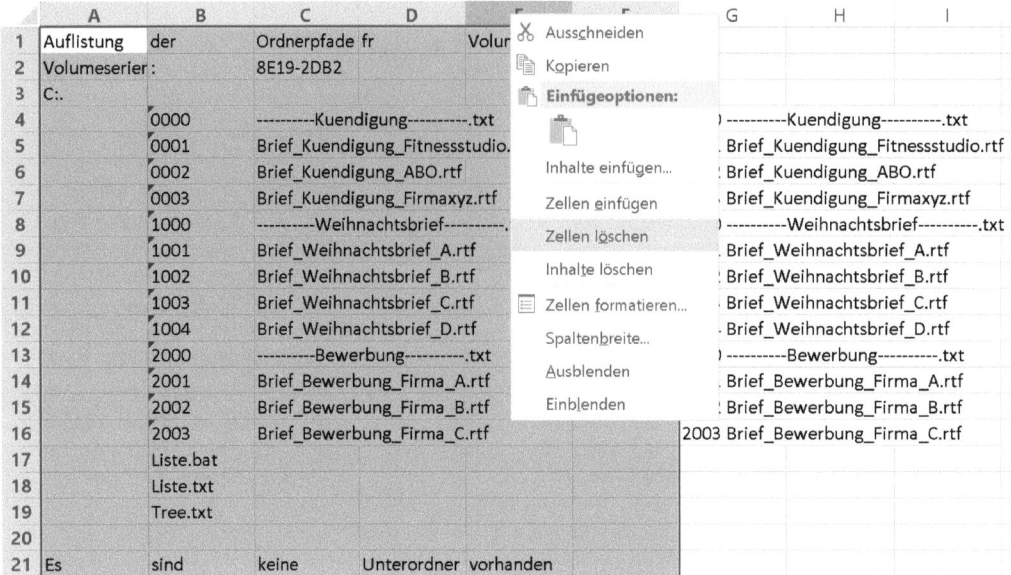

Dasselbe für 1-3:

	A	B	C	D	E
1					
2					
3					
4	0000 ----------Kuendigung----------.txt				
5	0001 Brief_Kuendigung_Fitnessstudio.rtf				
6	0002 Brief_Kuendigung_ABO.rtf				
7	0003 Brief_Kuendigung_Firmaxyz.rtf				
8	1000 ----------Weihnachtsbrief----------.txt				
9	1001 Brief_Weihnachtsbrief_A.rtf				
10	1002 Brief_Weihnachtsbrief_B.rtf				
11	1003 Brief_Weihnachtsbrief_C.rtf				
12	1004 Brief_Weihnachtsbrief_D.rtf				
13	2000 ----------Bewerbung----------.txt				
14	2001 Brief_Bewerbung_Firma_A.rtf				
15	2002 Brief_Bewerbung_Firma_B.rtf				
16	2003 Brief_Bewerbung_Firma_C.rtf				

Nun haben wir die reinen Dateinamen
und können die Datei unter einem extra Namen speichern.

	A	B	C
1	0000 ----------Kuendigung----------.txt		
2	0001 Brief_Kuendigung_Fitnessstudio.rtf		
3	0002 Brief_Kuendigung_ABO.rtf		
4	0003 Brief_Kuendigung_Firmaxyz.rtf		
5	1000 ----------Weihnachtsbrief----------.txt		
6	1001 Brief_Weihnachtsbrief_A.rtf		
7	1002 Brief_Weihnachtsbrief_B.rtf		
8	1003 Brief_Weihnachtsbrief_C.rtf		
9	1004 Brief_Weihnachtsbrief_D.rtf		
10	2000 ----------Bewerbung----------.txt		
11	2001 Brief_Bewerbung_Firma_A.rtf		
12	2002 Brief_Bewerbung_Firma_B.rtf		
13	2003 Brief_Bewerbung_Firma_C.rtf		

Dies kann nützlich sein um Sortierungen durchzuspielen,
Namen zu Gruppieren und neu Benennungen zu testen und vorzubereiten.
Zu Beginn habe ich mir die Dateien über diese Funktion in Excel geholt
und die neue Benennung z.B. mit den Zahlen vorne angestellt
automatisiert über Excel erstellt.
Durch **Strg+c** und im Ordner mit **F2** und **Strg+v** habe ich dann
die Umbenennung manuell aber schon deutlich schneller vorgenommen.
Aktuell arbeite ich mit einem kleine Visual Basic Programm, dass abgeleitet von
dieser Idee programmiert wurde und so die Arbeit des Umbenennens erleichtert.

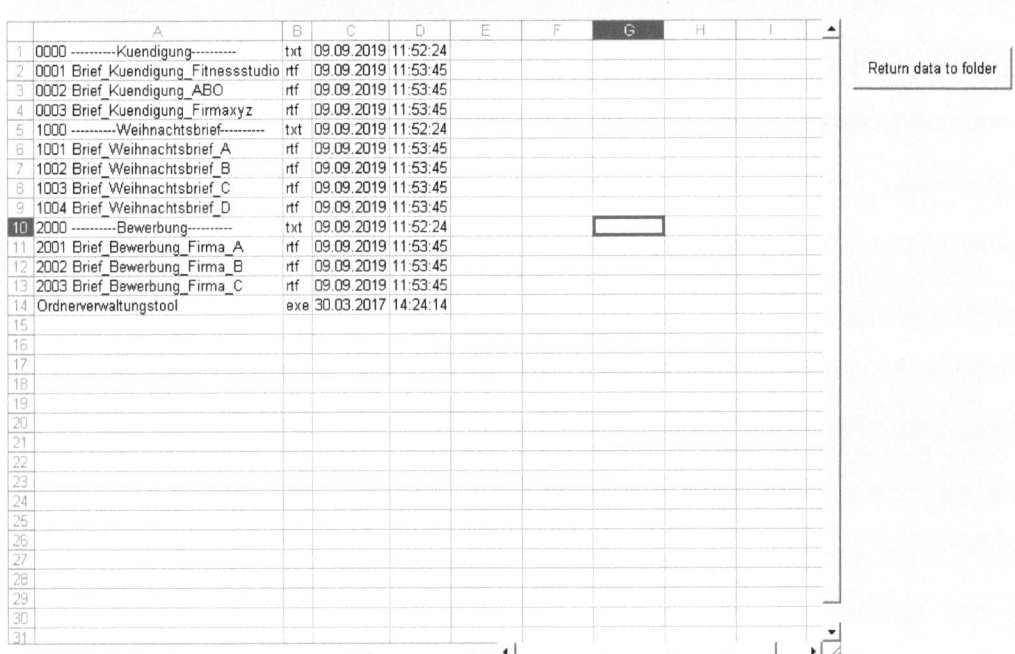

Auto-Copy Funktion

Für das Starten von Programmen gibt es in Windows die Autostart Funktion.
Allerdings können hier nur ausführbare Programme gestartet werden.
Über die .bat Dateien ist es nun ebenfalls möglich direkt Aktionen
in Windows zu steuern.
Ein klassisches Beispiel aus meinem Abteilungsleiter Alltag waren
Datenbanken oder Symbolbars für Programme,
die die Kollegen jeden Monat selbstständig updaten sollten.
Oft stellen wir im Nachgang fest, dass dies vergessen wurde,
dies durch die Urlaubszeit nicht durchgeführt wurde etc.
Dieses Problem haben wir behoben indem wir eine .bat Datei erstellt haben die
an jedem Morgen ausgeführt wird.
Die .bat Datei auf dem lokalen Rechner startet eine weitere .bat Datei auf dem
Server (Der Hintergrund ist simpel, denn die .bat Datei auf dem Server
kann jederzeit ergänzt werden und somit Symbolbars
und Datenbanken gezielt gesteuert werden).
Ein Beispiel für eine solche .bat Datei wäre:

Autocopy.bat - Editor

Datei Bearbeiten Format Ansicht ?

```
xcopy "C:\Ordner1\Test.txt" "C:\Ordner2\Test.txt" /y /d
exit
```

xcopy ist hierbei der Befehl zum Kopieren, der Pfad in den „" ist der
Quellpfad, der Pfad in den zweiten „" ist der Ziel Pfad
(„" empfehle ich grundsätzlich, da es in den Pfadangaben mit
Leerzeichen sonst zu Problemen kommt)

/Y unterdrückt die Aufforderung zur Bestätigung, dass der Dateipfad
überschrieben werden soll (da wir jeden Tag kopieren)

/d Kopiert nur dateien, die an oder nach dem Datum der geänderten
Datei (spart Zeit gerade bei großen Dateien)

Exit Schließt das Feld das während des Kopiervorgangs angezeigt wird

Nun im Windows Explorer (Windowstaste + e) in die Anzeigeleiste
Autostart eingeben und mit **Enter** bestätigen:

Der Angezeigte Ordner ist der Autostart Ordner.
Hier die erstellte Autocopy.bat Datei einfügen

und schon wird bei jedem Start die test.txt von C:\Ordner1 in C:\Ordner2 kopiert

Automatisiertes Ausführen

Neben dem Kopieren beim Autostart kann die .bat Datei
und somit Prozesse zeitgesteuert ausgeführt werden.
Dies kann Sinn machen, wenn man Updates zu bestimmten Zeiten ausführen
möchte, oder wenn man z.B. Sicherungen über ein Programm zu einer
bestimmten Zeit durchführen möchte.
Mehr zum Thema Sicherungen in einem späteren Abschnitt.
Wie bereits beschrieben eine .bat Datei erstellen mit den Pfaden die für das
Kopieren notwendig sind.

Autocopy.bat - Editor

Datei Bearbeiten Format Ansicht ?

```
xcopy "C:\Ordner1\Test.txt" "C:\Ordner2\Test.txt" /y /d
exit
```

Nun die Aufgabenplanung öffnen:

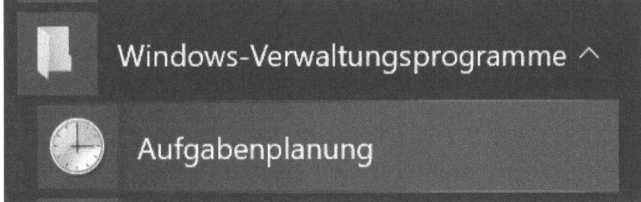

Nun eine Aufgabe erstellen:

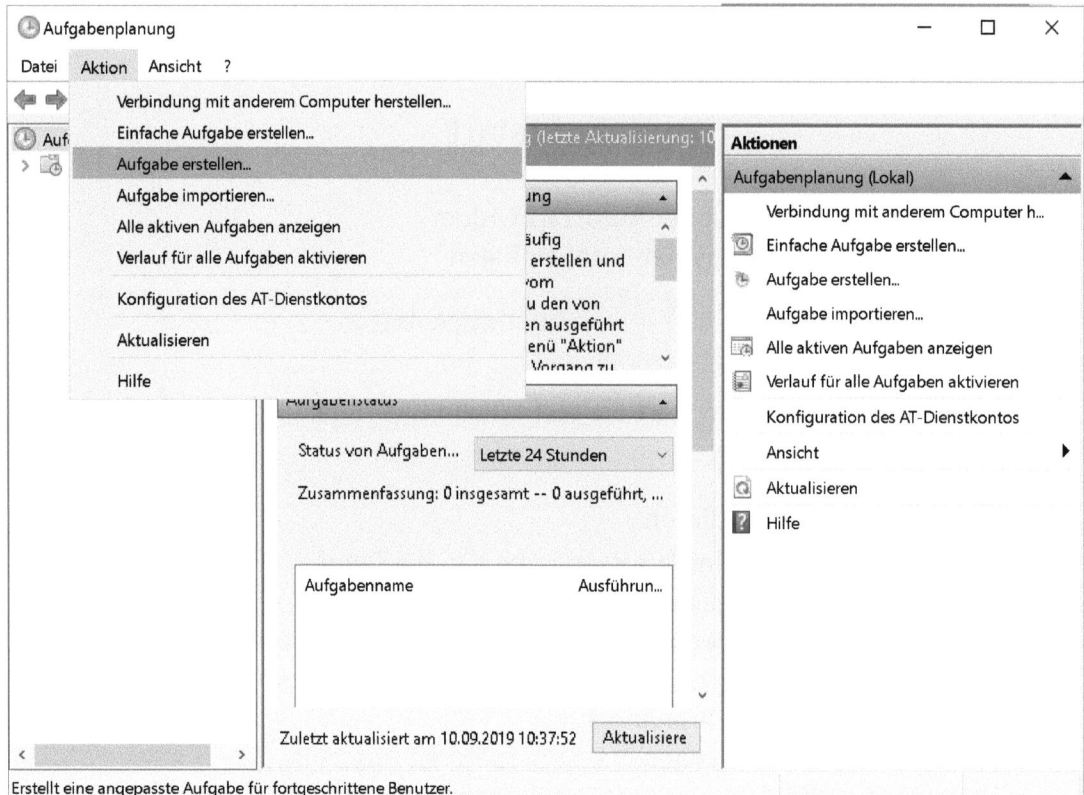

Im darauf folgenden Feld ist der Name der Aufgabe einzutragen:

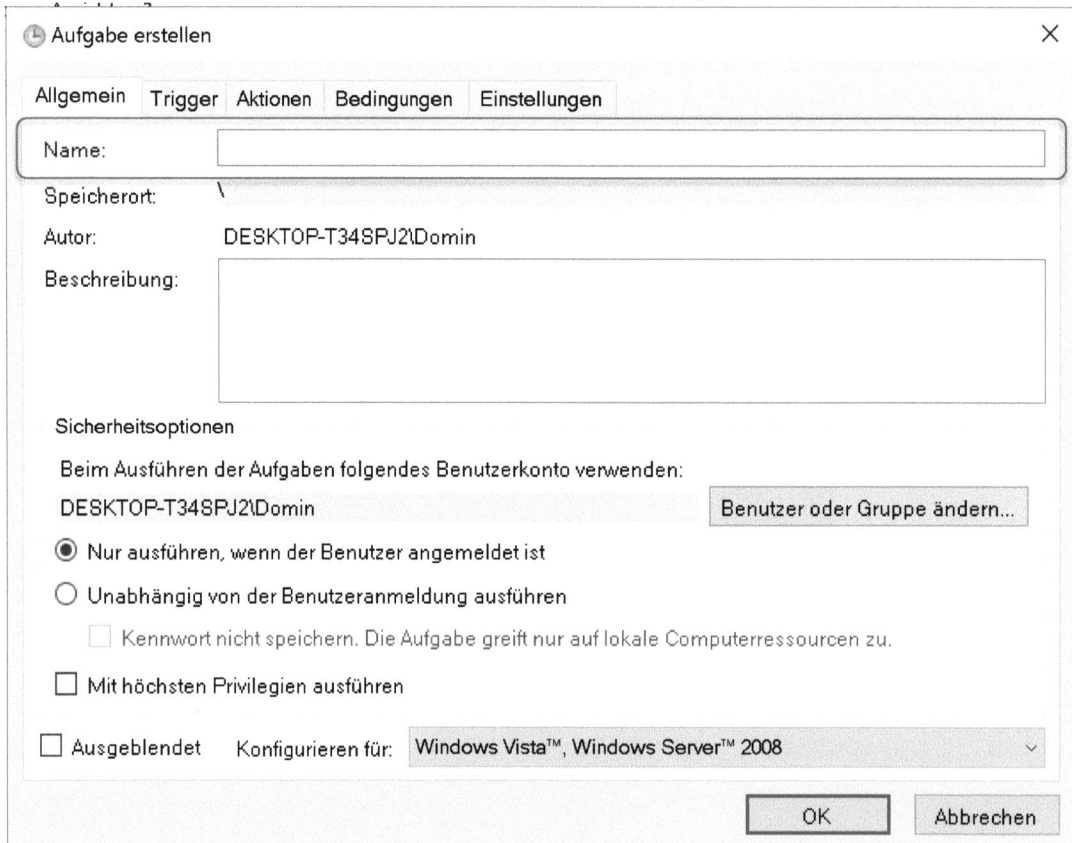

Nun auf den Reiter **Trigger** wechseln und dort Neu klicken:

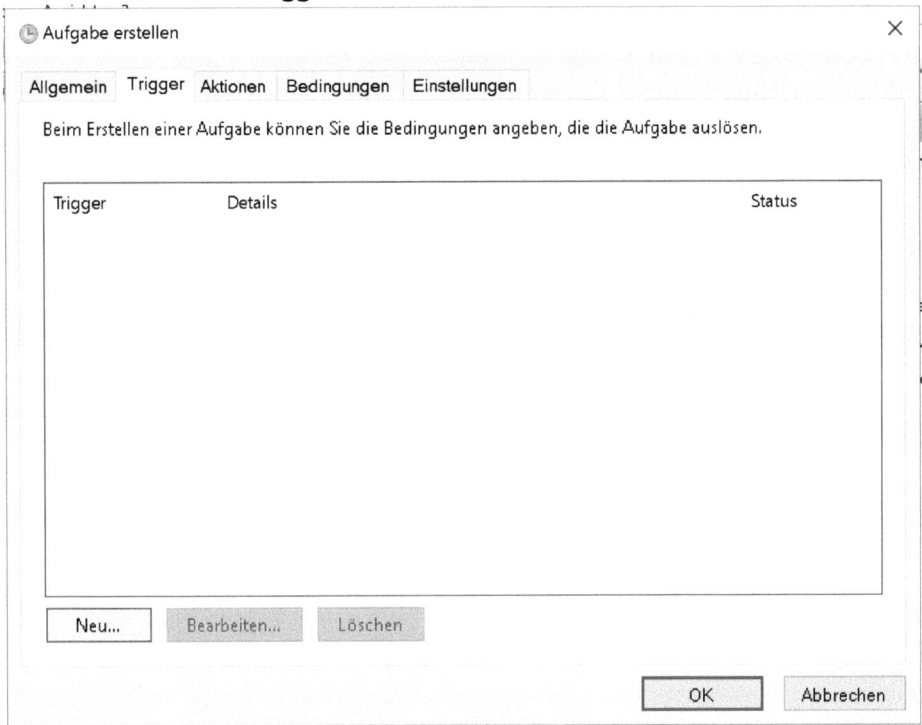

Im folgenden Fenster kann nun ausgewählt werden, wann
und zu welcher Zeit man das Programm oder die .bat Datei ausführen möchte.

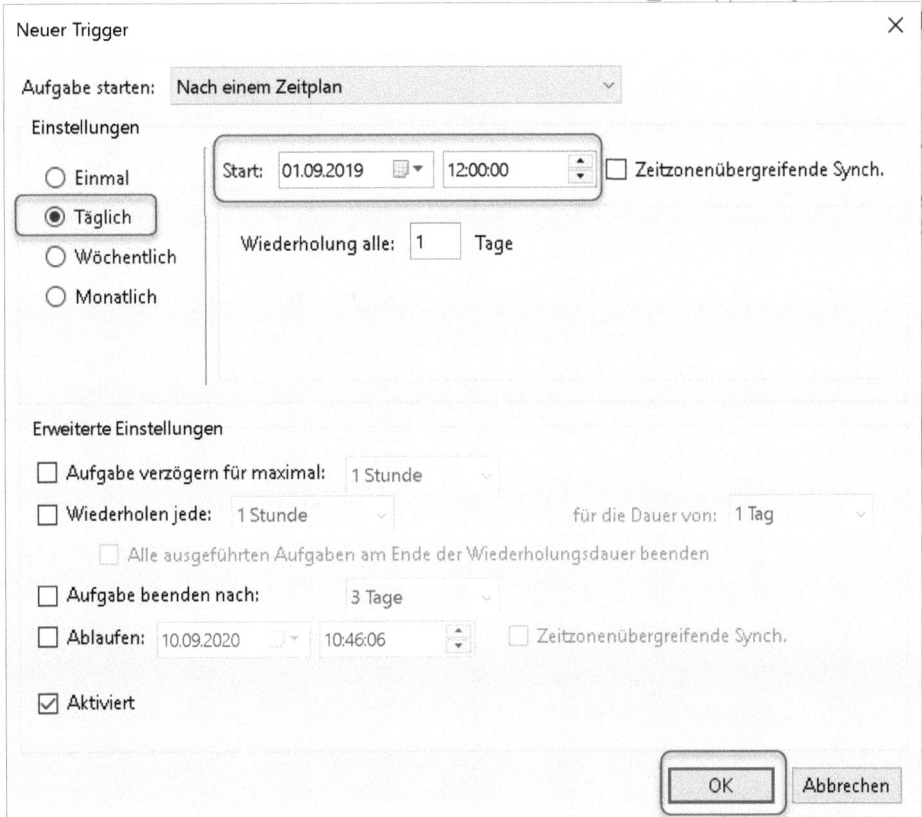

Aus meiner Erfahrung kann ich die Mittagspause empfehlen,
da bei großen Datenmengen der Kopiervorgang etwas dauern kann.
Beim Start wäre die Verzögerung ungünstig,
in der Mittagspause stört dies nicht wenn der Kopiervorgang stattfindet während
die Kollegen beim Essen sind.
Für unser Beispiel wählen wir also „**Täglich**" aus
und stellen für den **Start** das Datum und die Uhrzeit auf 12:00 Uhr ein.
Die Wiederholung auf 1 damit jeden Tag die Routine ausgeführt wird.
Die erweiterten Einstellungen benötigen wir nicht, final also mit **OK** bestätigen.

Nun auf den Reiter **Aktionen** wechseln und anschließend auf Neu klicken:

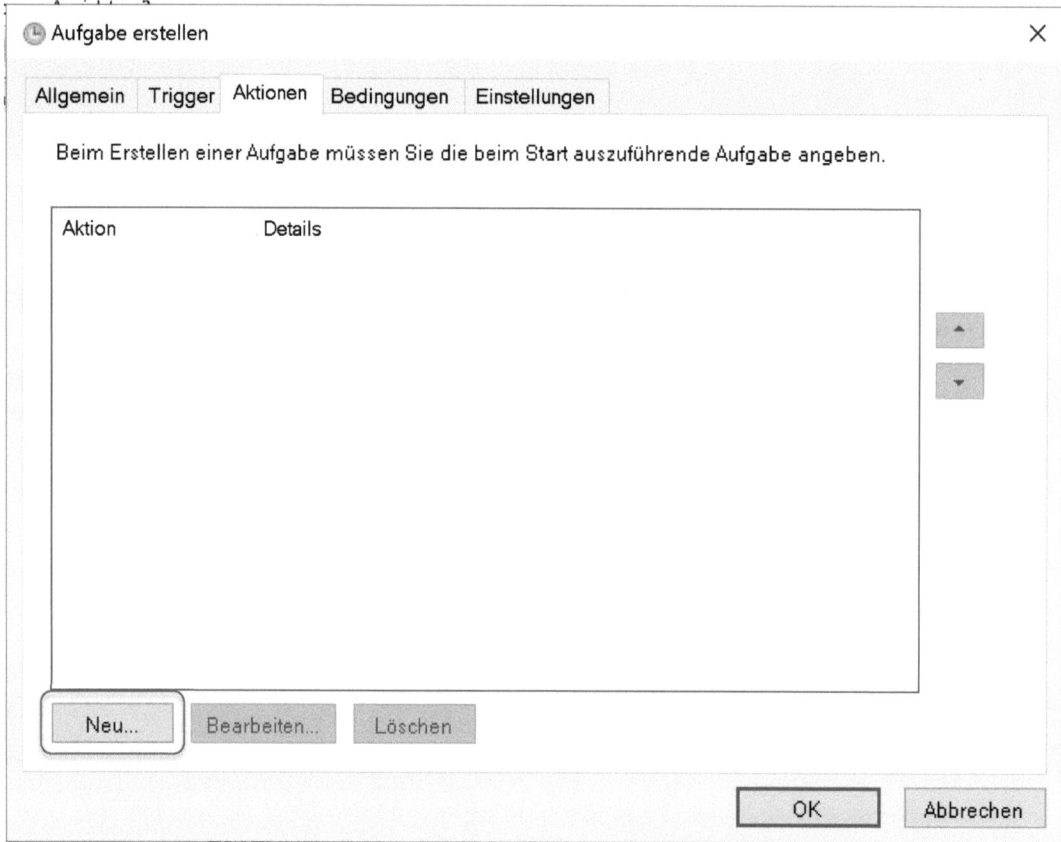

Im darauf folgenden Fenster auf **Durchsuchen** klicken:

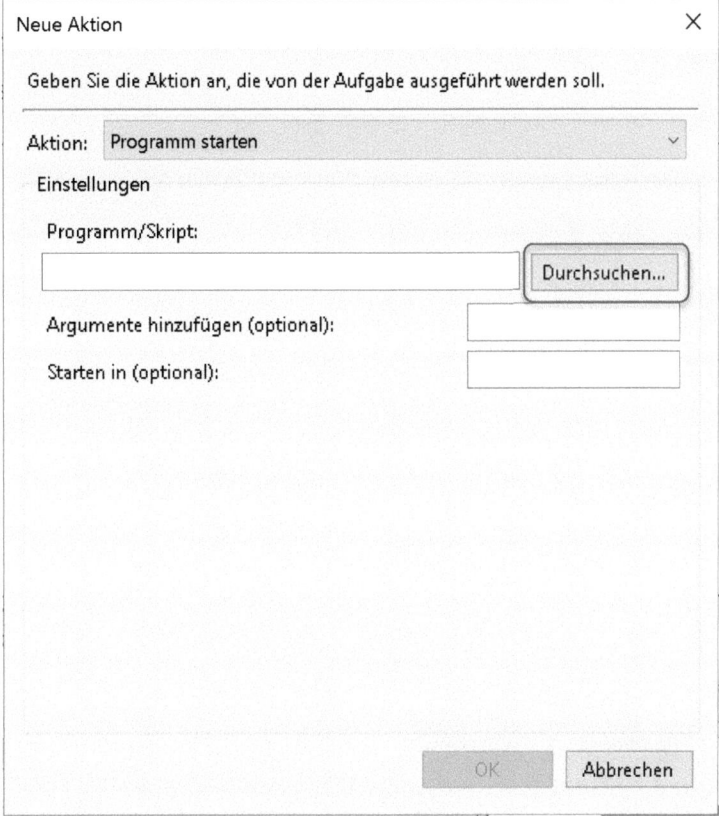

Nun unsere Datei auswählen und mit **OK** bestätigen:

Erneut mit **OK** bestätigen:

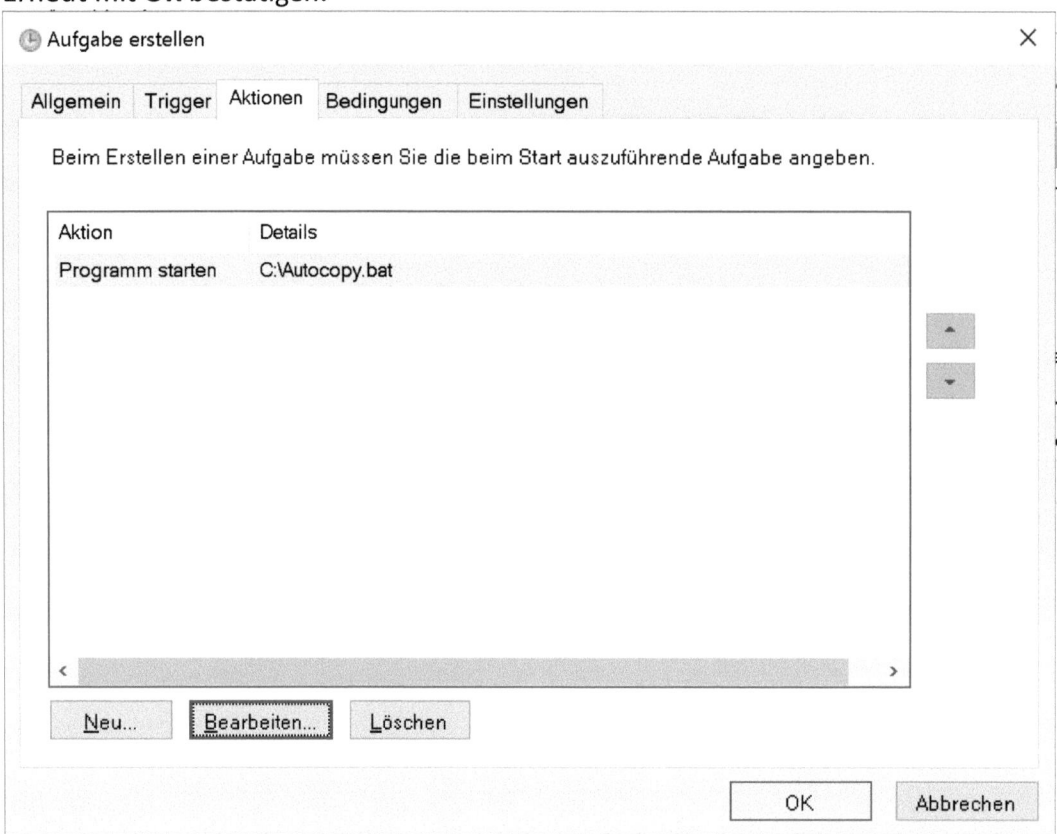

Nun die Konsole über das Kreuz schließen und die Aufgabe ist eingestellt:

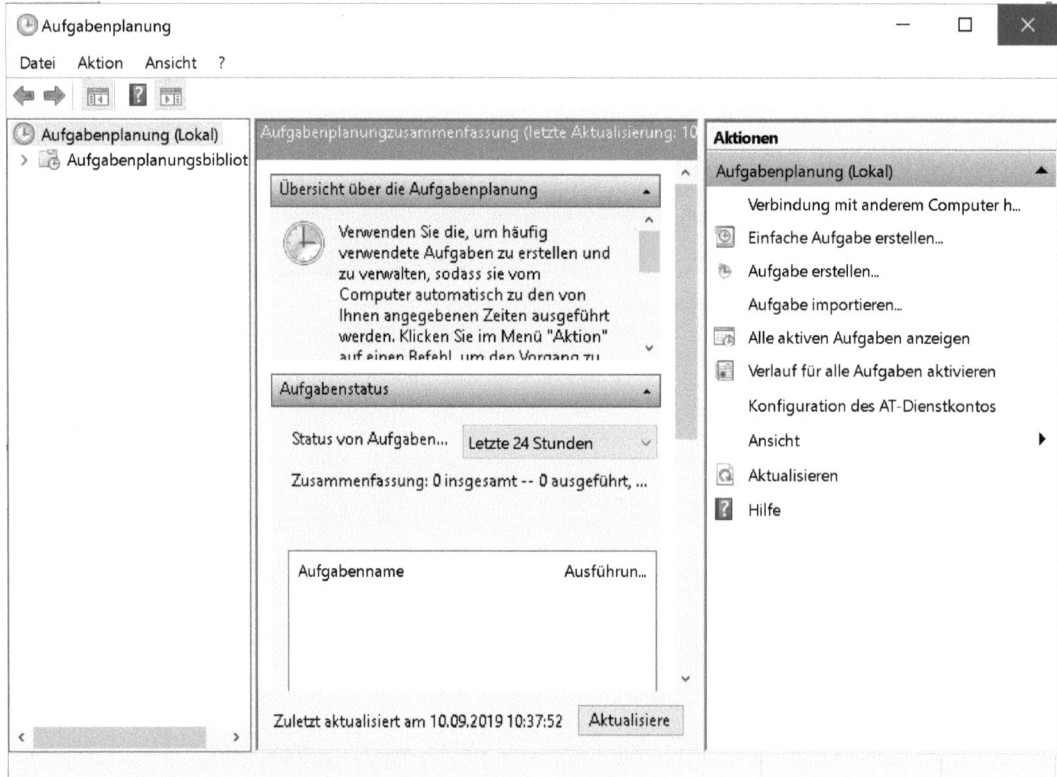

Anmerkung Umgang Desktop / Verknüpfungen

Zum Thema Desktop hat jeder seine eigene Philosophie
und letztendlich muss jeder das für sich passende finden.
Für mich war der Desktop ein Schnellzugriffsplatz für häufig genutzte
Programme, und Ordner.
Durch das Arbeiten mit mehreren Monitoren kommt es jedoch immer
wieder dazu, dass die Anordnung durcheinander gebracht wird und ich so
viel Zeit für das erneute sortieren benötigt habe.
(Dies kann z.B. passieren, wenn man den Rechner an und ab dockt um zu
Meetings zu gehen und sich so die Auflösung ändert oder wenn man im
Homeoffice andere Bildschirme hat).

Wie so oft habe ich mir damals eine Übergangslösung gebastelt,
und die Verknüpfungen durchnummeriert.
An der Stelle an der Leere Stellen waren habe ich eine Dummy Datei
eingefügt (kann z.B. eine Textdatei sein).
Wenn die Symbole durcheinander sind also die Dummy Dateien einkopieren,
nach Alphabet sortieren und die Dummy Dateien löschen.
Das funktioniert soweit ganz gut ist aber lästig und kann je nach Auflösung zu
Problemen an unterschiedlichen Monitoren führen.

Ein Kollege hat sich ein kleines Programm geschrieben, das Buttons enthält,
die belegt werden können.

Alles Ansätze die man nutzen kann, ich habe mich final dazu entschlossen wieder
verstärkt Tastenkürzel zu nutzen.
Dies ist schnell einfach und kann für Windows und viele Standard Anwendungen
kann es an jedem PC angewandt werden.
Es ist mit Sicherheit eine Lernphase hilft aber ungemein.

Im ersten Schritt startet man den Ausführen Dialog mit **Windows + r**:

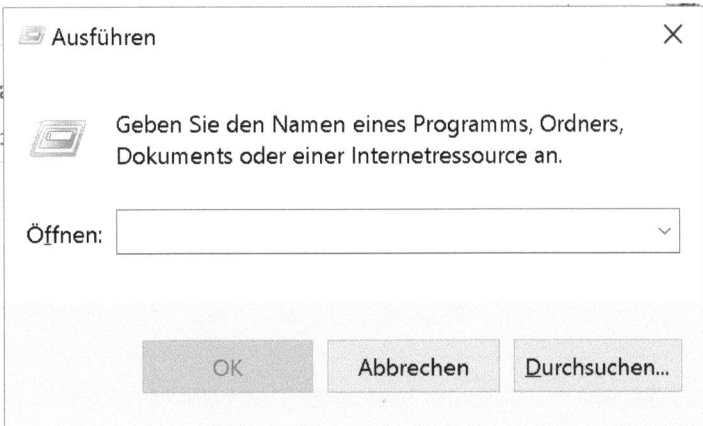

Nun kann man direkt folgende Befehle eintippen und mit Enter ausführen:

Befehl	Programm
calc	Taschenrechner
winword	Word starten
excel	Excel starten
Onenote	Onenote Starten
Outlook	Outlook starten
Mspaint	Paint starten
Cmd	Konsole (DOS Befehle)

In der Regel kommt man hiermit schon sehr weit,
möchte man spezielle Programme hinzufügen ist dies ebenfalls möglich.
So kann man einfach die Programmverknüpfung die man bis dato auf dem
Desktop hatte in den Windows Ordner kopieren.
Ich nutze zum Beispiel ein Videoschnittprogramm und ein
Konvertierungsprogramm die Verknüpfungen habe ich in den Windows Ordner
kopiert und so umbenannt wie es für mich logisch ist:

> Dieser PC > Windows (C:) > Windows   mobile   ulead

Möchte ich nun die Programme schnell starten funktioniert dies wieder über
Windows + r in diesem Fall jedoch mit

Befehl	Programm
mobile	Started konvertierungsprogramm
ulead	Started Videoschnitt Programm
whats	Started Whatsapp
ie	Started Internet Explorer
firefox	Starte Firefox
vlc	Started vlc media player

Zudem gibt es Tastenkürzel die nützlich sind wie

Befehl	Programm
Windows + e	Started den Explorer
Windows + d	Desktop anzeigen
Windwos + l	Sperrt den Computer
Strg + alt +entf	Started den Taskmanager

Um Ordner schneller zu finden verknüpfe ich entweder die Laufwerke von
Serverpfaden also Explorer mit **Windows + e** starten und dann einen Rechtsklick
auf

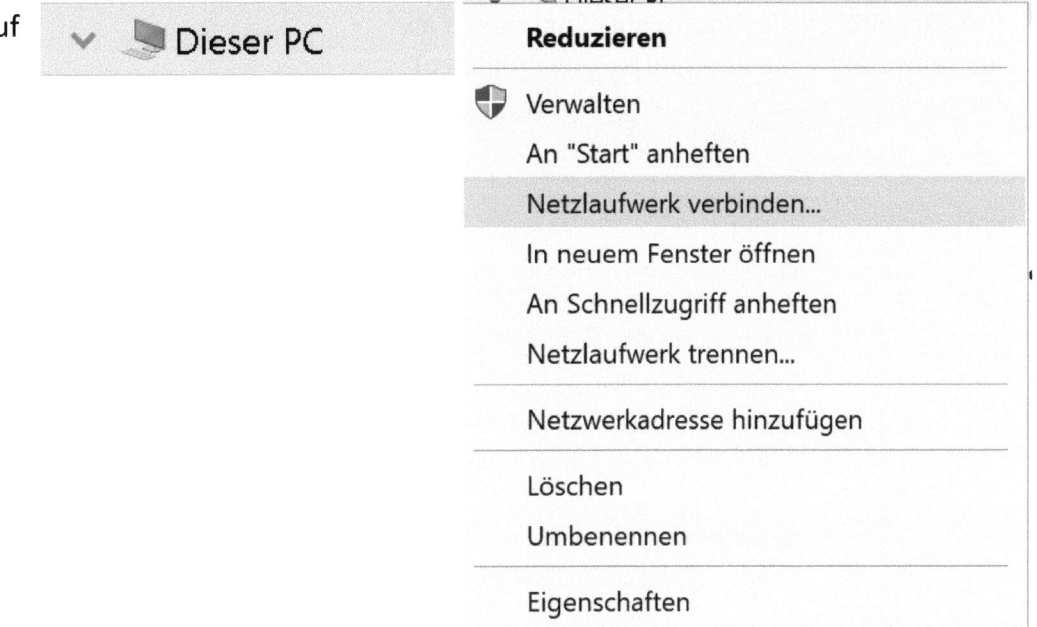

Nun einen freien Laufwerksbuchstaben auswählen
und den Serverpfad eingeben – fertig:

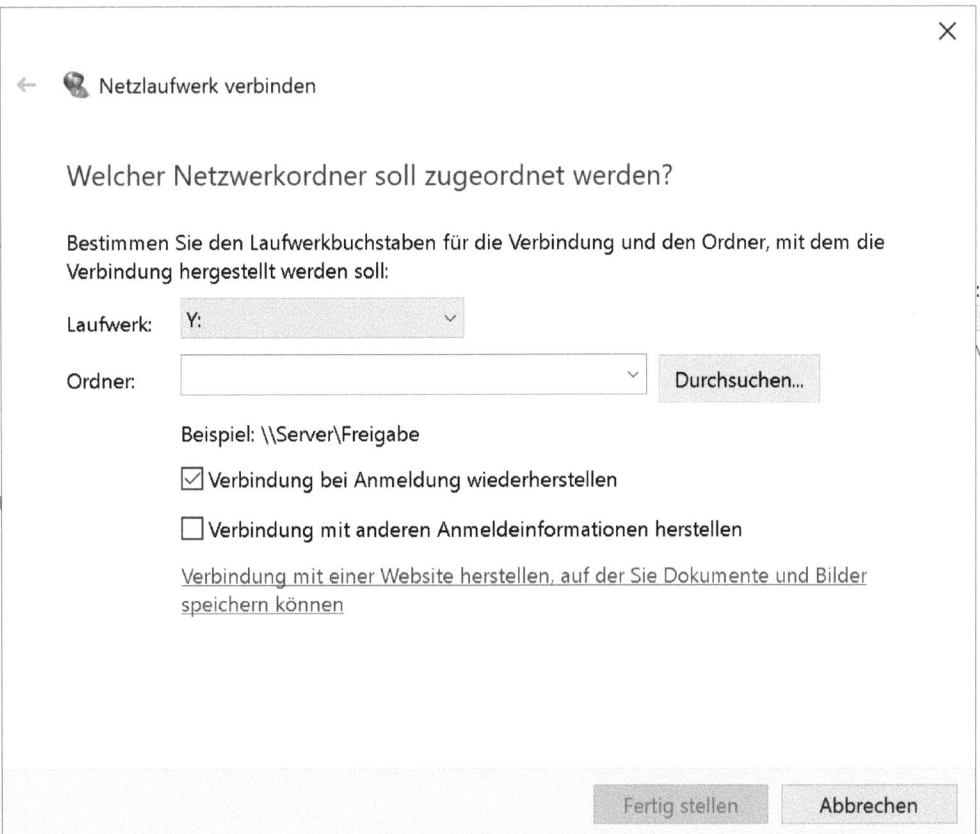

Für lokale Pfade also z.B. unseren Arbeitsordner Privat, Briefvorlagen
aktuelle Projektordner etc. nutze ich die Windows Funktion **Schnellzugriff**.
Zunächst den Explorer mit **Windows + e** starten und im Nachgang auf der
linken Seite den Schnellzugriff mit einem Rechtsklick -> **Optionen** konfigurieren:
(Hier schalte ich die Datenschutz Funktionen ab
um Konstant meine Auswahl zu gewährleisten)

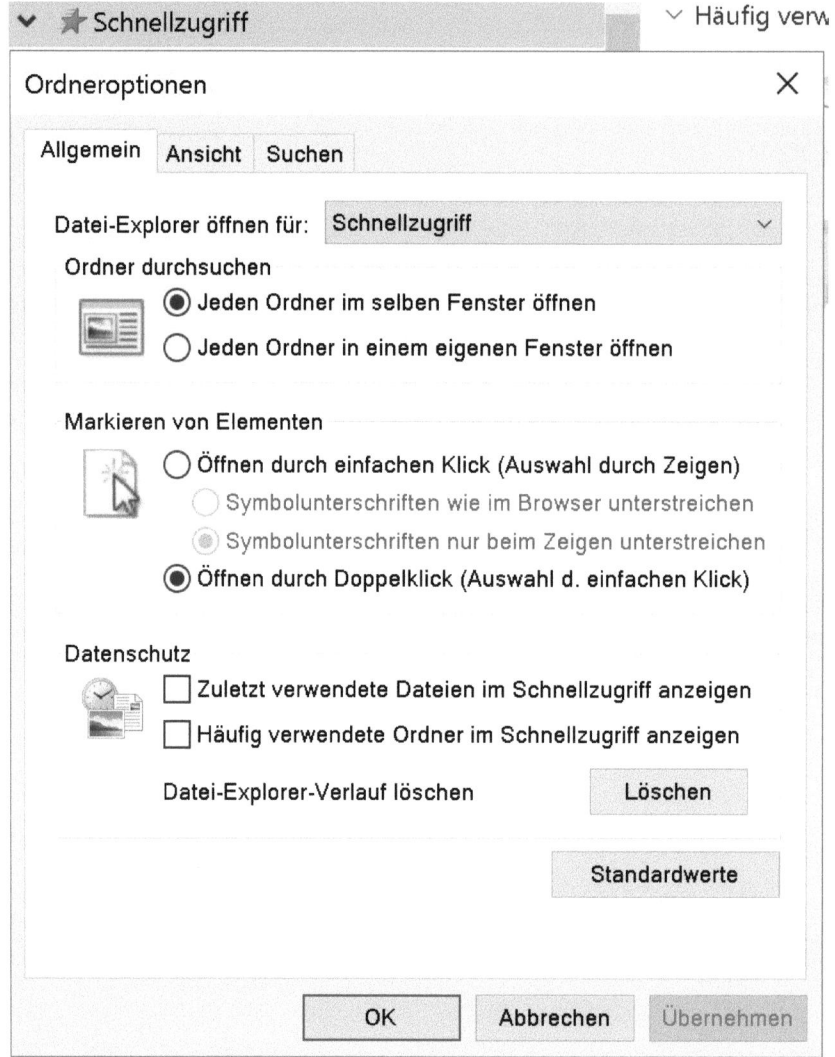

Im Zweiten Schritt löse ich alle vordefinierten Zugriffe mit Rechtsklick

Von Schnellzugriff lösen

Nun können beliebige Ordnerpfade hinzugefügt werden.
->Zwecks Übersichtlichkeit sollte man dies natürlich nicht übertreiben.
Dennoch ideal um gerade aktuelle Projekte abzuarbeiten.

Für Dinge die ich sehr häufig nutze setze ich gezielt Tastenkürzel.
Dies funktioniert unter Windows **nur** bei Verknüpfungen.
Bei mir beschränken sich die Tastenkürzel auf 2 Ordner und ein Programm:

Befehl	Programm
strg + alt + b	Ordner Bücher
strg + alt + k	Ordner Kataloge
Strg + alt + l	Leo online Übersetzer

Die Ordner Bücher in denen Fachbücher zu finden sind und Kataloge
benötigt man immer wieder um im Alltag Dinge nachzuschlagen.
Somit machen hier Tastenkürzel Sinn.
Man klickt also mit einem Rechtsklick auf den Ordner, für den man eine
Verknüpfung erstellen möchte und wählt senden and Desktop aus:

Senden an   Desktop (Verknüpfung erstellen)

Nun wechselt man mit **Windows + d** zum Desktop und klickt erneut mit einem
Rechtsklick auf die Verknüpfung – diesmal wählen wir Eigenschaften aus:

Eigenschaften

Über den Reiter Verknüpfung
können wir nun das **k**
eintragen.
->Das Tastenkürzel wird
dann über **strg + alt + k**
angesprochen.

Eigenschaften von 05 Kataloge_Datenblaetter   ✕

Details	Vorgängerversionen
Allgemein	Verknüpfung	Sicherheit

05 Kataloge_Datenblaetter

Zieltyp: Dateiordner

Zielort:

Ziel: 05 Kataloge

Ausführen in:

Tastenkombination: STRG + ALT + K

Ausführen: Normales Fenster

Kommentar:

Dateipfad öffnen   Anderes Symbol...   Erweitert...

OK   Abbrechen   Übernehmen

Um den Übersetzer mit Firefox aufzurufen benötigen wir
wieder unsere .bat Datei.
Zunächst muss die Programmverknüpfung für das Programm das gestartet
werden soll in den Windows Ordner **C:** kopiert werden.
In unserem Fall die Verknüpfung von Firefox:

Nun erstellen wir eine .bat Datei mit folgenden Code:

```
Leo.bat - Editor
Datei Bearbeiten Format Ansicht ?
@echo OFF
start C:\firefox.lnk "http://dict.leo.org/ende/index_de.html"
```

@echo OFF   führt die Nachfolgenden Zeilen aus
Start   started das Programm unter dem Pfad der angegeben wird
„"   hier wird an das Programm ein Parameter übergeben.
                   In unserem Fall die Homepage, die wir starten möchten.

Am Ende Speichern wir die .bat Datei ich habe Sie Leo.bat genannt.
Nun erstellen wir wie beim Ordner eine Verknüpfung zum Desktop.
Also Rechtsklick und im Anschluss

Senden an   ■ Desktop (Verknüpfung erstellen)

Nun wechselt man mit **Windows + d** zum Desktop und klickt erneut mit
einem Rechtsklick auf die Verknüpfung – diesmal wählen wir Eigenschaften aus:

Eigenschaften

Über den Reiter Verknüpfung
können wir nun das **k**
eintragen.

->Das Tastenkürzel wird
dann über **strg + alt + l**
angesprochen.

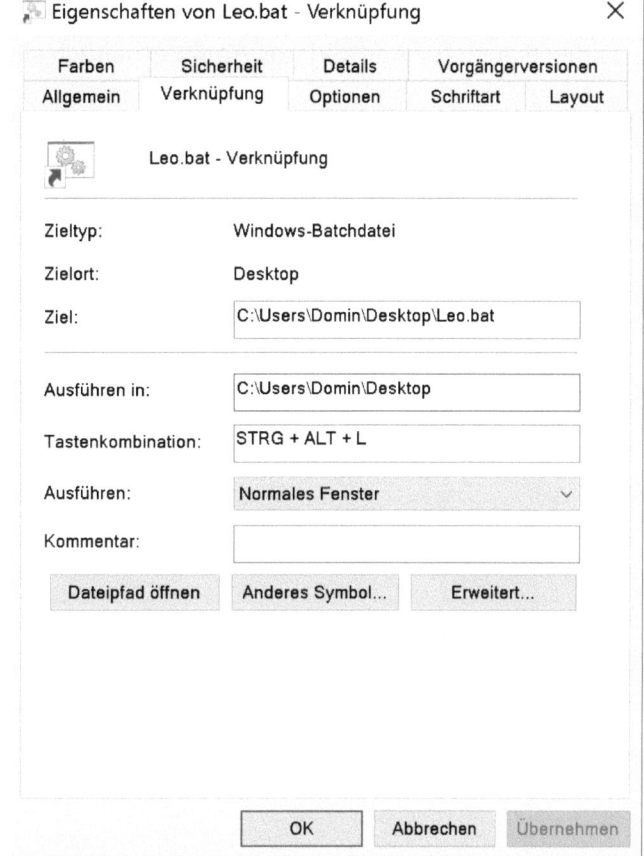

Auf dem Desktop sind bei mir also nur die Verknüpfungen und bat
Dateien zu den Tastenkürzeln zu finden.

Den Desktop nutze ich stattdessen für mein Vision Board um Täglich
meine Ziele zu visualisieren.

Office

Ein klarer Pluspunkt für Microsoft waren schon immer die Office Programme.
Dies wird schon alleine deshalb deutlich,
da diese auch für Android uns Apple erhältlich sind.

Dennoch wer einen Microsoft Computer nutzt profitiert von den Tastenkürzeln
die ähnlich sind und erweiterten Automatisierungsmöglichkeiten durch VBA.

In diesem Buchabschnitt möchte ich auf Funktionen aufmerksam machen die
deutlich zur Effizienz beitragen und dabei oft gar nicht bekannt sind oder
zumindest nicht genutzt werden.

Word

 Word ist das Textverarbeitungsprogramm von Microsoft.
Wie bereits erwähnt können hier die Tastenkürzel die auch unter Windows geläufig sind genutzt werden.
Zudem sind einige spezifischen Tastenkürzel sehr nützlich
Hier eine kleine Übersicht der gängigen Tastenkürzel:

Tastenkürzel	Programm
Strg + c	Kopieren
Strg + v	Einfügen
Strg + Pfeil rechts oder links	Springt von Wort zu Wort (kombiniert mit der shift Taste können so schnell Wörter markiert werden)
Strg + Enter	Neuer Absatz
Strg + shift + f	Fett gedruckt
Strg + shift + u	Unterstrichen
Strg + shift + k	Kursiv

Brief Vorlage

Logisch neben vielen Möglichkeiten die Word bietet fängt man oft mit einem Brief an.

Doch wie ist die richtige Form und wie setze ich an?

Ich habe mir zu meiner Fachabiturzeit eine Vorlage gesetzt,

die auch heute noch für mich funktioniert.

Selbstverständlich können Sie die Vorlage abändern,

die Vorlage stellt für mich eine Ausgangsbasis dar um einen Brief zu schreiben.

Im Eck oben links steht die Absender Adresse.

Auf der rechten Seite ist das aktuelle Datum zu finden

(dies wird automatisch auf das aktuelle Datum gesetzt)

Das Feld wird über Einfügen und das Folgende Menü eingefügt:

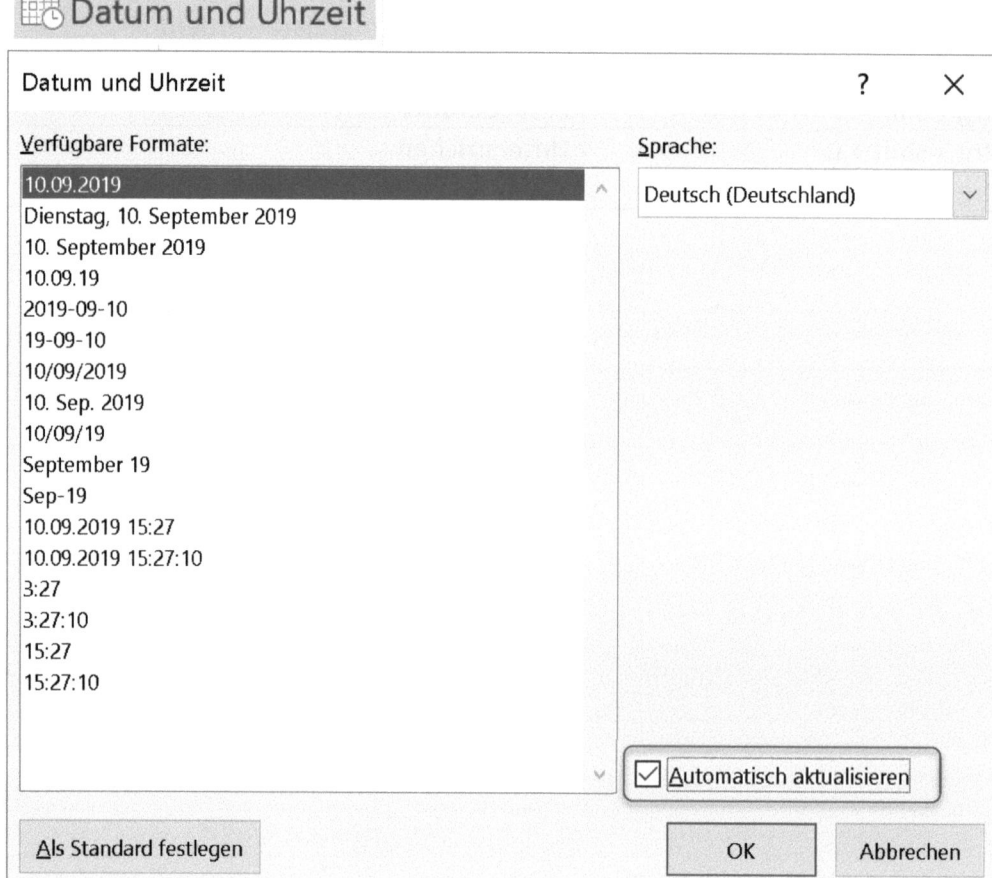

Nun noch die Empfängeradresse eintragen,

den Betreff eingeben und den Text schreiben.

Meine Vorlage ist optimiert auf Umschläge die die Absenderadresse enthalten,

bei Bedarf kann dies so angepasst werden,

dass diese klein über der Empfängeradresse erscheint.

Dominik·Nunn   →   Ort,·den·10.09.2019·
Kapellenstr.12¶
74706·Osterburken¶
Tel.(06291)·8599¶
¶
¶
¶
¶
¶
¶
Name·Empf.¶
Adresse·Empf.¶
PLZ·ORT·Empf.¶
¶
¶
¶
Betreff¶
¶
¶
Sehr·geehrte·Damen·und·Herren,¶
¶
Text¶
Text¶
¶
Mit·freundlichen·Grüßen·¶
¶
¶

Serienbrief

Möchte man nicht nur einen Brief schrieben sondern z.B. Weihnachtskarten oder Einladungen, so bietet Word die Serienbrief Funktion an.

Diese kann nicht nur genutzt werden um eine Absenderadresse in Serie einzufügen – mit einigen Regeln wird sie personalisierter.

Wenn wir die Office Tools richtig nutzen können wir so aus Outlook eine gefilterte Empfängerliste exportieren und für unseren Serienbrief nutzen.

Hierzu aber mehr im Abschnitt Outlook Kontakte.

In diesem Beispiel gehen wir von einer Excel Liste aus und einer Einladung für ein Klassentreffen.

Wir nutzen unsere Briefvorlage und die folgende Liste in Excel:

	A	B	D	G	H	I	J
1	Anrede	Name	Vorname	Adresse	PLZ	Ort	Telefon
2	Herr	Mustermann	Albert	Muster Straße 1	12345	Muster Ort	01805 12345
3	Herr	Mustermann	Alfredo	Muster Straße 2	12345	Muster Ort	1806 12345
4	Herr	Mustermann	Alois	Muster Straße 3	12345	Muster Ort	1807 12345
5	Frau	Mustermann	Anna Elisabeth	Muster Straße 4	12345	Muster Ort	1808 12345
6	Frau	Mustermann	Annemarie	Muster Straße 5	12345	Muster Ort	1809 12345
7	Frau	Mustermann	Berta	Muster Straße 6	12345	Muster Ort	1810 12345
8	Frau	Mustermann	Brigitte	Muster Straße 7	12345	Muster Ort	1811 12345
9	Frau	Mustermann	Christa	Muster Straße 8	12345	Muster Ort	1812 12345
10	Herr	Mustermann	Dieter	Muster Straße 9	12345	Muster Ort	1813 12345
11	Frau	Mustermann	Ellen	Muster Straße 10	12345	Muster Ort	1814 12345
12	Frau	Mustermann	Elsa	Muster Straße 11	12345	Muster Ort	1815 12345
13	Herr	Mustermann	Erich	Muster Straße 12	12345	Muster Ort	1816 12345
14	Herr	Mustermann	Franz	Muster Straße 13	12345	Muster Ort	1817 12345
15	Herr	Mustermann	Friedbert	Muster Straße 14	12345	Muster Ort	1818 12345
16	Herr	Mustermann	Gerhard	Muster Straße 15	12345	Muster Ort	1819 12345
17	Herr	Mustermann	German	Muster Straße 16	12345	Muster Ort	1820 12345
18	Frau	Mustermann	Gertrud	Muster Straße 17	12345	Muster Ort	1821 12345
19	Frau	Mustermann	Geza	Muster Straße 18	12345	Muster Ort	1822 12345
20	Frau	Mustermann	Helene	Muster Straße 19	12345	Muster Ort	1823 12345
21	Herr	Mustermann	Helge	Muster Straße 20	12345	Muster Ort	1824 12345
22	Herr	Mustermann	Helmut	Muster Straße 21	12345	Muster Ort	1825 12345
23	Herr	Mustermann	Herbert	Muster Straße 22	12345	Muster Ort	1826 12345
24	Frau	Mustermann	Herlinde	Muster Straße 23	12345	Muster Ort	1827 12345
25	Herr	Mustermann	Hermann	Muster Straße 24	12345	Muster Ort	1828 12345
26	Frau	Mustermann	Hilde	Muster Straße 25	12345	Muster Ort	1829 12345
27	Herr	Mustermann	Horst	Muster Straße 26	12345	Muster Ort	1830 12345
28	Frau	Mustermann	Inge	Muster Straße 27	12345	Muster Ort	1831 12345
29	Frau	Mustermann	Ingeborg	Muster Straße 28	12345	Muster Ort	1832 12345
30	Frau	Mustermann	Irma	Muster Straße 29	12345	Muster Ort	1833 12345
31	Frau	Mustermann	Irmgard	Muster Straße 30	12345	Muster Ort	1834 12345
32	Herr	Mustermann	Josef	Muster Straße 31	12345	Muster Ort	1835 12345
33	Herr	Mustermann	Jürgen	Muster Straße 32	12345	Muster Ort	1836 12345
34	Frau	Mustermann	Lindrudit	Muster Straße 33	12345	Muster Ort	1837 12345
35	Herr	Mustermann	Manfred	Muster Straße 34	12345	Muster Ort	1838 12345
36	Frau	Mustermann	Margot	Muster Straße 35	12345	Muster Ort	1839 12345
37	Herr	Mustermann	Mathias	Muster Straße 36	12345	Muster Ort	1840 12345
38	Frau	Mustermann	Monika	Muster Straße 37	12345	Muster Ort	1841 12345
39	Herr	Mustermann	Otto	Muster Straße 38	12345	Muster Ort	1842 12345
40	Frau	Mustermann	Siglinde	Muster Straße 39	12345	Muster Ort	1843 12345

Zunächst ändern wir nun den Betreff und schreiben unsere Einladung.
Diese könnte in etwa so aussehen:

Dominik Nunn   Ort, den 12.09.2019
Kapellenstr.12
74706 Osterburken
Tel.(06291) 8599

Name Empf.
Adresse Empf
PLZ ORT Empf

Einladung Klassentreffen

Lieber Schulkameradin,
Lieber Schulkamerad,

Es ist wieder mal soweit, das 30er Treffen rückt näher.
Die Zeit rennt und ist nicht aufzuhalten.
Bei unserer Vorbesprechung am 04.12.2018 haben wir
das Wochenende am 12./ 13. Juni für unser Klassentreffen ausgewählt.

Wir haben den Termin beraten und auf den 12.06.2019 festgelegt.

Mit freundlichen Grüßen

Viele nutzen nun den Serienbrief Assistenten
und nutzen die Excel Liste um die Adressen einzufügen.
In unserem Fall wollen wir den oder die Klassenkameradin direkt ansprechen.
Zunächst starten wir also den Serienbrief Assistenten:

Im Schritt 1 wählen wir zunächst Briefe aus:

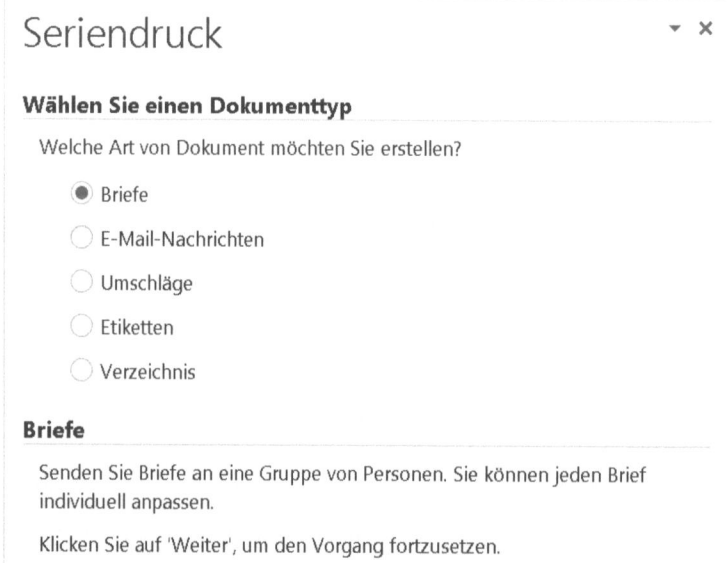

Im Schritt 2 wählen wir aktuelles Dokument verwenden aus:

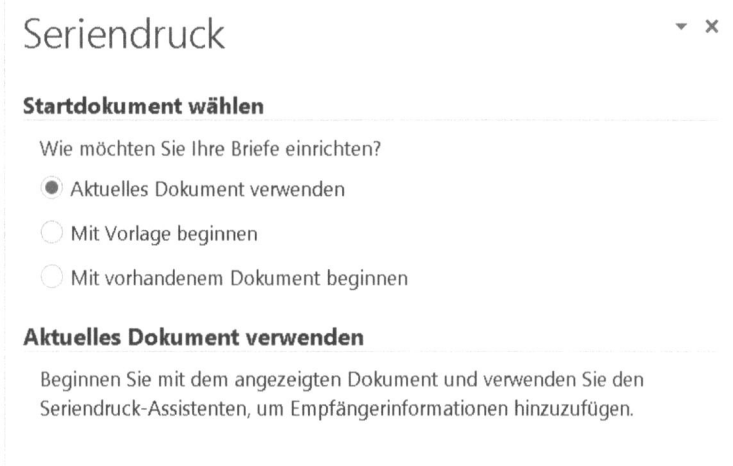

Im Schritt 3 wählen wir nun unsere Excel Liste aus:
(auf Durchsuchen klicken)

Das Dialogfeld bestätigen:

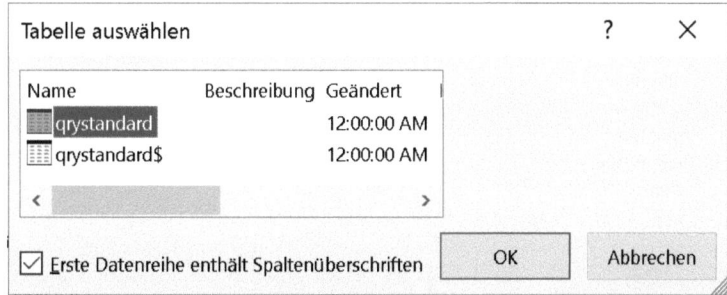

Dieses Dialogfeld ebenfalls mit **ok** bestätigen:

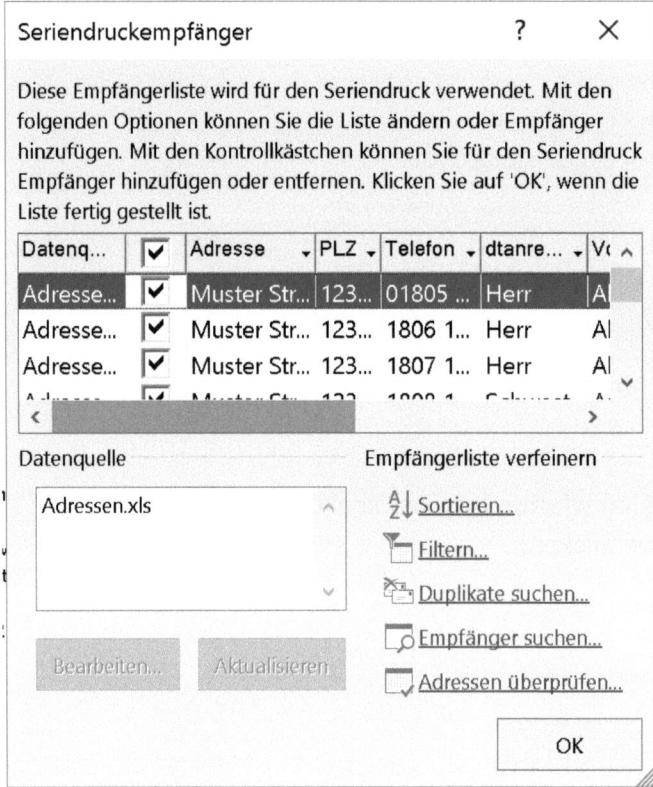

Nun geht es weiter zu Schritt 4

In Schritt 4 klicken wir auf weitere Elemente – hier werden nun die Felder unserer Excel Datei angezeigt:

Nun markieren **Name Empf.** Und fügen die Platzhalter mit Anrede Vorname Nachname ein – Bitte auch die Leerzeichen zwischen den Platzhaltern setzen:

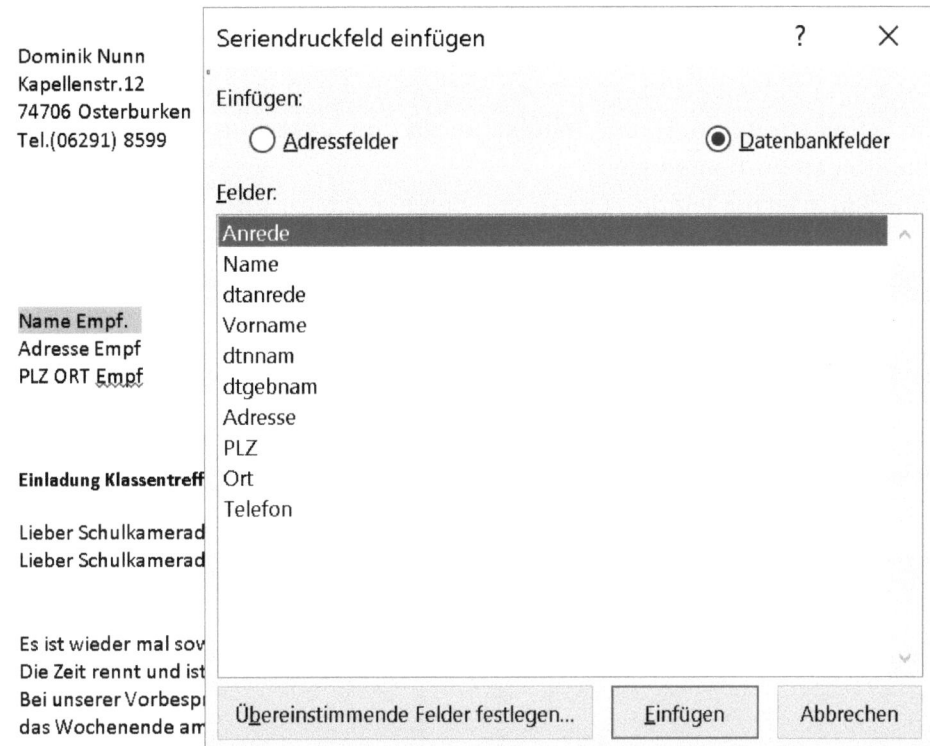

Dasselbe wiederholen wir für die **Adresse Empf** und **PLZ ORT Empf** unsere Word Dokument sieht nun so aus:

Dominik Nunn   Ort, den 12.09.2019
Kapellenstr.12
74706 Osterburken
Tel.(06291) 8599

«Anrede_» «Vorname_» «Name_»
«Adresse»
«PLZ» «Ort_»

Einladung Klassentreffen

Lieber Schulkameradin,
Lieber Schulkamerad,

Wie beschrieben fahren viele nun mit dem Schritt 5 fort,
indem man die Adressen in einer Vorschau durchklicken kann
und Drucken dann den Serien Brief in Schritt 6.

In unserem Fall bleiben wir aber noch bei Schritt 4 und markieren diesmal
Liebe Schulkameradin, Lieber Schulkamerad und fügen nun über weitere
Elemente den Vornamen ein.
Im Anschluss setzen wir den Cursor von den Platzhalter Vorname:

Einladung Klassentreffen

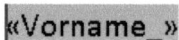

Nun wählen wir Regeln aus und definieren folgende Regel:

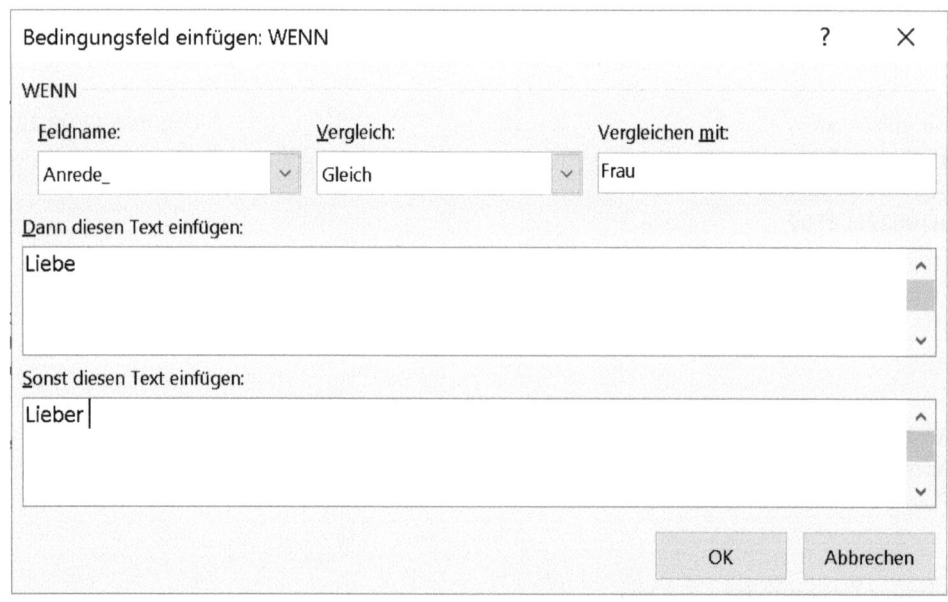

Nach dem Einfügen zunächst das Leerzeichen vor dem Vornamen einfügen und ggf. das Format des Regelwortes auf das Format des anderen Textes anpassen am einfachsten geht dies mit:

🖌️ Format übertragen

Nun sieht unser Word Dokument wie folgt aus:

Dominik Nunn
Kapellenstr.12
74706 Osterburken
Tel.(06291) 8599

Ort, den 12.09.2019

«Anrede_» «Vorname_» «Name_»
«Adresse»
«PLZ» «Ort_»

Einladung Klassentreffen

Lieber «Vorname_»

Es ist wieder mal soweit, das 30er Treffen rückt näher.

Nun können wir mit der Vorschau in Schritt 5 prüfen,
ob alles wie gewünscht funktioniert:

Anrede für einen Mann - Beispiel Vorschau Empfänger 1:

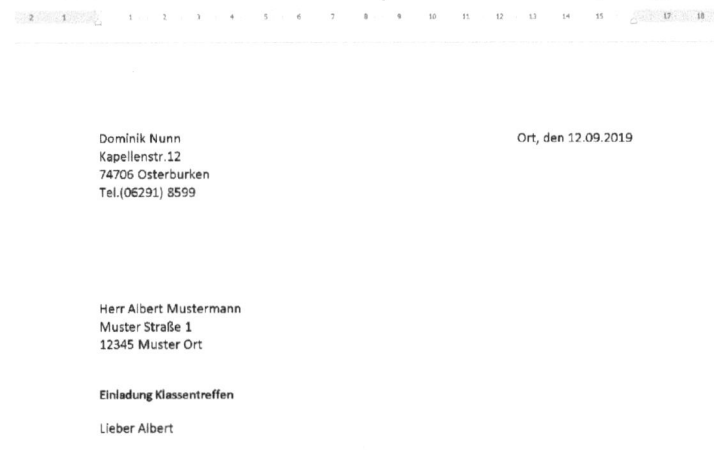

Anrede für eine Frau Beispiel Vorschau Empfänger 4:

Da unsere Personalisierung wie gewünscht funktioniert können wir nun mit Schritt 6 fortfahren und den Serienbrief drucken:

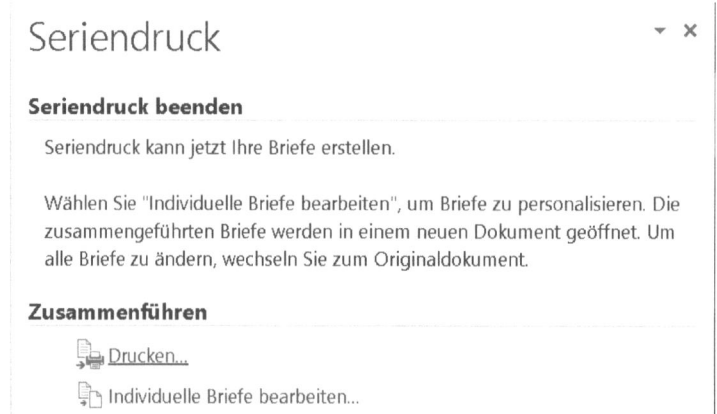

Diese Regeln sind sehr nützlich, man kann neben einem Druckauftrag an einen Drucker auch eine Textdatei drucken.
So kann man anstatt der Adresse auch andere Daten Tauschen.
Ich habe damals Text in einem Skript über den Seriendruck Assistenten getauscht und so eine Arbeitszeit für die Projektierung einer Anlageserie
um knapp eine Woche reduziert.
Aber auch „technical Passport" Daten usw. können hierüber bei Anlagen
Serien abgeändert werden.

Label / Etiketten Druck

Neben dem Serienbrief ist auch ein Label oder Etikettendruck möglich.
Hier können z.B. die Adressen auf Labels gedruckt werden,
die dann auf jedem Umschlagformat Platz finden.
In unserem Beispiel könnte dies die Empfängeradresse für unsere
Klassenkameraden sein, wenn wir einen Umschlag ohne Adressfenster
verwenden.

Es empfiehlt sich hier zunächst die Etiketten zu kaufen z.B. von Zweckform.

Den Etikettendruck starten wir über **Sendungen -> Etiketten**:

Nun wählen wir über Optionen die Etiketten aus:

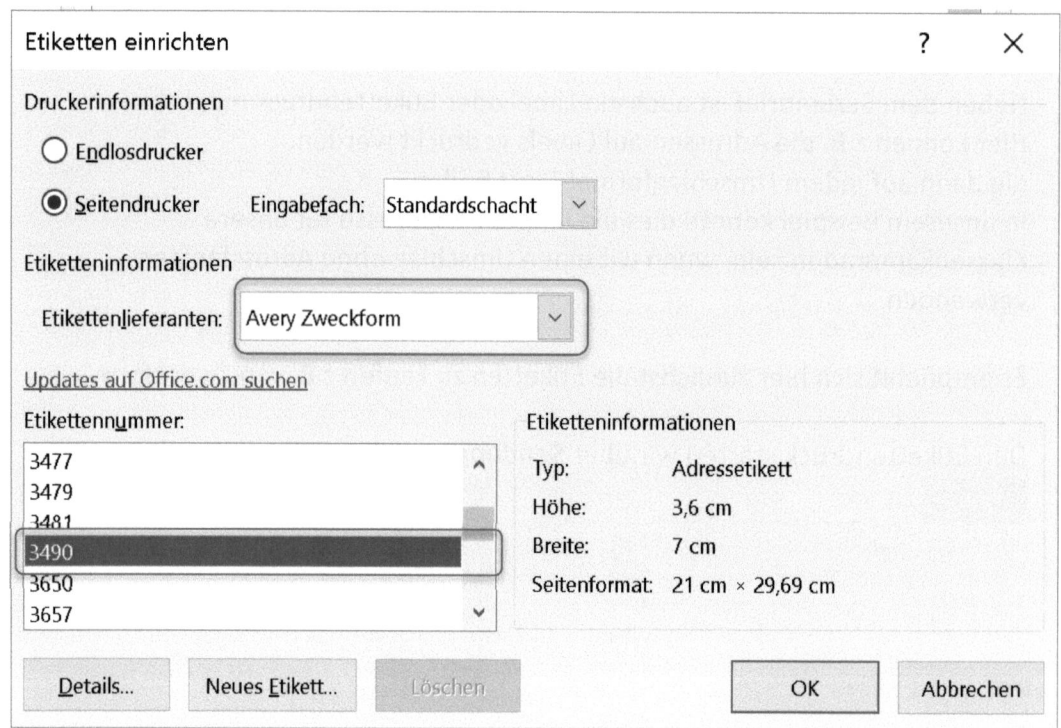

In unserem Fall habe ich mich für das die Zweckform Etiketten 3490 entschieden:

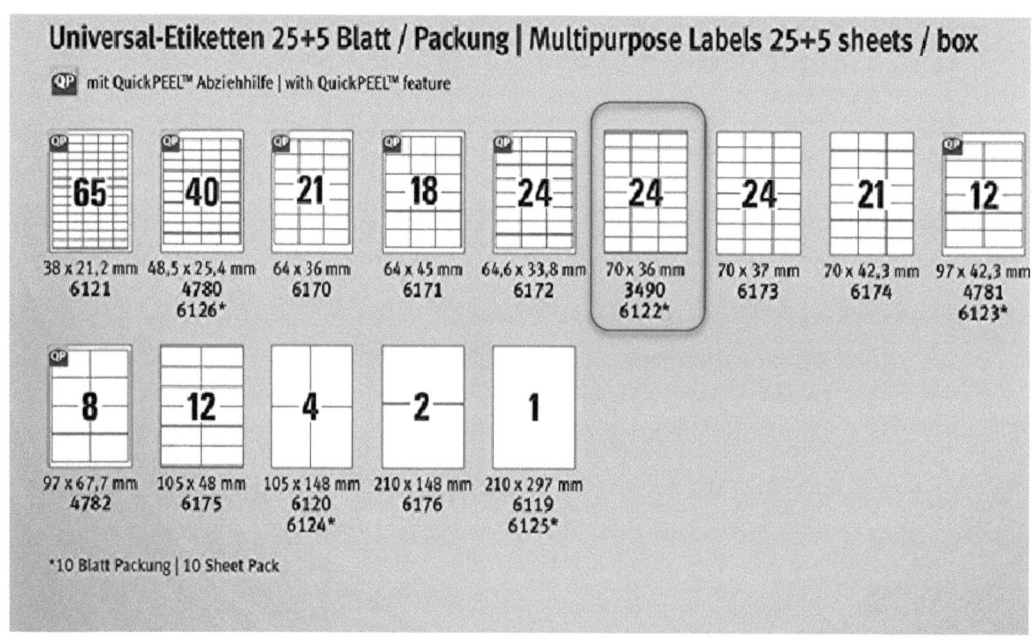

Nachdem wir die Auswahl mit **OK** bestätigt haben,
wählen wir die Schaltfläche neues Dokument aus:

Nun erhalten wir unsere bereits fertig konfigurierte Etikettenvorlage:

Wir starten nun unseren Seriendruck Assistenten:

Im Schritt 1 wählen wir zunächst Etiketten aus:

Im Schritt 2 wählen wir aktuelles Dokument verwenden aus:

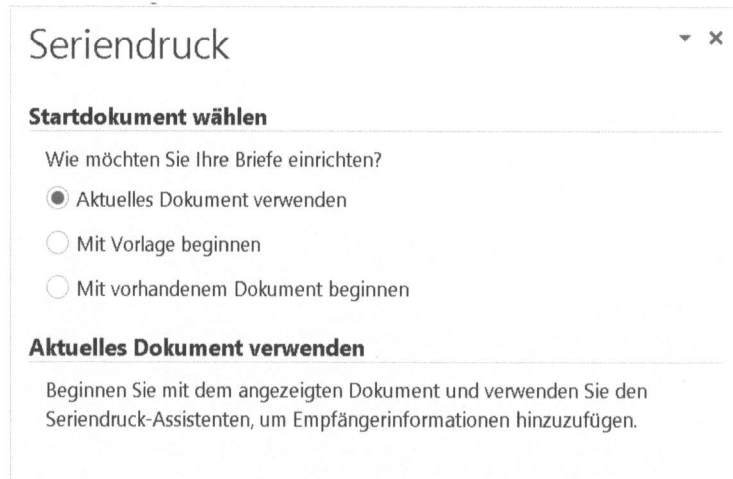

Im Schritt 3 wählen wir nun unsere Excel Liste aus:
(auf Durchsuchen klicken)

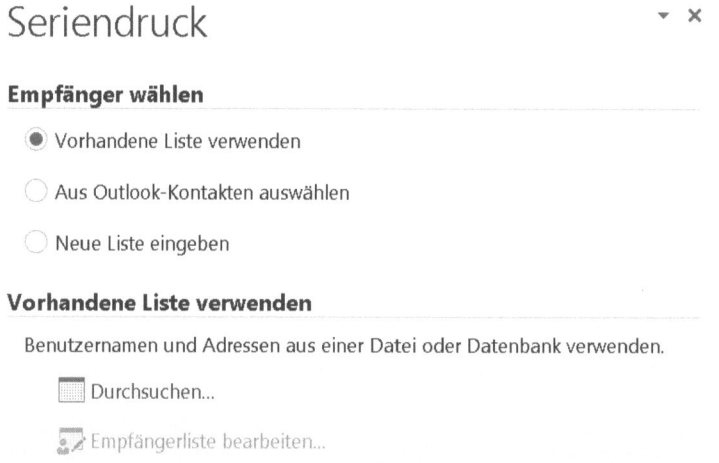

Das Dialogfeld bestätigen:

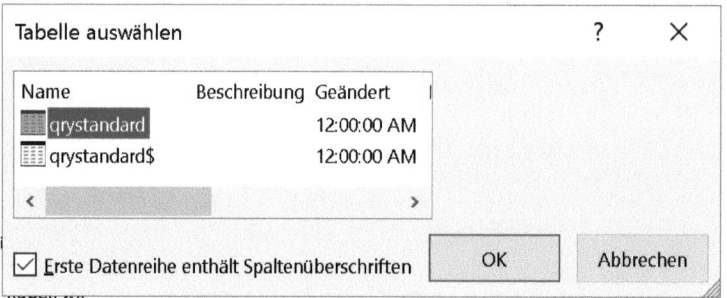

Dieses Dialogfeld ebenfalls mit **ok** bestätigen:

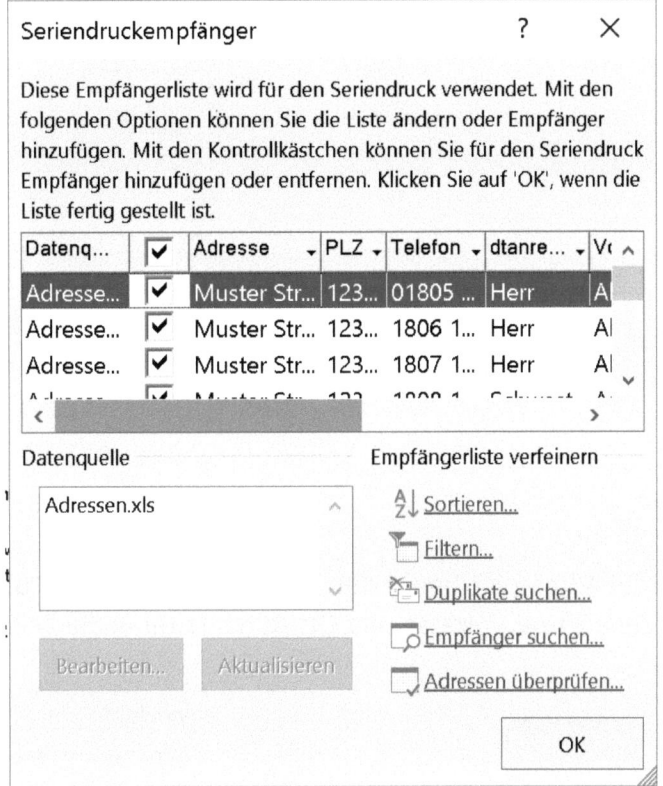

Nun geht es weiter zu Schritt 4

In Schritt 4 klicken wir auf weitere Elemente
– hier werden nun die Felder unserer Excel Datei angezeigt:

Nun fügen wir die Platzhalter mit Anrede Vorname Nachname,
sowie die Adresse ein:

Nun sollten wir die Adressplatzhalter durch Leerzeichen trennen und Vorname
sowie Name in Zeile 2 bzw. Adresse und Ort durch Enter in die Zeile 3 bzw. 4
verschieben:

«Anrede_»

«Vorname_» «Name_»

«Adresse»

«PLZ»«Ort_»

Nun wählen wir über einen
Rechtsklick die
Tabelleneigenschaften aus:

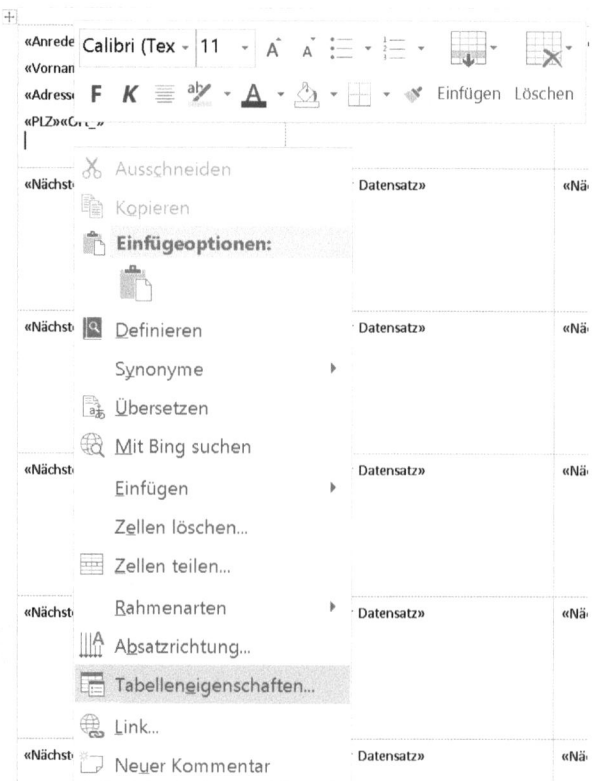

Im Reiter Zelle, klicken wir auf **Zentriert** und im Anschluss auf **OK:**

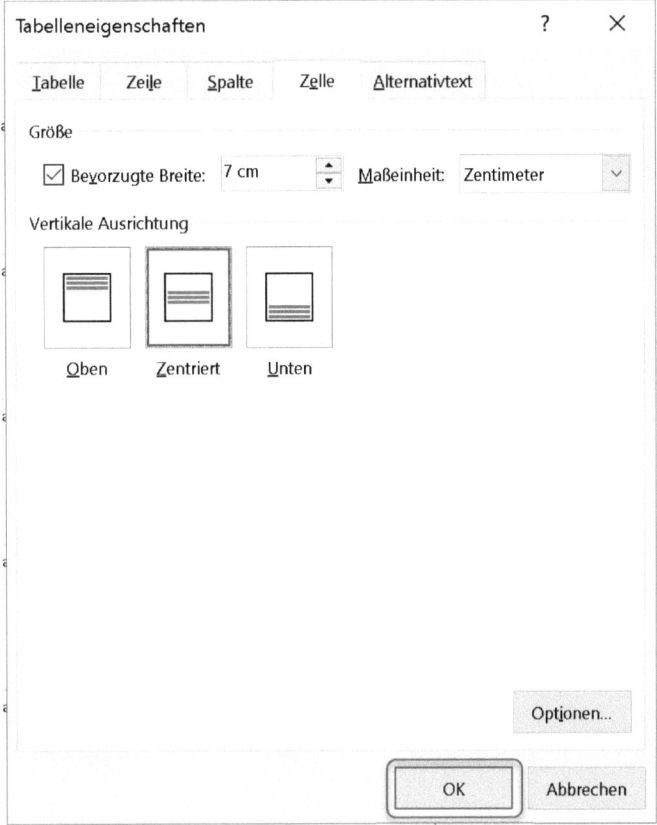

Nun klicken wir auf Etiketten aktualisieren:

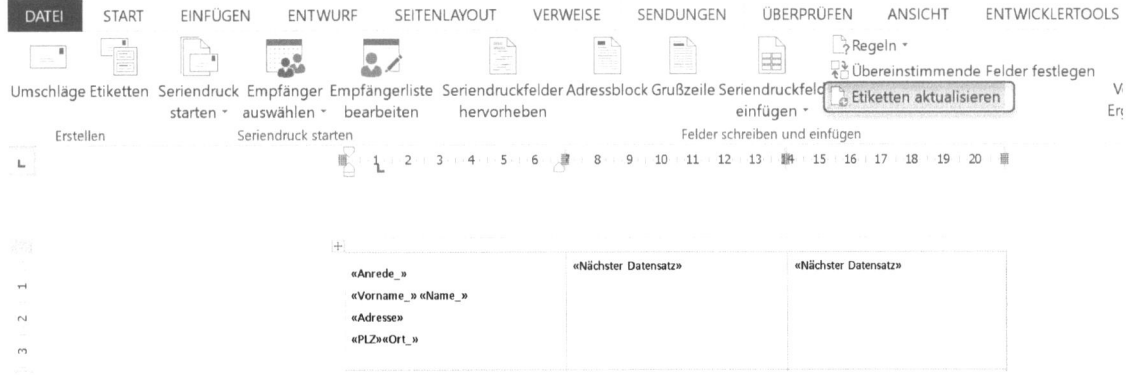

Unsere Vorlage sieht nun wie folgt aus:

«Anrede_» «Vorname_» «Name_» «Adresse» «PLZ»«Ort_»	«Nächster Datensatz»«Anrede_» «Vorname_» «Name_» «Adresse» «PLZ»«Ort_»	«Nächster Datensatz»«Anrede_» «Vorname_» «Name_» «Adresse» «PLZ»«Ort_»
«Nächster Datensatz»«Anrede_» «Vorname_» «Name_» «Adresse» «PLZ»«Ort_»	«Nächster Datensatz»«Anrede_» «Vorname_» «Name_» «Adresse» «PLZ»«Ort_»	«Nächster Datensatz»«Anrede_» «Vorname_» «Name_» «Adresse» «PLZ»«Ort_»
«Nächster Datensatz»«Anrede_» «Vorname_» «Name_» «Adresse» «PLZ»«Ort_»	«Nächster Datensatz»«Anrede_» «Vorname_» «Name_» «Adresse» «PLZ»«Ort_»	«Nächster Datensatz»«Anrede_» «Vorname_» «Name_» «Adresse» «PLZ»«Ort_»
«Nächster Datensatz»«Anrede_» «Vorname_» «Name_» «Adresse» «PLZ»«Ort_»	«Nächster Datensatz»«Anrede_» «Vorname_» «Name_» «Adresse» «PLZ»«Ort_»	«Nächster Datensatz»«Anrede_» «Vorname_» «Name_» «Adresse» «PLZ»«Ort_»
«Nächster Datensatz»«Anrede_» «Vorname_» «Name_» «Adresse» «PLZ»«Ort_»	«Nächster Datensatz»«Anrede_» «Vorname_» «Name_» «Adresse» «PLZ»«Ort_»	«Nächster Datensatz»«Anrede_» «Vorname_» «Name_» «Adresse» «PLZ»«Ort_»
«Nächster Datensatz»«Anrede_» «Vorname_» «Name_» «Adresse» «PLZ»«Ort_»	«Nächster Datensatz»«Anrede_» «Vorname_» «Name_» «Adresse» «PLZ»«Ort_»	«Nächster Datensatz»«Anrede_» «Vorname_» «Name_» «Adresse» «PLZ»«Ort_»
«Nächster Datensatz»«Anrede_» «Vorname_» «Name_» «Adresse» «PLZ»«Ort_»	«Nächster Datensatz»«Anrede_» «Vorname_» «Name_» «Adresse» «PLZ»«Ort_»	«Nächster Datensatz»«Anrede_» «Vorname_» «Name_» «Adresse» «PLZ»«Ort_»
«Nächster Datensatz»«Anrede_» «Vorname_» «Name_» «Adresse» «PLZ»«Ort_»	«Nächster Datensatz»«Anrede_» «Vorname_» «Name_» «Adresse» «PLZ»«Ort_»	«Nächster Datensatz»«Anrede_» «Vorname_» «Name_» «Adresse» «PLZ»«Ort_»

Jetzt fahren wir mit Schritt 5 fort, der Empfängervorschau:

Herr Alfredo Mustermann Muster Straße 2 12345Muster Ort	Herr Alois Mustermann Muster Straße 3 12345Muster Ort	Frau Anna Elisabeth Mustermann Muster Straße 4 12345Muster Ort
Frau Annemarie Mustermann Muster Straße 5 12345Muster Ort	Frau Berta Mustermann Muster Straße 6 12345Muster Ort	Frau Brigitte Mustermann Muster Straße 7 12345Muster Ort
Frau Christa Mustermann Muster Straße 8 12345Muster Ort	Herr Dieter Mustermann Muster Straße 9 12345Muster Ort	Frau Ellen Mustermann Muster Straße 10 12345Muster Ort
Frau Elsa Mustermann Muster Straße 11 12345Muster Ort	Herr Erich Mustermann Muster Straße 12 12345Muster Ort	Herr Franz Mustermann Muster Straße 13 12345Muster Ort
Herr Friedbert Mustermann Muster Straße 14 12345Muster Ort	Herr Gerhard Mustermann Muster Straße 15 12345Muster Ort	Herr German Mustermann Muster Straße 16 12345Muster Ort
Frau Gertrud Mustermann Muster Straße 17 12345Muster Ort	Frau Geza Mustermann Muster Straße 18 12345Muster Ort	Frau Helene Mustermann Muster Straße 19 12345Muster Ort
Herr Helge Mustermann Muster Straße 20 12345Muster Ort	Herr Helmut Mustermann Muster Straße 21 12345Muster Ort	Herr Herbert Mustermann Muster Straße 22 12345Muster Ort
Frau Herlinde Mustermann Muster Straße 23 12345Muster Ort	Herr Hermann Mustermann Muster Straße 24 12345Muster Ort	Frau Hilde Mustermann Muster Straße 25 12345Muster Ort

Abschließend können wir mit Schritt 6 den Etiketten druck starten:

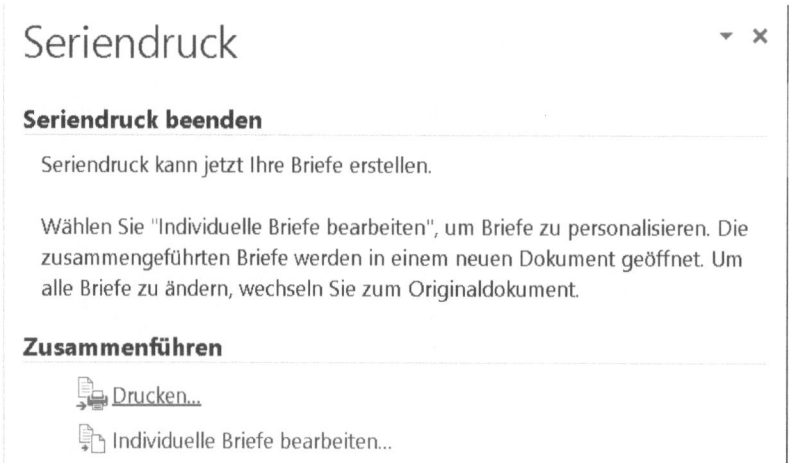

Zwischenablage / Clipboard

Eine weitere tolle Funktion in Word ist die Zwischenablage.

Viele arbeiten mit den Tastenkombinationen **Strg + c** und **Strg + v** dies reicht für die meisten Fälle.

Wenn man jedoch viel mit Bildern oder Grafikelementen arbeitet oder einfach gewisse Zeichen oder Texte replizieren muss ist es lästig immer wieder and die Stelle zu scrollen die Textpassagen auszuwählen,

diese einzufügen und dasselbe mit der nächsten Passage durchzuführen.

Hier schafft das Clipboard Abhilfe.

Man kann dieses über das Menü **Start** einschalten:

Nun erscheint ein Menü an der linken Bildschirmseite:

Zwischenablage ▾ ✕

Alle einfügen   Alle löschen

Klicken Sie auf ein Element, um es einzufügen:

Die Zwischenablage ist leer.
Verwenden Sie "Kopieren" oder
"Ausschneiden", um Elemente auf...

Kopiert man nun Text, so wird dieser in der Zwischenablage angezeigt.
Wie gewohnt kann das zuletzt kopierte Element mit **Strg + v** eingefügt werden, darüber hinaus kann aber auch ein Element das zuvor kopiert wurde, eingefügt werden.
Hier ein Beispiel mit 3 kopierten Texten:

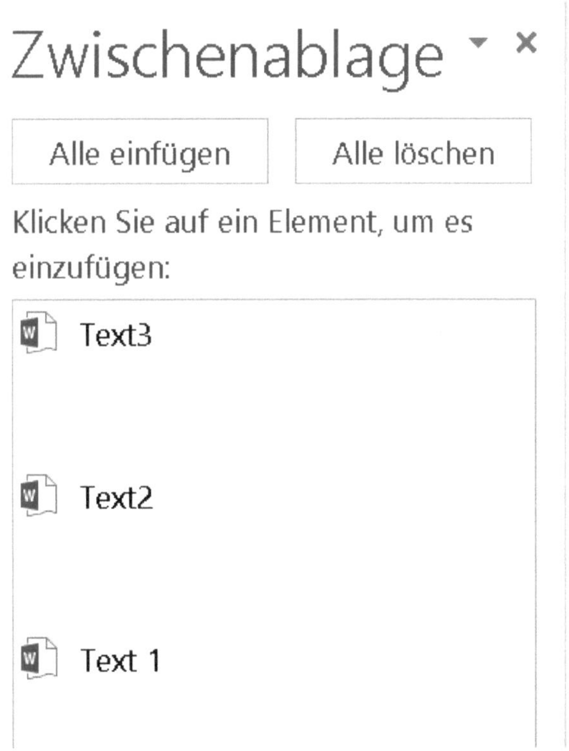

Zwischenablage ▾ ✕

Alle einfügen   Alle löschen

Klicken Sie auf ein Element, um es einzufügen:

Text3

Text2

Text 1

Text3 wurde zuletzt kopiert, kann also über **Strg + v** eingefügt werden, wenn man aber Text1 einfügen möchte funktioniert dies ganz einfach über einen Klick auf Text1 im Menü an der Seite.
Über **Alle löschen** kann die Zwischenablage geleert werden.

Alle löschen

Zudem sind einige Optionen wie alles einfügen verfügbar.
Ein sehr nützliches Feature, das auch in Excel
und PowerPoint zur Verfügung steht.

Fotos / Effekte

Fotos werden nicht nur für PowerPoint Präsentationen benötigt,
in Zeiten von den mobilen Helfern wie Handy oder digital Kameras werden
Bilder auch immer häufiger in Dokumenten verarbeitet.
Aber auch mal schnell in einer E-Mail ein Bild einfügen und eine markante
Stelle an einem Bauteil markieren ist ein klassisches Beispiel.
Wenn man kein professionelles Bildbearbeitungsprogramm hat kann man
auf Paint zurückgreifen, dies steht kostenlos in Windows zur Verfügung.
Aus meiner Sicht bietet Word mit den Bordmittel schon tolle Funktionen an,
die zum Teil auch in Outlook oder Power Point zur Verfügung stehen.
Kombiniert mit den Tastenkürzeln und der Screenshot Funktion von OneNote,
die ich später noch vorstelle ist so im Handumdrehen umgesetzt, was man an
einem Bild zeigen möchte.

Wir nutzen für unser Beispiel ein von Windows mitgeliefertes Hintergrundbild:

Möchten wir hier das Bild z.B. auf die Flagge zuschneiden,
geht dies ganz einfach über einen Klick auf das Bild und
Bildtools -> Zuschneiden:

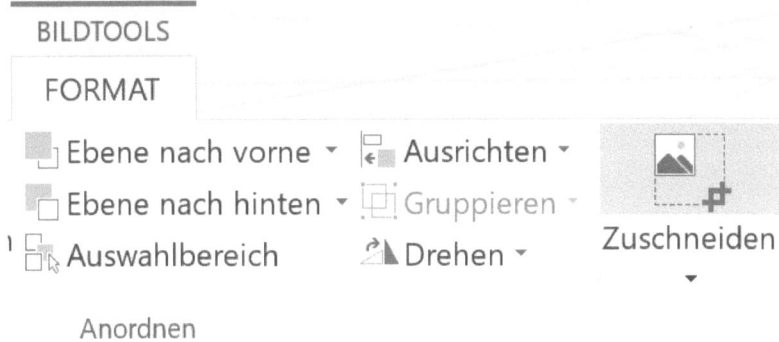

Über die schwarzen Markierungen kann man nun das Bild in der Form
beschneiden, die man möchte:

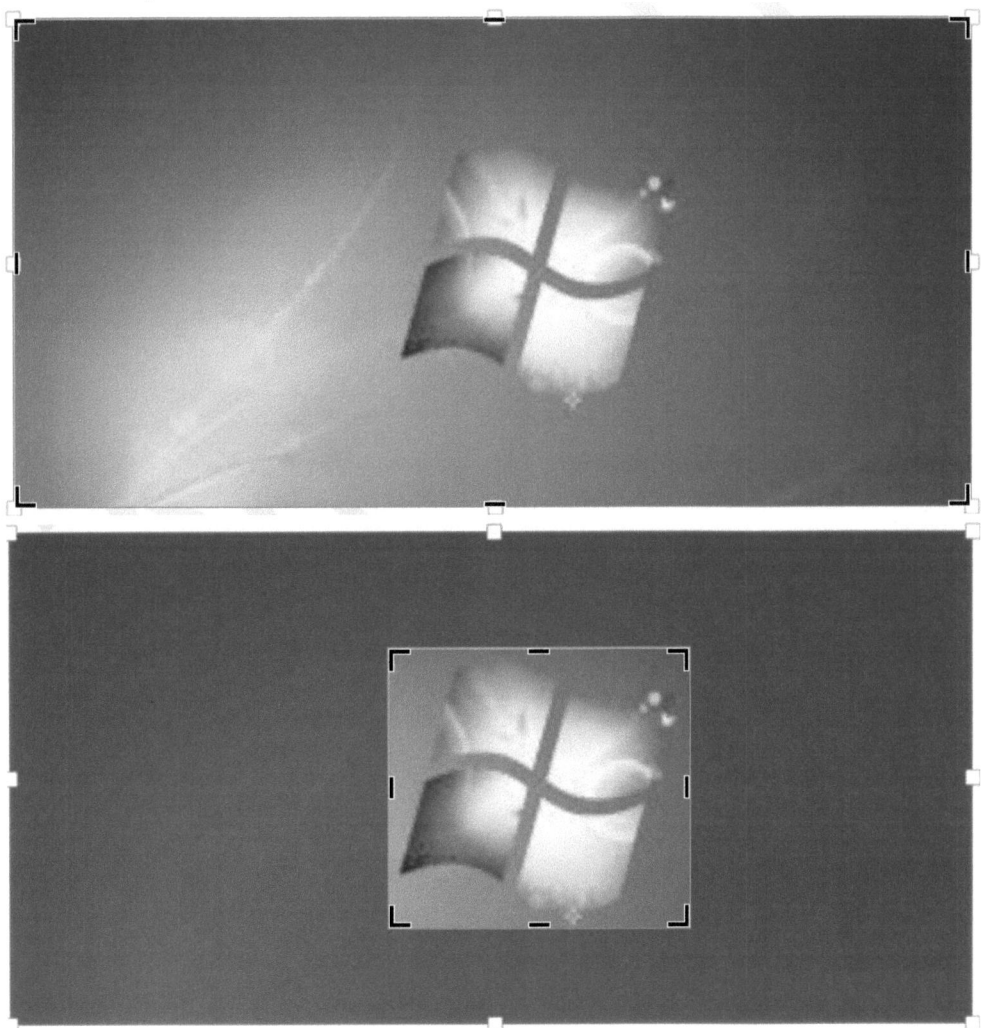

Markierungen wie Pfeile, oder Kreise können wir recht einfach
über **Einfügen** -> **Formen** einfügen:

Gegebenenfalls müssen wir bei der Form noch über einen Rechtsklick
Form formatieren die Einstellung **keine Füllung** auswählen und die Farbe bzw.
Linienstärke anpassen.

Tipp: bei häufig verwendeten Kommentaren einfach einen Satz als Makros
generieren dies kann in einer Word Datei erstellt werden und z.B. einmal in die
Zwischenablage kopiert für ein ganzes Dokument angewandt werden.

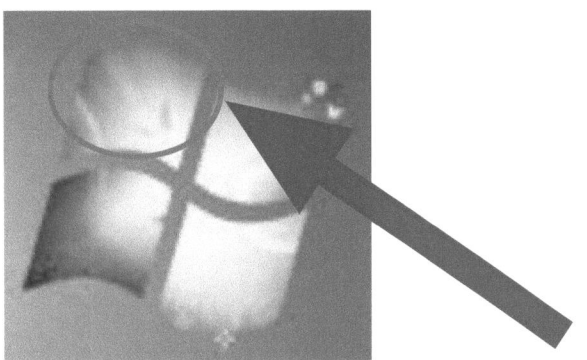

Manchmal kann es zudem hilfreich sein die Option Helligkeit und Kontrast zu
prüfen – bei dieser Korrektur können unter Umständen gewisse Stellen des
Bildes die man zeigen möchte besser erkennbar sein.

Dies ist ganz einfach möglich indem man das Bild anklickt
und bei **Bildtools -> Korrekturen** anwählt:

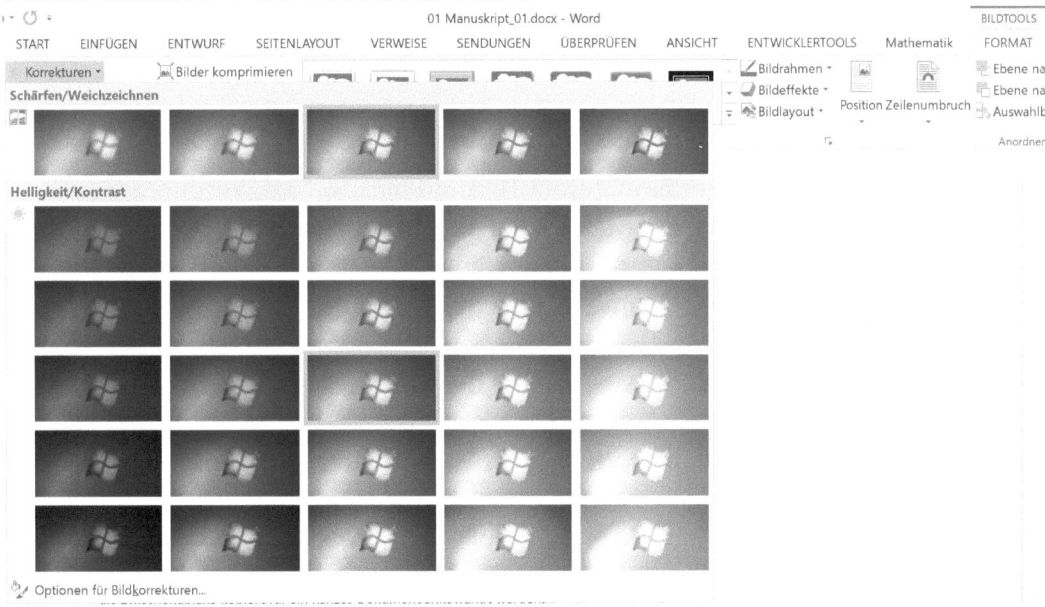

Oft ist schon in der Vorschau klar, was am besten wirkt.
Ein Klick auf die gewünschte Bild Konfiguration setzte diese direkt um.

Für manche Dinge ist es notwendig das Bild zu spiegeln,
auch dies ist möglich über die Option **Bildtools** -> **Drehen:**

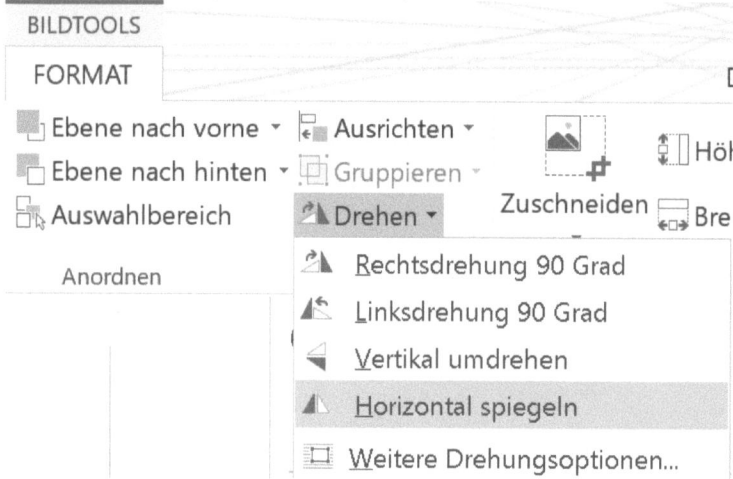

Auch dies wird direkt angewandt:

Texte können beliebig über **Einfügen** -> **Textfeld** hinzugefügt werden,
Wenn man hier über einen **Rechtsklick** -> **Form formatieren** die Option
Keine Füllung anwählt und **keine Linie** anwählt,
kann man so den Text beliebig im Bild Platzieren.

Man sieht schon recht schnell wie mächtig die Office Programme
in diesem Kontext sind.
Eine tolle Funktion möchte ich jedoch nicht vorenthalten,
die Freistellen Funktion.

Über einen Klick auf das Bild und **Bildtools** -> **Freistellen** kann so die Flagge vom Hintergrund freigestellt werden:

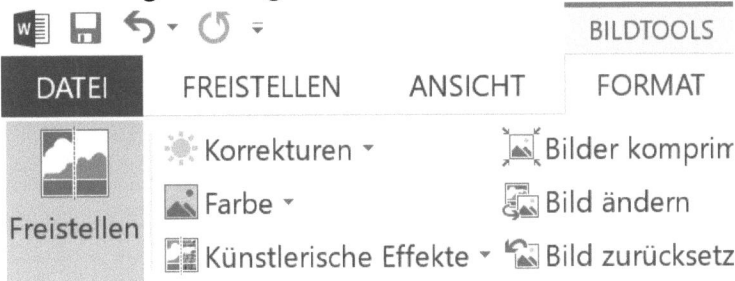

In Pink wird dargestellt, was gelöscht wird, mit **+** oder **−** können Bereiche wieder sichtbar gemacht werden oder zusätzlich gelöscht.
Neben dem klicken auf Bereiche mit **+** oder **−** kann man auch mit dem Stift an gewissen Grenzen entlang fahren.

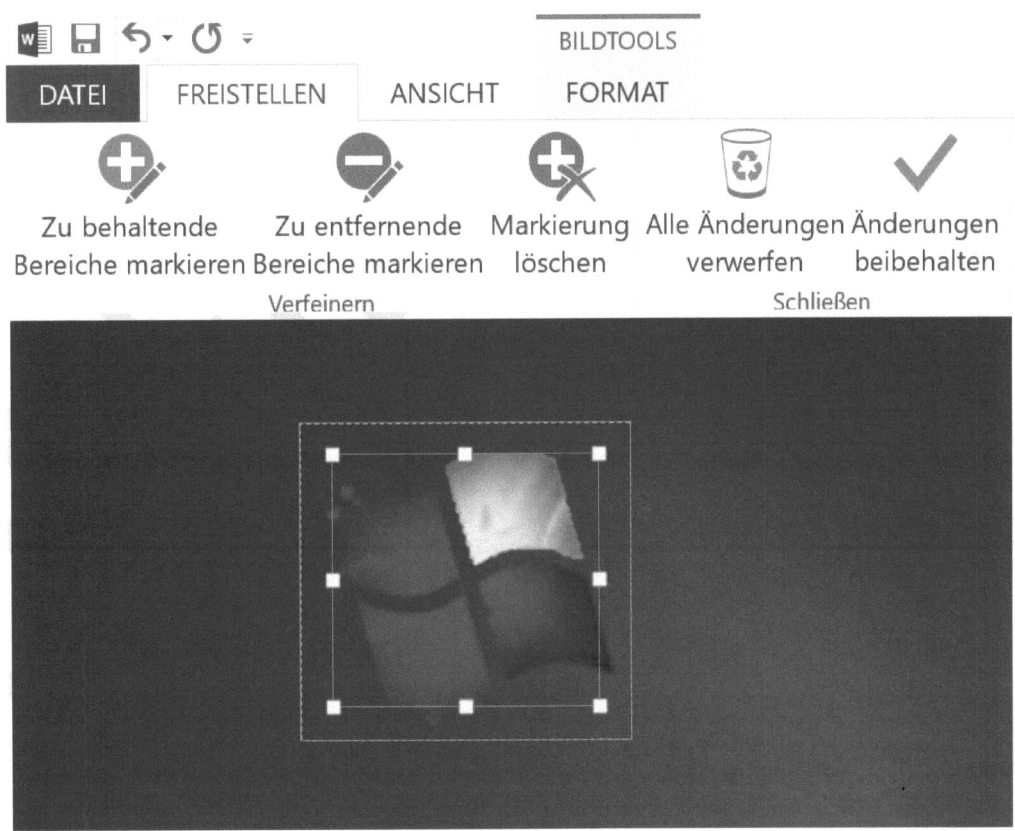

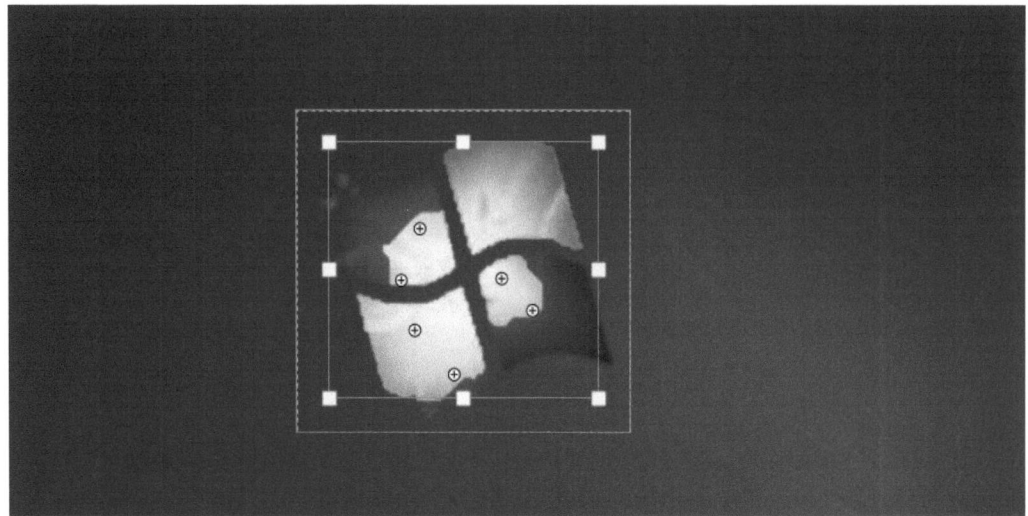

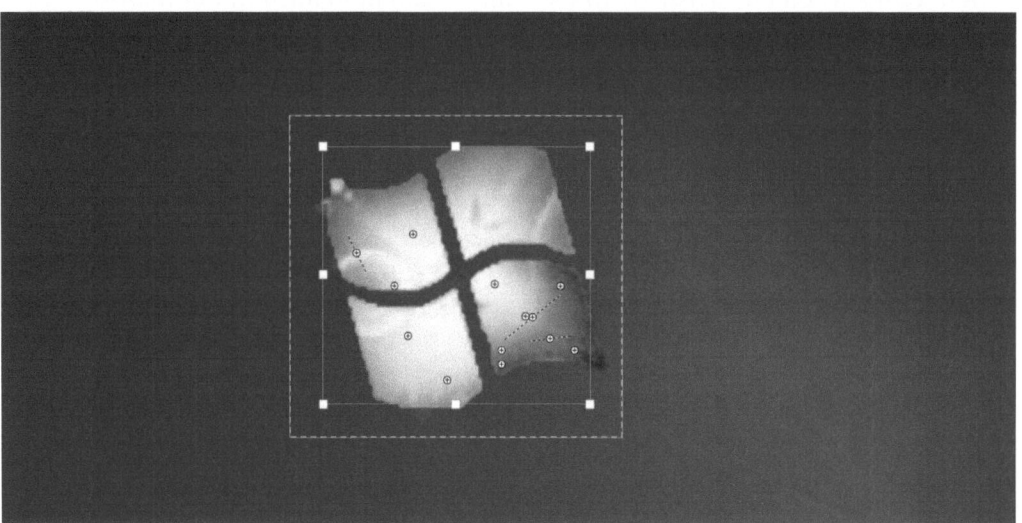

Ist man mit der Auswahl zufrieden, so kann man mit Enter bestätigen und erhält nun eine freigestellte Flagge:

Hat man das Bild entsprechend bearbeitet, so kann man entweder die Word Datei speichern oder aber das Bild mit **Rechtsklick -> als Grafik speichern** als Bild abspeichern:

Benötigt man es nur einmalig kann man natürlich auch über das Snipping Tool oder unser OneNote Screenshot das Bild ausschneiden und in z.B. eine E-Mail einfügen.

Excel

Excel ist das Tabellenkalkulationsprogramm von Microsoft.
Wie bereits erwähnt können hier die Tastenkürzel die auch unter
Windows geläufig sind genutzt werden.
Zudem sind einige spezifischen Tastenkürzel sehr nützlich
Hier eine kleine Übersicht der gängigen Tastenkürzel:

Tastenkürzel	Programm
Strg + c	Kopieren
Strg + v	Einfügen
Strg + Pfeil rechts oder links	Springt von Wort zu Wort (kombiniert mit der shift Taste können so schnell Wörter markiert werden)
Strg + Enter	Neuer Absatz
Strg + shift + f	Fett gedruckt
Strg + shift + u	Unterstrichen
Strg + shift + k	Kursiv

Excel ist ein sehr mächtiges Programm, das es neben der Formeln zur
Kalkulation auch spezielle Funktionen wie Pivot Tabellen oder Diagramm
Funktionen enthält.
Zudem kann mit VBA (Visual Basic for Applications) der Funktionsumfang
erweitert werden.
Ich möchte hier auf einige Standard Funktionen und Formeln eingehen
und dann Spezialanwendungen und einige Gedankenansätze mitgeben.

Filtern mit Excel

Eine der Hilfreichsten Funktionen in Excel ist die Filter Funktion.
Hat man ein Dokument und möchte zunächst eine Sortierung durchführen
oder einen Überblick über gewisse Datensätze bekommen,
so ist die Filterfunktion das richtige.

Um den Filter einzuschalten markiert man zunächst seine Excel
Arbeitsmappe entweder über Strg + alt oder über einen Klick auf

Nun im Kontext Menü **Start -> Sortieren und Filtern -> Filter** auswählen:

Anschließend kann man kann z.B. in unserer Adressliste nach
Herr oder Frau filtern.
Neben dem simplen ausfiltern von Werten kann man auch nach Werten
die kleiner als oder größer als sind filtern – dies ist z.B. nützlich um Konto
Abgänge oder Zugänge zu filtern oder man sortiert eine Spalte Alphabetisch,
so kann man im Handumdrehen z.B. Nach Vornamen sortieren.

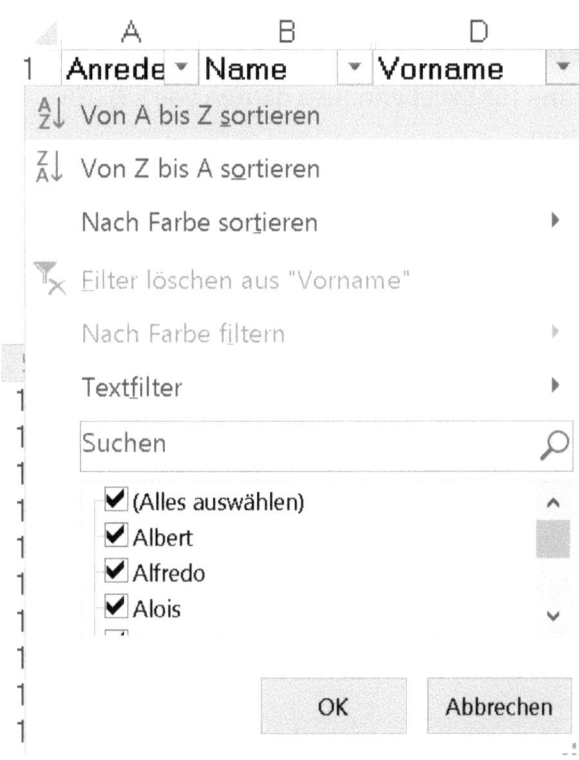

Neben diesen praktischen Funktionen kann auch nach Textteilen gesucht werden. Hier könnte man z.B. in unserer Adressliste nach Telefon Vorwahlen suchen:

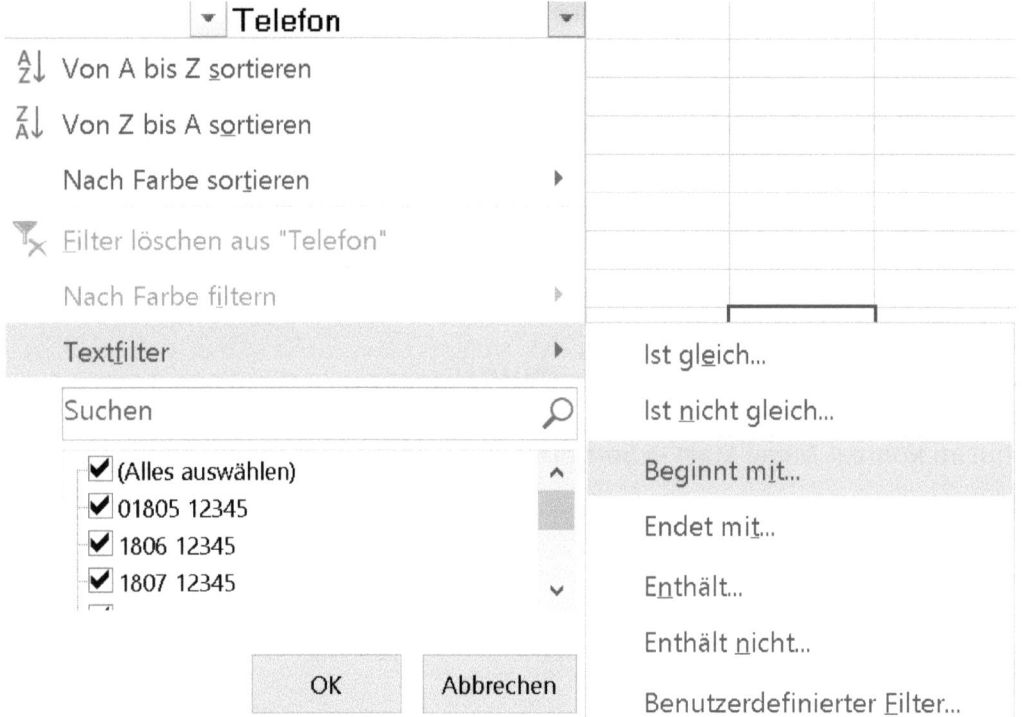

Neben diesen Funktionen kann man auch nach Farben suchen,
die man für Tabellenzellen vergeben hat.
Ein Tipp an dieser Stelle ist hier immer auch eine Zahl für eine Farbe zu vergeben,
das erleichtert das Filtern und vermeidet Verwechslung.

Sortierungs-Idee 010101

Der nächste Tipp kann für Excel genauso dienen wie z.B. für Tabellenkalkulationen.
Die Problemstellung an die man häufig stößt ist,
dass man gerne nach mehreren Kriterien von A-Z filtern möchte.
Um es besser greifbar zu machen hier ein Beispiel.
Beim Projektierung von Schaltanlagen verwendet man Datenbanken um gewisse Komponenten einzubringen, wenn man nun z.B. ein Bauteil wie einen Schütz sucht hätte man also gerne die Sortierung nach Bauteiltyp und dann im zweiten Schritt nach Hersteller.

Jetzt kann man sich bei Excel mit Pivot Tabellen behelfen,
die Datenbanken sind aber sehr oft in Programme eingebunden die die
Sortierung nur nach einer Spalte zulassen.

Die Idee ist simpel, man generiert eine Spalte in Excel oder Access.
Nun generiert man für jede Spalte die man Alphabetisch sortieren will eine
Nummerierung und reiht diese in der gewünschten Reihenfolge an.
Sortiert man diese generierte Spalte nun Alphabetisch,
so erhält man die gewünschte Sortierung.
Noch zu unpraktisch? Dann sehen wir uns ein Beispiel an,
dass ich für einen Verein gelöst habe.
Der Verein wollte die Adressliste nutzen
und für jedes Mitglied Adressetiketten für Briefumschläge drucken.
Die Briefe und somit Etiketten sollten nach Ort, Ortsteil
und Vorname sortiert werden.
Nutzen wir also unsere Adressliste und ergänzen eine Spalte mit Ortsteil,
unsere Ausgangssituation sieht wie folgt aus:

	A	B	D	G	H	I	J	
1	Anrede	Name	Vorname	Adresse	PLZ	Ort	Ortsteil	Telefon
2	Herr	Mustermann	Albert	Muster Straße 1	12345	Muster Ort A	Ortsteil AA	01805 12345
3	Herr	Mustermann	Alfredo	Muster Straße 2	12345	Muster Ort D	Ortsteil DB	1806 12345
4	Herr	Mustermann	Alois	Muster Straße 3	12345	Muster Ort C	Ortsteil CA	1807 12345
5	Frau	Mustermann	Anna Elisabeth	Muster Straße 4	12345	Muster Ort B	Ortsteil BB	1808 12345
6	Frau	Mustermann	Annemarie	Muster Straße 5	12345	Muster Ort A	Ortsteil AB	1809 12345
7	Frau	Mustermann	Berta	Muster Straße 6	12345	Muster Ort D	Ortsteil DA	1810 12345
8	Frau	Mustermann	Brigitte	Muster Straße 7	12345	Muster Ort C	Ortsteil CA	1811 12345
9	Frau	Mustermann	Christa	Muster Straße 8	12345	Muster Ort B	Ortsteil BA	1812 12345
10	Herr	Mustermann	Dieter	Muster Straße 9	12345	Muster Ort A	Ortsteil DD	1813 12345
11	Frau	Mustermann	Ellen	Muster Straße 10	12345	Muster Ort D	Ortsteil AC	1814 12345
12	Frau	Mustermann	Elsa	Muster Straße 11	12345	Muster Ort C	Ortsteil CB	1815 12345
13	Herr	Mustermann	Erich	Muster Straße 12	12345	Muster Ort B	Ortsteil BD	1816 12345
14	Herr	Mustermann	Franz	Muster Straße 13	12345	Muster Ort A	Ortsteil AA	1817 12345
15	Herr	Mustermann	Friedbert	Muster Straße 14	12345	Muster Ort D	Ortsteil DD	1818 12345
16	Herr	Mustermann	Gerhard	Muster Straße 15	12345	Muster Ort C	Ortsteil CB	1819 12345
17	Herr	Mustermann	German	Muster Straße 16	12345	Muster Ort B	Ortsteil BA	1820 12345
18	Frau	Mustermann	Gertrud	Muster Straße 17	12345	Muster Ort A	Ortsteil AD	1821 12345
19	Frau	Mustermann	Geza	Muster Straße 18	12345	Muster Ort D	Ortsteil DD	1822 12345
20	Frau	Mustermann	Helene	Muster Straße 19	12345	Muster Ort C	Ortsteil CB	1823 12345
21	Herr	Mustermann	Helge	Muster Straße 20	12345	Muster Ort B	Ortsteil BA	1824 12345
22	Herr	Mustermann	Helmut	Muster Straße 21	12345	Muster Ort A	Ortsteil AD	1825 12345
23	Herr	Mustermann	Herbert	Muster Straße 22	12345	Muster Ort D	Ortsteil DD	1826 12345
24	Frau	Mustermann	Herlinde	Muster Straße 23	12345	Muster Ort C	Ortsteil CB	1827 12345
25	Herr	Mustermann	Hermann	Muster Straße 24	12345	Muster Ort B	Ortsteil BD	1828 12345
26	Frau	Mustermann	Hilde	Muster Straße 25	12345	Muster Ort A	Ortsteil AD	1829 12345
27	Herr	Mustermann	Horst	Muster Straße 26	12345	Muster Ort D	Ortsteil DC	1830 12345
28	Frau	Mustermann	Inge	Muster Straße 27	12345	Muster Ort C	Ortsteil CB	1831 12345
29	Frau	Mustermann	Ingeborg	Muster Straße 28	12345	Muster Ort B	Ortsteil BC	1832 12345
30	Frau	Mustermann	Irma	Muster Straße 29	12345	Muster Ort A	Ortsteil AC	1833 12345
31	Frau	Mustermann	Irmgard	Muster Straße 30	12345	Muster Ort D	Ortsteil DB	1834 12345
32	Herr	Mustermann	Josef	Muster Straße 31	12345	Muster Ort C	Ortsteil CB	1835 12345
33	Herr	Mustermann	Jürgen	Muster Straße 32	12345	Muster Ort B	Ortsteil BB	1836 12345
34	Frau	Mustermann	Lindrudit	Muster Straße 33	12345	Muster Ort A	Ortsteil AB	1837 12345
35	Herr	Mustermann	Manfred	Muster Straße 34	12345	Muster Ort D	Ortsteil DA	1838 12345
36	Frau	Mustermann	Margot	Muster Straße 35	12345	Muster Ort C	Ortsteil CB	1839 12345
37	Herr	Mustermann	Mathias	Muster Straße 36	12345	Muster Ort B	Ortsteil BA	1840 12345
38	Frau	Mustermann	Monika	Muster Straße 37	12345	Muster Ort A	Ortsteil AA	1841 12345
39	Herr	Mustermann	Otto	Muster Straße 38	12345	Muster Ort D	Ortsteil DA	1842 12345
40	Frau	Mustermann	Siglinde	Muster Straße 39	12345	Muster Ort C	Ortsteil CB	1843 12345

Nun soll also nach Ort sortiert werden,
im Nachgang nach Ortsteil und nach Vorname.
Nun öffnen wir also ein Tabellenblatt und Kopieren die Namen
und den Ort und den Ortsteil in das Tabellenblatt:

	A	B	C	D	E	F	G	H	I
1									
2		Muster Ort A			Ortsteil AA			Albert	
3		Muster Ort D			Ortsteil DB			Alfredo	
4		Muster Ort C			Ortsteil CA			Alois	
5		Muster Ort B			Ortsteil BB			Anna Elisabeth	
6		Muster Ort A			Ortsteil AB			Annemarie	
7		Muster Ort D			Ortsteil DA			Berta	
8		Muster Ort C			Ortsteil CA			Brigitte	
9		Muster Ort B			Ortsteil BA			Christa	
10		Muster Ort A			Ortsteil DD			Dieter	
11		Muster Ort D			Ortsteil AC			Ellen	
12		Muster Ort C			Ortsteil CB			Elsa	
13		Muster Ort B			Ortsteil BD			Erich	
14		Muster Ort A			Ortsteil AA			Franz	
15		Muster Ort D			Ortsteil DD			Friedbert	
16		Muster Ort C			Ortsteil CB			Gerhard	
17		Muster Ort B			Ortsteil BA			German	
18		Muster Ort A			Ortsteil AD			Gertrud	
19		Muster Ort D			Ortsteil DD			Geza	
20		Muster Ort C			Ortsteil CB			Helene	
21		Muster Ort B			Ortsteil BA			Helge	
22		Muster Ort A			Ortsteil AD			Helmut	
23		Muster Ort D			Ortsteil DD			Herbert	
24		Muster Ort C			Ortsteil CB			Herlinde	
25		Muster Ort B			Ortsteil BD			Hermann	
26		Muster Ort A			Ortsteil AD			Hilde	
27		Muster Ort D			Ortsteil DC			Horst	
28		Muster Ort C			Ortsteil CB			Inge	
29		Muster Ort B			Ortsteil BC			Ingeborg	
30		Muster Ort A			Ortsteil AC			Irma	
31		Muster Ort D			Ortsteil DB			Irmgard	
32		Muster Ort C			Ortsteil CB			Josef	
33		Muster Ort B			Ortsteil BB			Jürgen	
34		Muster Ort A			Ortsteil AB			Lindrudit	
35		Muster Ort D			Ortsteil DA			Manfred	
36		Muster Ort C			Ortsteil CB			Margot	
37		Muster Ort B			Ortsteil BA			Mathias	
38		Muster Ort A			Ortsteil AA			Monika	
39		Muster Ort D			Ortsteil DA			Otto	
40		Muster Ort C			Ortsteil CB			Siglinde	

Nun markieren die Orte und sortieren über Rechtsklick Alphabetisch:

B	C	D	E	F	G	H
Muster Ort A			Ortsteil AA			Albert
Muster Ort D			Ortsteil DB			Alfredo
Muster Ort C			Ortsteil CA			Alois
Mu	MS Sans ▾ 10 ▾ Á Á 🖼 ▾ % ' ⬌ I BB					Anna Eli
Mu	F K ☰ 🖌 ▾ A ▾ ⊞ ▾ ←.0 .00 .00 →.0 🖌 I AB					Anneme
Muster Ort D			Ortsteil DA			Berta
Muster Ort C			Ortsteil CA			Brigitte
Mu	✂ Ausschneiden		Ortsteil BA			Christa
Mu	📋 Kopieren		Ortsteil DD			Dieter
Mu			Ortsteil AC			Ellen
Mu	📋 **Einfügeoptionen:**		Ortsteil CB			Elsa
Mu			Ortsteil BD			Erich
Mu	📋		Ortsteil AA			Franz
Mu	Inhalte einfügen…		Ortsteil DD			Friedbe
Mu	Zellen einfügen…		Ortsteil CB			Gerhard
Mu			Ortsteil BA			German
Mu	Zellen löschen…		Ortsteil AD			Gertrud
Mu	Inhalte löschen		Ortsteil DD			Geza
Mu			Ortsteil CB			Helene
Mu	🖥 Schnellanalyse		Ortsteil BA			Helge
Mu	Filter ▸		Ortsteil AD			Helmut
Mu			Ortsteil DD			Herbert
Mu	Sortieren ▸	A↓Z Von A bis Z sortieren			
Mu	Kommentar einfügen	Z↓A Von Z bis A sortieren			
Mu						
Mu	🖩 Zellen formatieren…	Ausgewählte Zellenfarbe nach oben sortieren			
Mu	Dropdown-Auswahlliste…	Ausgewählte Schriftfarbe nach oben sortieren			
Mu	Namen definieren…	Ausgewähltes Zellensymbol nach oben sortieren			
Mu	🌐 Link…	Benutzerdefiniertes Sortieren…			
Muster Ort C			Ortsteil CB			Josef
Muster Ort B			Ortsteil BB			Jürgen
Muster Ort A			Ortsteil AB			Lindrudi
Muster Ort D			Ortsteil DA			Manfred
Muster Ort C			Ortsteil CB			Margot
Muster Ort B			Ortsteil BA			Mathias
Muster Ort A			Ortsteil AA			Monika
Muster Ort D			Ortsteil DA			Otto
Muster Ort C			Ortsteil CB			Siglinde

Im Schritt 2 klicken wir nun auf **Daten** -> **Duplikate entfernen:**

DATEN	ÜBERPRÜFEN	ANSICHT	ENTWICKLERTOOLS

dungen

:haften

pfungen bearbeiten

Sortieren Filtern

Löschen

Erneut anwenden

Erweitert

Text in
Spalten

Blitzvorschau

Duplikate entfernen

Datenüberprüfung

igen

Sortieren und Filtern

Datent

Im Nachgang betätigen wir das Dialogfeld:

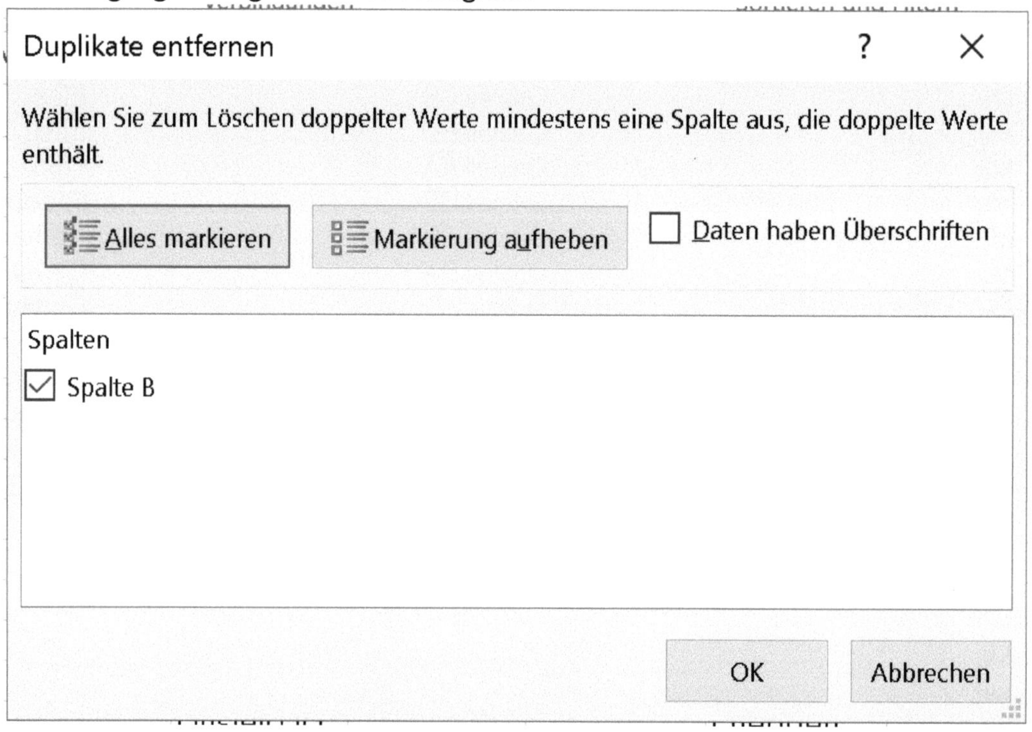

Duplikate entfernen   ?   ✕

Wählen Sie zum Löschen doppelter Werte mindestens eine Spalte aus, die doppelte Werte enthält.

Alles markieren   **Markierung aufheben**   ☐ Daten haben Überschriften

Spalten

☑ Spalte B

OK   Abbrechen

Nun für Ortsteil und Vorname wiederholen, und wir versehen die Zeilen jeder Spalte mit Nummern - das Ergebnis sieht wie folgt aus:

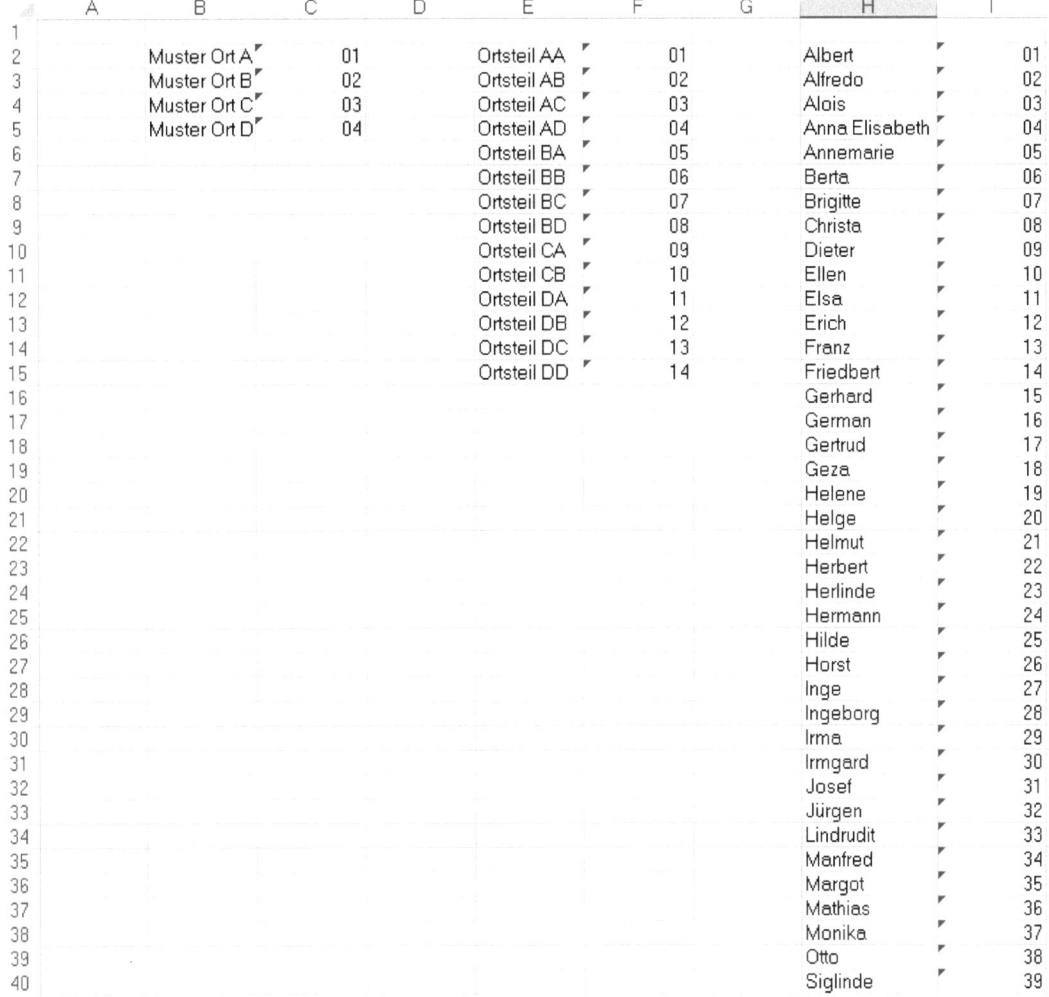

	A	B	C	D	E	F	G	H	I
1									
2		Muster Ort A	01		Ortsteil AA	01		Albert	01
3		Muster Ort B	02		Ortsteil AB	02		Alfredo	02
4		Muster Ort C	03		Ortsteil AC	03		Alois	03
5		Muster Ort D	04		Ortsteil AD	04		Anna Elisabeth	04
6					Ortsteil BA	05		Annemarie	05
7					Ortsteil BB	06		Berta	06
8					Ortsteil BC	07		Brigitte	07
9					Ortsteil BD	08		Christa	08
10					Ortsteil CA	09		Dieter	09
11					Ortsteil CB	10		Ellen	10
12					Ortsteil DA	11		Elsa	11
13					Ortsteil DB	12		Erich	12
14					Ortsteil DC	13		Franz	13
15					Ortsteil DD	14		Friedbert	14
16								Gerhard	15
17								German	16
18								Gertrud	17
19								Geza	18
20								Helene	19
21								Helge	20
22								Helmut	21
23								Herbert	22
24								Herlinde	23
25								Hermann	24
26								Hilde	25
27								Horst	26
28								Inge	27
29								Ingeborg	28
30								Irma	29
31								Irmgard	30
32								Josef	31
33								Jürgen	32
34								Lindrudit	33
35								Manfred	34
36								Margot	35
37								Mathias	36
38								Monika	37
39								Otto	38
40								Siglinde	39

->Ich habe die Feldformatierung Textfeld genutzt um die „0" vor den Zahlen mit einer Ziffer aufzufüllen also „01" anstelle von „1"

Nun vergeben wir für alle drei Tabellen Namen, d.h. man markiert den Bereich und über **Rechtsklick -> Namen definieren...** kann ein Name zugewiesen werden. Verwendet man im Nachgang einen SVERWEIS oder eine Formel in der auf diesen Tabellenbereich zugegriffen wird, so spart man sich sehr lange Formeln und gewährleistet die Übersichtlichkeit.

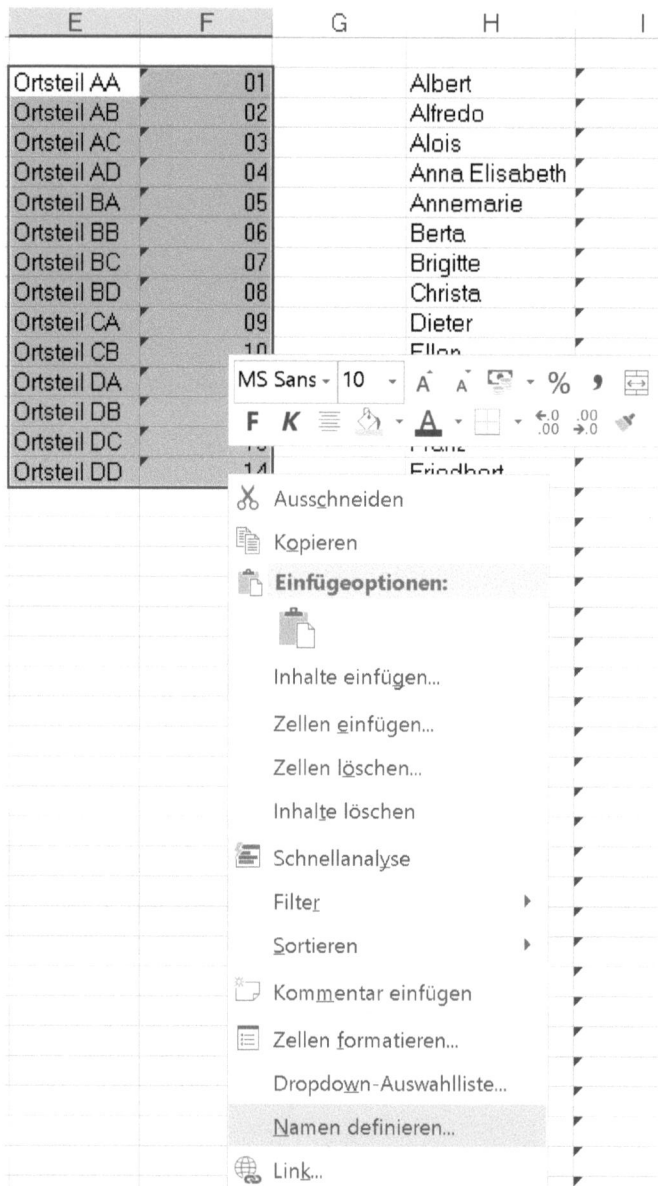

In unserem Beispiel habe ich für den Bereich Ort den Namen „tblOrt" gewählt, für den Bereich Ortsteil den Namen „tblOrtsteil" und für den Bereich Name den Namen „tblName".

Über **FORMELN -> Namensmanager** kann man sich die definierten
Namen anzeigen lassen:

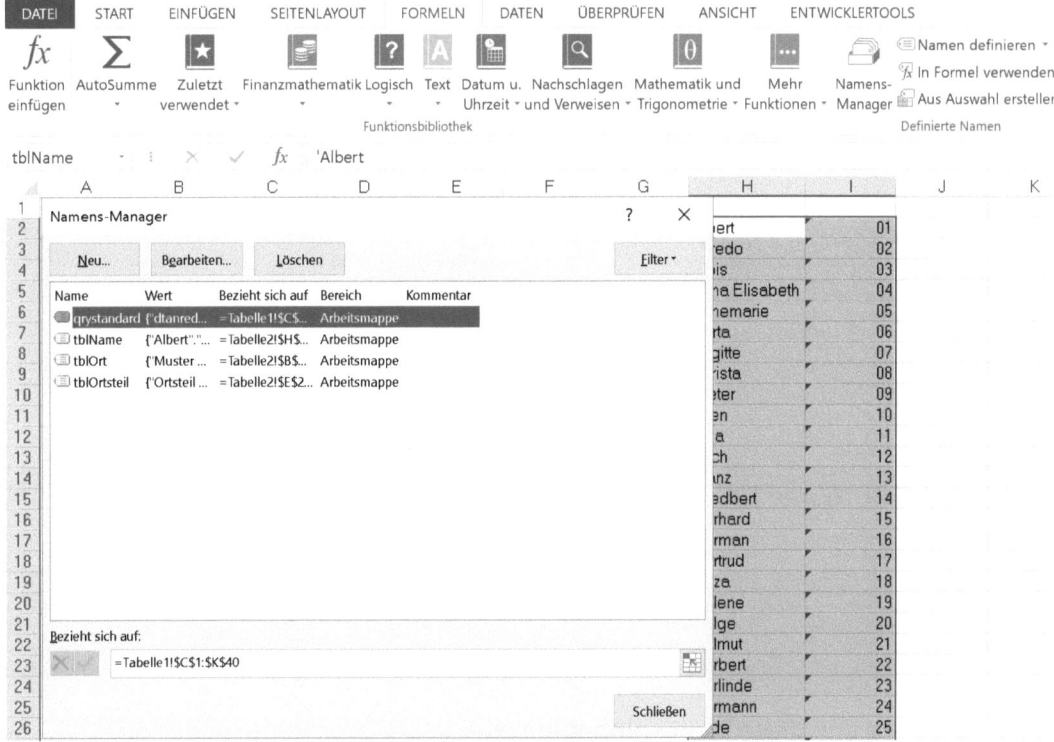

Nun können wir in unser Arbeitsblatt **Tabelle1** zurück wechseln
und dort eine Spalte Sortierung einfügen.
In diese Spalte geben wir nun eine Formel ein die bewirkt,
dass zunächst der Ort mit dem Bereich **tblOrt** verglichen wird bei
Übereinstimmung wird die Zahl ausgegeben, die rechts neben dem Ort steht.
Danach erfolgt das gleiche für den Ortsteil und den Namen.
Als Ergebnis erhalten wir eine Nummer die in unserem Beispiel 6 Stellen hat.
Durch das Alphabetische sortieren unserer Bereiche ist auch die Nummer
Aufsteigend und wenn man nun die Spalte sortiert,
erhält man das gewünschte Ergebnis.
Die Formel die wir einsetzen sieht wie folgt aus:

=(SVERWEIS(I2;tblOrt;2;FALSCH))&(SVERWEIS(J2;tblOrtsteil;2;FALSCH))&(SVERWEIS(D2;tblName;2;FALSCH))

Unser Ergebnis sieht so aus:

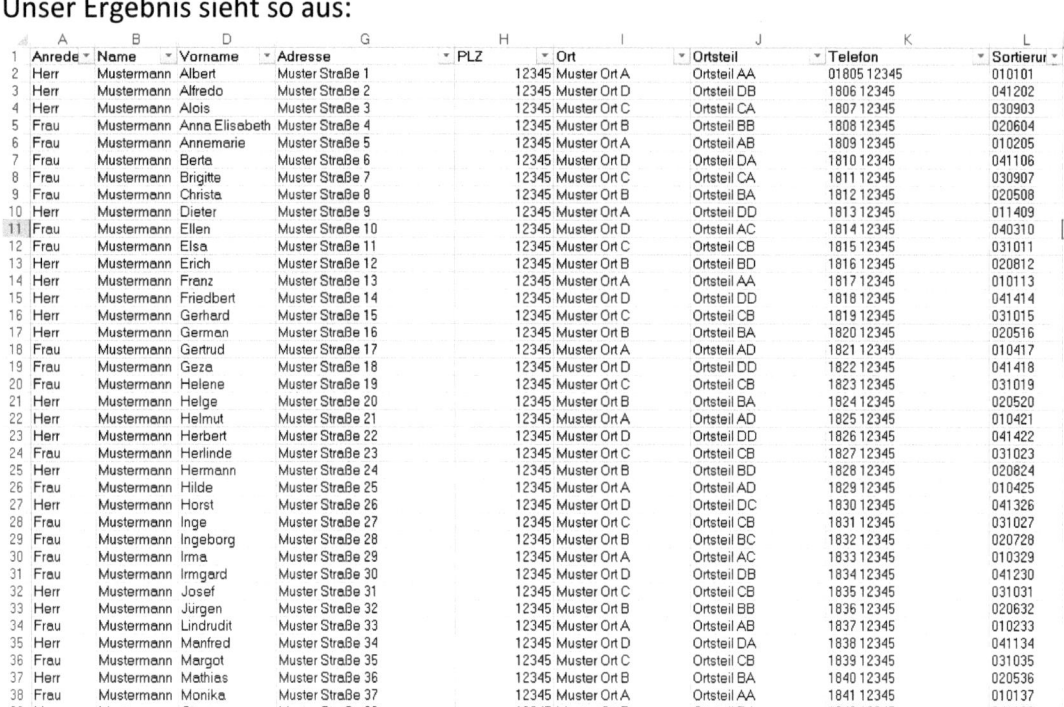

Anrede	Name	Vorname	Adresse	PLZ	Ort	Ortsteil	Telefon	Sortierung
Herr	Mustermann	Albert	Muster Straße 1	12345	Muster Ort A	Ortsteil AA	01805 12345	010101
Herr	Mustermann	Alfredo	Muster Straße 2	12345	Muster Ort D	Ortsteil DB	1806 12345	041202
Herr	Mustermann	Alois	Muster Straße 3	12345	Muster Ort C	Ortsteil CA	1807 12345	030903
Frau	Mustermann	Anna Elisabeth	Muster Straße 4	12345	Muster Ort B	Ortsteil BB	1808 12345	020604
Frau	Mustermann	Annemarie	Muster Straße 5	12345	Muster Ort A	Ortsteil AB	1809 12345	010205
Frau	Mustermann	Berta	Muster Straße 6	12345	Muster Ort D	Ortsteil DA	1810 12345	041106
Frau	Mustermann	Brigitte	Muster Straße 7	12345	Muster Ort C	Ortsteil CA	1811 12345	030907
Frau	Mustermann	Christa	Muster Straße 8	12345	Muster Ort B	Ortsteil BA	1812 12345	020508
Herr	Mustermann	Dieter	Muster Straße 9	12345	Muster Ort A	Ortsteil DD	1813 12345	011409
Frau	Mustermann	Ellen	Muster Straße 10	12345	Muster Ort D	Ortsteil AC	1814 12345	040310
Frau	Mustermann	Elsa	Muster Straße 11	12345	Muster Ort C	Ortsteil CB	1815 12345	031011
Herr	Mustermann	Erich	Muster Straße 12	12345	Muster Ort B	Ortsteil BD	1816 12345	020812
Herr	Mustermann	Franz	Muster Straße 13	12345	Muster Ort A	Ortsteil AA	1817 12345	010113
Herr	Mustermann	Friedbert	Muster Straße 14	12345	Muster Ort D	Ortsteil DD	1818 12345	041414
Herr	Mustermann	Gerhard	Muster Straße 15	12345	Muster Ort C	Ortsteil CB	1819 12345	031015
Herr	Mustermann	German	Muster Straße 16	12345	Muster Ort B	Ortsteil BA	1820 12345	020516
Frau	Mustermann	Gertrud	Muster Straße 17	12345	Muster Ort A	Ortsteil AD	1821 12345	010417
Frau	Mustermann	Geza	Muster Straße 18	12345	Muster Ort D	Ortsteil DD	1822 12345	041418
Frau	Mustermann	Helene	Muster Straße 19	12345	Muster Ort C	Ortsteil CB	1823 12345	031019
Herr	Mustermann	Helge	Muster Straße 20	12345	Muster Ort B	Ortsteil BA	1824 12345	020520
Herr	Mustermann	Helmut	Muster Straße 21	12345	Muster Ort A	Ortsteil AD	1825 12345	010421
Herr	Mustermann	Herbert	Muster Straße 22	12345	Muster Ort D	Ortsteil DD	1826 12345	041422
Frau	Mustermann	Herlinde	Muster Straße 23	12345	Muster Ort C	Ortsteil CB	1827 12345	031023
Herr	Mustermann	Hermann	Muster Straße 24	12345	Muster Ort B	Ortsteil BD	1828 12345	020824
Herr	Mustermann	Hilde	Muster Straße 25	12345	Muster Ort A	Ortsteil AD	1829 12345	010425
Herr	Mustermann	Horst	Muster Straße 26	12345	Muster Ort D	Ortsteil DC	1830 12345	041326
Frau	Mustermann	Inge	Muster Straße 27	12345	Muster Ort C	Ortsteil CB	1831 12345	031027
Frau	Mustermann	Ingeborg	Muster Straße 28	12345	Muster Ort B	Ortsteil BC	1832 12345	020728
Frau	Mustermann	Irma	Muster Straße 29	12345	Muster Ort A	Ortsteil AC	1833 12345	010329
Frau	Mustermann	Irmgard	Muster Straße 30	12345	Muster Ort D	Ortsteil DB	1834 12345	041230
Herr	Mustermann	Josef	Muster Straße 31	12345	Muster Ort C	Ortsteil CB	1835 12345	031031
Herr	Mustermann	Jürgen	Muster Straße 32	12345	Muster Ort B	Ortsteil BB	1836 12345	020632
Frau	Mustermann	Lindrudit	Muster Straße 33	12345	Muster Ort A	Ortsteil AD	1837 12345	010233
Herr	Mustermann	Manfred	Muster Straße 34	12345	Muster Ort D	Ortsteil DA	1838 12345	041134
Frau	Mustermann	Margot	Muster Straße 35	12345	Muster Ort C	Ortsteil CB	1839 12345	031035
Herr	Mustermann	Mathias	Muster Straße 36	12345	Muster Ort B	Ortsteil BA	1840 12345	020536
Frau	Mustermann	Monika	Muster Straße 37	12345	Muster Ort A	Ortsteil AA	1841 12345	010137
Herr	Mustermann	Otto	Muster Straße 38	12345	Muster Ort D	Ortsteil DA	1842 12345	041138
Frau	Mustermann	Siglinde	Muster Straße 39	12345	Muster Ort C	Ortsteil CB	1843 12345	031039

Sortieren wir nun diese Spalte alphabetisch, so erhalten wir die gewünschte Sortierung:

Anrede	Name	Vorname	Adresse	PLZ	Ort	Ortsteil	Telefon	Sortierung
Herr	Mustermann	Albert	Muster Straße 1	12345	Muster Ort A	Ortsteil AA	01805 12345	010101
Herr	Mustermann	Franz	Muster Straße 13	12345	Muster Ort A	Ortsteil AA	1817 12345	010113
Frau	Mustermann	Monika	Muster Straße 37	12345	Muster Ort A	Ortsteil AA	1841 12345	010137
Frau	Mustermann	Annemarie	Muster Straße 5	12345	Muster Ort A	Ortsteil AB	1809 12345	010205
Frau	Mustermann	Lindrudit	Muster Straße 33	12345	Muster Ort A	Ortsteil AB	1837 12345	010233
Frau	Mustermann	Irma	Muster Straße 29	12345	Muster Ort A	Ortsteil AC	1833 12345	010329
Frau	Mustermann	Gertrud	Muster Straße 17	12345	Muster Ort A	Ortsteil AD	1821 12345	010417
Herr	Mustermann	Helmut	Muster Straße 21	12345	Muster Ort A	Ortsteil AD	1825 12345	010421
Herr	Mustermann	Hilde	Muster Straße 25	12345	Muster Ort A	Ortsteil AD	1829 12345	010425
Herr	Mustermann	Dieter	Muster Straße 9	12345	Muster Ort A	Ortsteil DD	1813 12345	011409
Frau	Mustermann	Christa	Muster Straße 8	12345	Muster Ort B	Ortsteil BA	1812 12345	020508
Herr	Mustermann	German	Muster Straße 16	12345	Muster Ort B	Ortsteil BA	1820 12345	020516
Herr	Mustermann	Helge	Muster Straße 20	12345	Muster Ort B	Ortsteil BA	1824 12345	020520
Herr	Mustermann	Mathias	Muster Straße 36	12345	Muster Ort B	Ortsteil BA	1840 12345	020536
Frau	Mustermann	Anna Elisabeth	Muster Straße 4	12345	Muster Ort B	Ortsteil BB	1808 12345	020604
Herr	Mustermann	Jürgen	Muster Straße 32	12345	Muster Ort B	Ortsteil BB	1836 12345	020632
Frau	Mustermann	Ingeborg	Muster Straße 28	12345	Muster Ort B	Ortsteil BC	1832 12345	020728
Herr	Mustermann	Erich	Muster Straße 12	12345	Muster Ort B	Ortsteil BD	1816 12345	020812
Herr	Mustermann	Hermann	Muster Straße 24	12345	Muster Ort B	Ortsteil BD	1828 12345	020824
Herr	Mustermann	Alois	Muster Straße 3	12345	Muster Ort C	Ortsteil CA	1807 12345	030903
Frau	Mustermann	Brigitte	Muster Straße 7	12345	Muster Ort C	Ortsteil CA	1811 12345	030907
Frau	Mustermann	Elsa	Muster Straße 11	12345	Muster Ort C	Ortsteil CB	1815 12345	031011
Herr	Mustermann	Gerhard	Muster Straße 15	12345	Muster Ort C	Ortsteil CB	1819 12345	031015
Frau	Mustermann	Helene	Muster Straße 19	12345	Muster Ort C	Ortsteil CB	1823 12345	031019
Frau	Mustermann	Herlinde	Muster Straße 23	12345	Muster Ort C	Ortsteil CB	1827 12345	031023
Frau	Mustermann	Inge	Muster Straße 27	12345	Muster Ort C	Ortsteil CB	1831 12345	031027
Herr	Mustermann	Josef	Muster Straße 31	12345	Muster Ort C	Ortsteil CB	1835 12345	031031
Frau	Mustermann	Margot	Muster Straße 35	12345	Muster Ort C	Ortsteil CB	1839 12345	031035
Frau	Mustermann	Siglinde	Muster Straße 39	12345	Muster Ort C	Ortsteil CB	1843 12345	031039
Frau	Mustermann	Ellen	Muster Straße 10	12345	Muster Ort D	Ortsteil AC	1814 12345	040310
Frau	Mustermann	Berta	Muster Straße 6	12345	Muster Ort D	Ortsteil DA	1810 12345	041106
Herr	Mustermann	Manfred	Muster Straße 34	12345	Muster Ort D	Ortsteil DA	1838 12345	041134
Herr	Mustermann	Otto	Muster Straße 38	12345	Muster Ort D	Ortsteil DA	1842 12345	041138
Herr	Mustermann	Alfredo	Muster Straße 2	12345	Muster Ort D	Ortsteil DB	1806 12345	041202
Herr	Mustermann	Irmgard	Muster Straße 30	12345	Muster Ort D	Ortsteil DB	1834 12345	041230
Herr	Mustermann	Horst	Muster Straße 26	12345	Muster Ort D	Ortsteil DC	1830 12345	041326
Herr	Mustermann	Friedbert	Muster Straße 14	12345	Muster Ort D	Ortsteil DD	1818 12345	041414
Frau	Mustermann	Geza	Muster Straße 18	12345	Muster Ort D	Ortsteil DD	1822 12345	041418
Herr	Mustermann	Herbert	Muster Straße 22	12345	Muster Ort D	Ortsteil DD	1826 12345	041422

Die Sortierung funktioniert auch nach dem Ergänzen von Namen Orten
und Ortsteilen, solange bis ein Ort oder Name auftaucht,
der nicht in unseren Bereichen definiert ist.
Sollte dies der Fall sein muss man ggf. die Bereiche nachpflegen.

Nun muss man dazu sagen, dass sich diese Prozedere für große Datenmengen
und Datenbanken eignet wie z.B. der Komponenten Liste für die Projektierung
von Schaltanlagen die ich erwähnt hatte - hier habe ich damals über 10.000
Datensätze sortiert und verwaltet.

Bei dem Beispiel der Vereinsliste kann man auch eine einfache Variante wählen,
die kein Nachpflegen der Bereiche erfordert.
Wir ergänzen die einfache Variante einfach in unserer **Tabelle1.**
Zunächst eine Spalte mit dem Namen **Sortierung einfach** einfügen.
In dieser Spalte fügen wir nun eine Formel ein, die bewirkt,
dass wir den Namen des Ortes, des Ortsteiles
und des Namens aneinanderreihen.

=I2&J2&D2

Im Nachgang wird auch hier über das Alphabetische sortieren dasselbe erreicht,
jedoch dauert dies länger und ist bei großen Datenmengen nicht zu empfehlen.
Allerdings wird kein nachpflegen notwendig, ergänzt man ein Mitglied muss
lediglich die Formel ein Feld nach unten kopiert werden.

	A	B	D	G		H	I	J		K	L	M
1	Anrede	Name	Vorname	Adresse	PLZ		Ort	Ortsteil		Telefon	Sortierur	Sortierung einfach
2	Herr	Mustermann	Albert	Muster Straße 1		12345	Muster Ort A	Ortsteil AA		01805 12345	010101	Muster Ort AOrtsteil AAAlbert
3	Herr	Mustermann	Franz	Muster Straße 13		12345	Muster Ort A	Ortsteil AA		1817 12345	010113	Muster Ort AOrtsteil AAFranz
4	Frau	Mustermann	Monika	Muster Straße 37		12345	Muster Ort A	Ortsteil AA		1841 12345	010137	Muster Ort AOrtsteil AAMonika
5	Frau	Mustermann	Annemarie	Muster Straße 5		12345	Muster Ort A	Ortsteil AB		1809 12345	010205	Muster Ort AOrtsteil ABAnnemarie
6	Frau	Mustermann	Lindrudit	Muster Straße 33		12345	Muster Ort A	Ortsteil AB		1837 12345	010233	Muster Ort AOrtsteil ABLindrudit
7	Frau	Mustermann	Irma	Muster Straße 29		12345	Muster Ort A	Ortsteil AC		1833 12345	010329	Muster Ort AOrtsteil ACIrma
8	Frau	Mustermann	Gertrud	Muster Straße 17		12345	Muster Ort A	Ortsteil AD		1821 12345	010417	Muster Ort AOrtsteil ADGertrud
9	Herr	Mustermann	Helmut	Muster Straße 21		12345	Muster Ort A	Ortsteil AD		1825 12345	010421	Muster Ort AOrtsteil ADHelmut
10	Frau	Mustermann	Hilde	Muster Straße 25		12345	Muster Ort A	Ortsteil AD		1829 12345	010425	Muster Ort AOrtsteil ADHilde
11	Herr	Mustermann	Dieter	Muster Straße 9		12345	Muster Ort A	Ortsteil DD		1813 12345	011409	Muster Ort AOrtsteil DDDieter
12	Frau	Mustermann	Christa	Muster Straße 8		12345	Muster Ort B	Ortsteil BA		1812 12345	020508	Muster Ort BOrtsteil BAChrista
13	Herr	Mustermann	German	Muster Straße 16		12345	Muster Ort B	Ortsteil BA		1820 12345	020516	Muster Ort BOrtsteil BAGerman
14	Herr	Mustermann	Helge	Muster Straße 20		12345	Muster Ort B	Ortsteil BA		1824 12345	020520	Muster Ort BOrtsteil BAHelge
15	Herr	Mustermann	Mathias	Muster Straße 36		12345	Muster Ort B	Ortsteil BA		1840 12345	020536	Muster Ort BOrtsteil BAMathias
16	Frau	Mustermann	Anna Elisabeth	Muster Straße 4		12345	Muster Ort B	Ortsteil BB		1808 12345	020604	Muster Ort BOrtsteil BBAnna Elisabeth
17	Herr	Mustermann	Jürgen	Muster Straße 32		12345	Muster Ort B	Ortsteil BB		1836 12345	020632	Muster Ort BOrtsteil BBJürgen
18	Frau	Mustermann	Ingeborg	Muster Straße 28		12345	Muster Ort B	Ortsteil BC		1832 12345	020728	Muster Ort BOrtsteil BCIngeborg
19	Herr	Mustermann	Erich	Muster Straße 12		12345	Muster Ort B	Ortsteil BD		1816 12345	020812	Muster Ort BOrtsteil BDErich
20	Herr	Mustermann	Hermann	Muster Straße 24		12345	Muster Ort B	Ortsteil BD		1828 12345	020824	Muster Ort BOrtsteil BDHermann
21	Herr	Mustermann	Alois	Muster Straße 3		12345	Muster Ort C	Ortsteil CA		1807 12345	030903	Muster Ort COrtsteil CAAlois
22	Frau	Mustermann	Brigitte	Muster Straße 7		12345	Muster Ort C	Ortsteil CA		1811 12345	030907	Muster Ort COrtsteil CABrigitte
23	Frau	Mustermann	Elsa	Muster Straße 11		12345	Muster Ort C	Ortsteil CB		1815 12345	031011	Muster Ort COrtsteil CBElsa
24	Herr	Mustermann	Gerhard	Muster Straße 15		12345	Muster Ort C	Ortsteil CB		1819 12345	031015	Muster Ort COrtsteil CBGerhard
25	Frau	Mustermann	Helene	Muster Straße 19		12345	Muster Ort C	Ortsteil CB		1823 12345	031019	Muster Ort COrtsteil CBHelene
26	Frau	Mustermann	Herlinde	Muster Straße 23		12345	Muster Ort C	Ortsteil CB		1827 12345	031023	Muster Ort COrtsteil CBHerlinde
27	Frau	Mustermann	Inge	Muster Straße 27		12345	Muster Ort C	Ortsteil CB		1831 12345	031027	Muster Ort COrtsteil CBInge
28	Herr	Mustermann	Josef	Muster Straße 31		12345	Muster Ort C	Ortsteil CB		1835 12345	031031	Muster Ort COrtsteil CBJosef
29	Frau	Mustermann	Margot	Muster Straße 35		12345	Muster Ort C	Ortsteil CB		1839 12345	031035	Muster Ort COrtsteil CBMargot
30	Frau	Mustermann	Siglinde	Muster Straße 39		12345	Muster Ort C	Ortsteil CB		1843 12345	031039	Muster Ort COrtsteil CBSiglinde
31	Frau	Mustermann	Ellen	Muster Straße 10		12345	Muster Ort D	Ortsteil AC		1814 12345	040310	Muster Ort DOrtsteil ACEllen
32	Frau	Mustermann	Berta	Muster Straße 6		12345	Muster Ort D	Ortsteil DA		1810 12345	041106	Muster Ort DOrtsteil DABerta
33	Herr	Mustermann	Manfred	Muster Straße 34		12345	Muster Ort D	Ortsteil DA		1838 12345	041134	Muster Ort DOrtsteil DAManfred
34	Herr	Mustermann	Otto	Muster Straße 38		12345	Muster Ort D	Ortsteil DA		1842 12345	041138	Muster Ort DOrtsteil DAOtto
35	Herr	Mustermann	Alfredo	Muster Straße 2		12345	Muster Ort D	Ortsteil DB		1806 12345	041202	Muster Ort DOrtsteil DBAlfredo
36	Frau	Mustermann	Irmgard	Muster Straße 30		12345	Muster Ort D	Ortsteil DB		1834 12345	041230	Muster Ort DOrtsteil DBIrmgard
37	Herr	Mustermann	Horst	Muster Straße 26		12345	Muster Ort D	Ortsteil DC		1830 12345	041326	Muster Ort DOrtsteil DCHorst
38	Herr	Mustermann	Friedbert	Muster Straße 14		12345	Muster Ort D	Ortsteil DD		1818 12345	041414	Muster Ort DOrtsteil DDFriedbert
39	Frau	Mustermann	Geza	Muster Straße 18		12345	Muster Ort D	Ortsteil DD		1822 12345	041418	Muster Ort DOrtsteil DDGeza
40	Herr	Mustermann	Herbert	Muster Straße 22		12345	Muster Ort D	Ortsteil DD		1826 12345	041422	Muster Ort DOrtsteil DDHerbert

Formeln für den Alltag

Excel enthält zahlreiche Formeln die in allen möglichen Kombinationen genutzt werden können.

Das schreckt viele Nutzer davon ab generell einmal Formeln anzuwenden.

Für mich sind die folgenden Formeln die am häufigsten genutzten aus den 10 Jahren Berufsalltag, wer dennoch eine spezielle Formel benötigt ist mit Google oder Youtube gut beraten.

Summe   Möchte man die Summe von mehreren Excel Feldern bilden, so kann dies ganz einfach über die Formel Summe (xx : xx) erfolgen.

Alternativ kann man auch Zellen mit „**;**" manuell hinzufügen.

z.B.

	A
1	13,50 €
2	14,60 €
3	70,65 €
4	=Summe(A1:A3)

Datum   Beim Datum kann man zum einen mit den Formeln **TAG(), MONAT()** und **JAHR()** das aktuelle Datum ausgeben:

=TAG(HEUTE())&"."&MONAT(HEUTE())&"."&JAHR(HEUTE())

Zum anderen kann man auch aus Daten in einer bestehenden Liste auswerten.

Siehe hierzu das Konto Beispiel in diesem Buch,

bei dem wir den Monat über die Formel MONAT(ZELLE) auslesen:

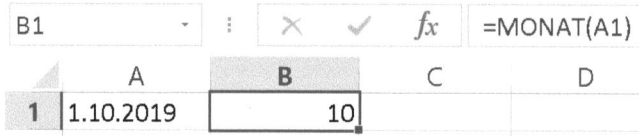

| B1 | ·   :   ✕   ✓   *fx* | =MONAT(A1) |

	A	B	C	D
1	1.10.2019	10		

Dies kann im selben Stil für den Tag und das Jahr erfolgen.

Länge

Excel Listen und Datenbanken werden oft in Programme eingebunden. Egal ob SAP, ein CAD Programm oder ein Angebotsprogramm – eines haben alle gemeinsam.
Die Textfelder bzw. die Ausgabe beschränkt sich auf eine gewisse Anzahl von Zeichen.
Möchte man nun Fehler oder das harte Abschneiden von Zeichen vermeiden, so kann man recht einfach mit der Formel anbei überprüfen, wie viele Zeichen in einer Zelle enthalten sind.

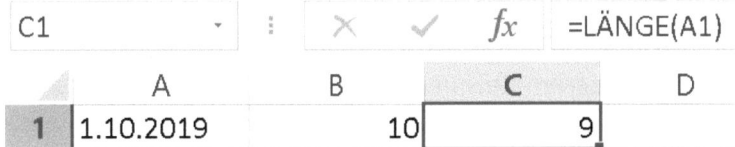

	A	B	C	D
1	1.10.2019	10	9	

C1 =LÄNGE(A1)

Wenn Dann

Excel hat die Vergleichsfunktion Wenn, Dann.
Mit dieser Funktion wird es möglich Dinge zu vergleichen.
Dies ist sehr nützlich, wir können hiermit unser Beispiel für Länge folgendermaßen erweitern:

Wir wollen zu lange Zeichenketten identifizieren.
In unserem Beispiel ist die maximal Zeichenzahl 5,
über folgende Formel können wir nun die Spalte A auswerten:

=WENN(LÄNGE(A1)>5;"zu lang";"ok")

B1 =WENN(LÄNGE(A1)>5;"zu lang";"ok")

	A	B	C	D	E	F
1	12345	ok				
2	123456	zu lang				
3	12345	ok				
4	1234567	zu lang				
5	12345	ok				
6	12345	ok				
7	12345678	zu lang				
8	12345	ok				
9	12345	ok				
10	123456789	zu lang				
11	12345	ok				
12	12345	ok				
13	12345	ok				
14	12345	ok				

Sverweis   Ebenfalls sehr nützlich ist der Sverweis in Excel.

Mit dieser Formel vergleicht Excel einen Ausgangswert in einer Zelle mit einem Zielwert in einer Tabelle.

Stimmen die beiden Werte überein, so gibt Excel die vordefinierte Spalte zu dem Wert aus.

Neben Beispielen wie unserer Sortierfunktion oder im Pivot Beispiel die Monatsnamen kann auch ein Übersetzer recht einfach erstellt werden.

So kann man eine Lexikon Datei nutzen und eine Liste an Worten einfach übersetzen.

In unserem Beispiel geht es um eine Wochenansicht, die wir in unterschiedlichen Sprachen anzeigen wollen.

Wir erstellen zunächst die Wochenansicht

	A	B	C	D	E	F	G	H
1	CW1	Montag	Dienstag	Mittwoch	Donnerstag	Freitag	Samstag	Sonntag
2	07:00							
3	08:00							
4	09:00							
5	10:00							
6	11:00							
7	12:00							
8	13:00							
9	14:00							
10	15:00							
11	16:00							
12	17:00							
13	18:00							
14	19:00							
15	20:00							
16	21:00							
17	22:00							

Zudem ein zweites Tabellenblatt mit den Wochentagen in unterschiedlichen Sprachen, wir vergeben den Namen **tblTranslate**:

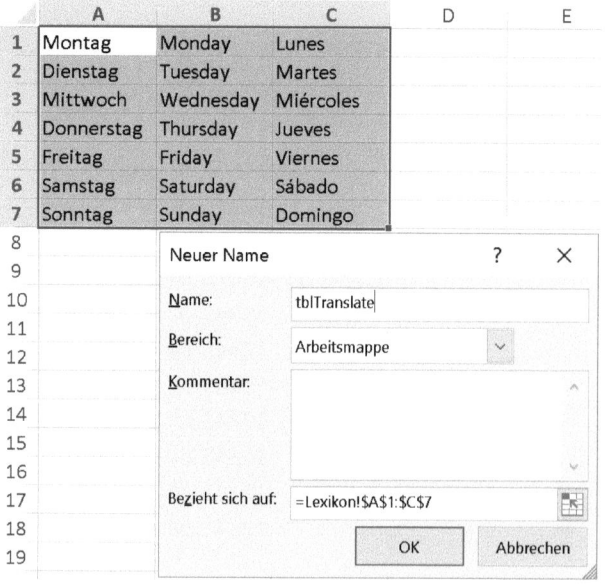

Dropdown Nun fügen wir noch einen Umschaltbutton für die Sprachen hinzu.
Liste Hierzu können wir den Beschreibungstext beliebig gestalten
– im Nachgang fügen wir über die Entwickler Tools ein
Auswahlfenster hinzu:

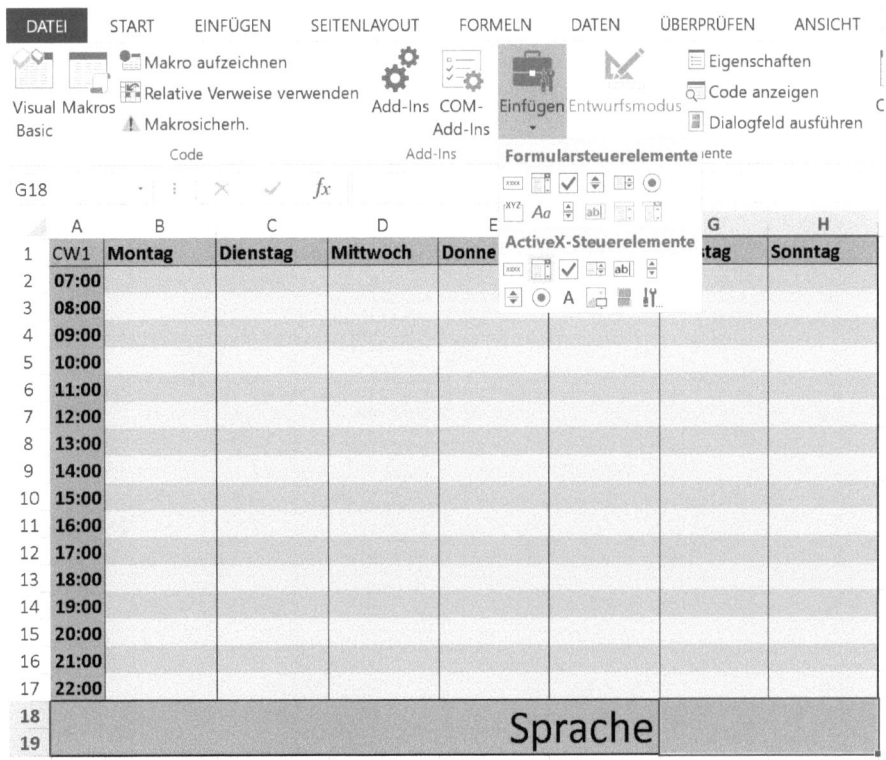

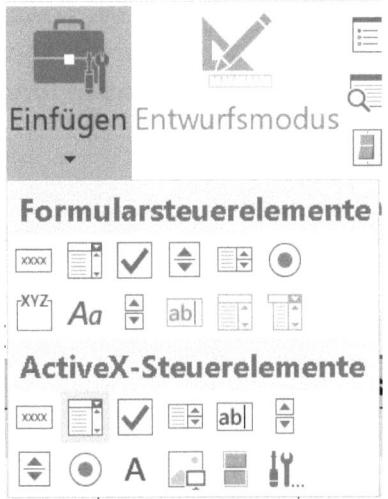

->Sollten die Entwicklertools nicht aktiviert sein,
so kann man diese recht einfach über
die Registerkarte **Datei** -> **Optionen** ->
Menüband anpassen einschalten (Häkchen setzen).

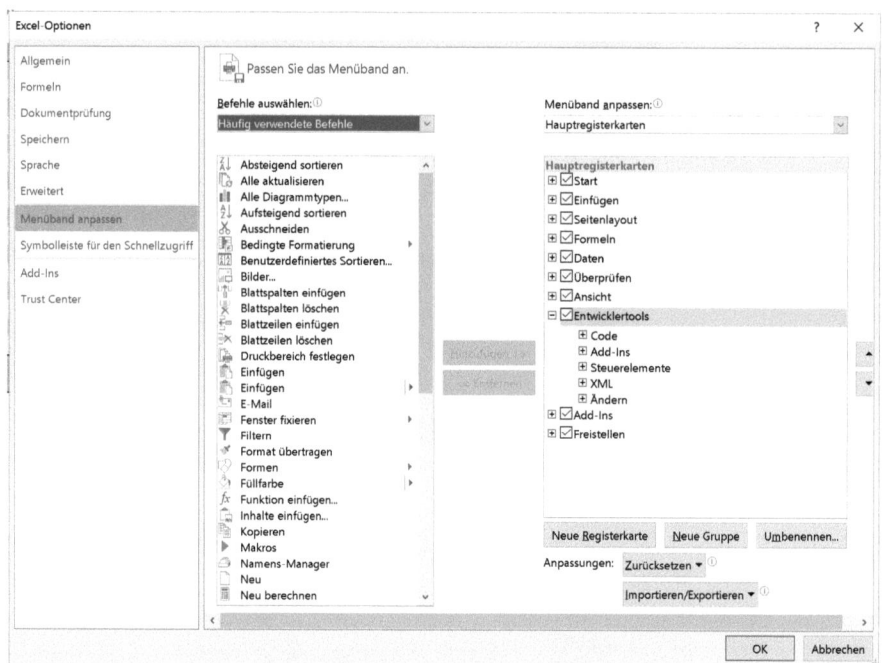

Nun ziehen wir das **Formular Steuerelement
Kombinationsfeld** an der gewünschte Stelle auf
die gewünschte Größe und konfigurieren es über
Rechtsklick Steuerelement formatieren:

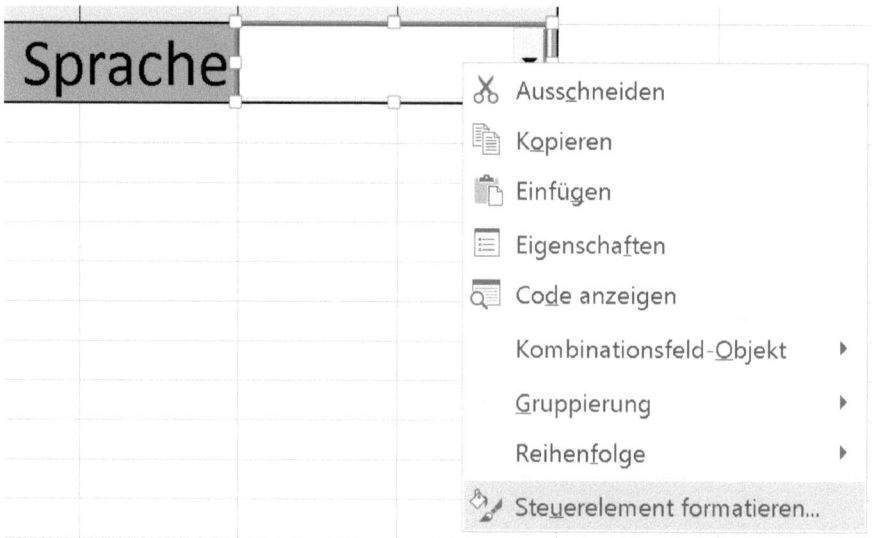

Wenn man nun in die Registerkarte Steuerung wechselt,
so wird dort ein Eingabebereich
und eine Zellverknüpfung gefordert.
In unserem Fall erstelle ich die benötigten Daten direkt in dem
Tabellenblatt mit der Monatsansicht -> die Spalten K und L können
wir am Ende ganz einfach ausblenden.

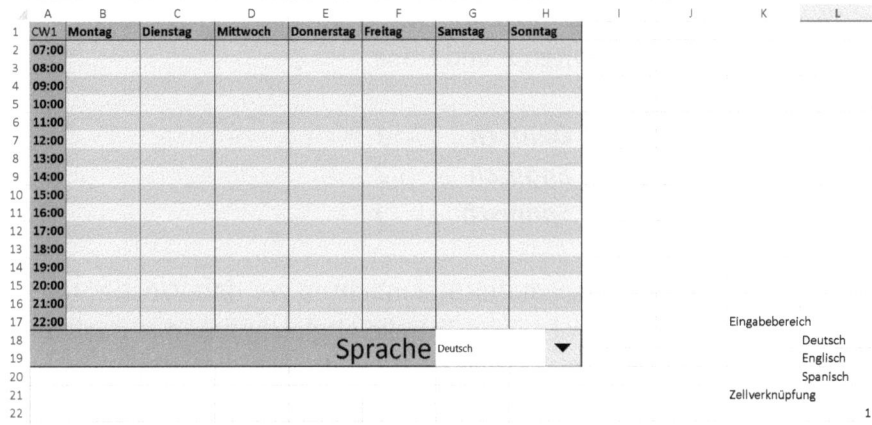

Im zweiten Schritt verknüpfen wir nun zum einen die drei
Sprachen und geben die Zelle L22 als Zellverknüpfung an.

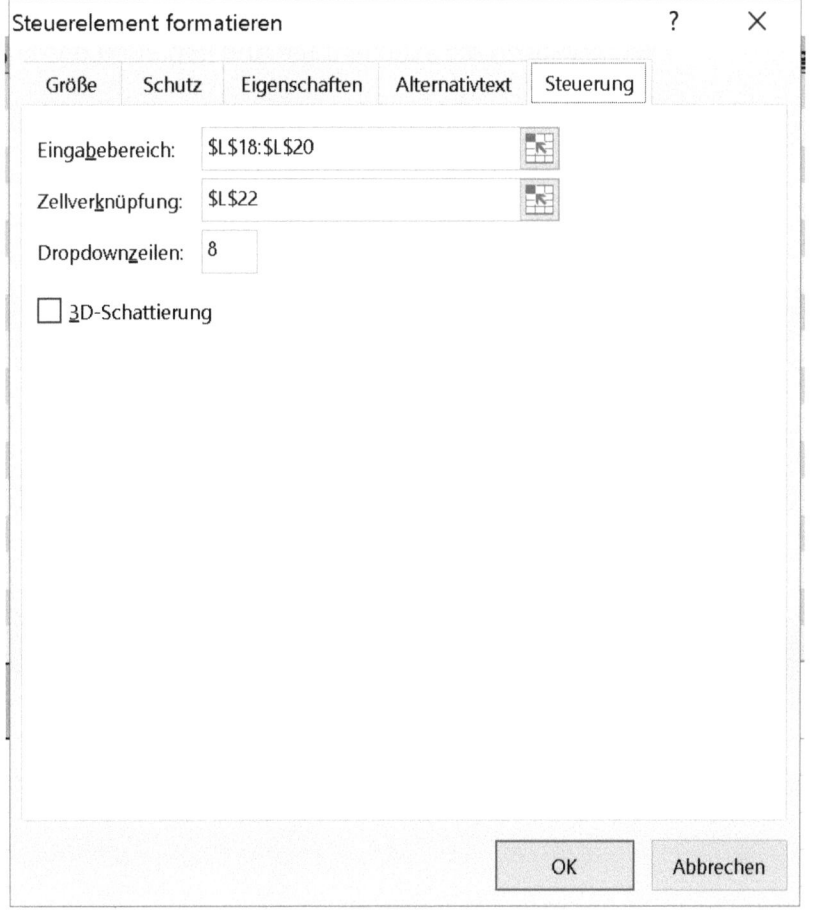

die Dollarzeichen verwendet man um einen Wert statisch zu halten d.h. der Link zeigt immer auch nach dem Kopieren oder verschieben von Zellen auf die Spalte L und die Zelle 22.

Mit **OK** bestätigen wir nun unsere Konfiguration.

Beim Testen sehen wir, dass der Wert in unserer verknüpften Zelle sich ändert wenn wir die Sprache ändern.

Wir behalten uns für unseren Sverweis im Kopf, dass L22 folgende Werte ausgibt und blenden die Spalten K und L aus:

Deutsch	*1*
Englisch	*2*
Spanisch	*3*

In unserem Beispiel möchten wir den Wochentag mit der Spalte in unserer Lexikon Tabelle abgleichen und je nach Sprache die eingestellt ist einen Wert der entsprechenden Spalte ausgeben. Wir geben den Wochentag direkt in die Formel ein, diese sieht z.B. für Montag wie folgt aus:

=SVERWEIS("Montag";tblTranslate;L22;FALSCH)

Wir ergänzen die Wochentage und genießen das Ergebnis:

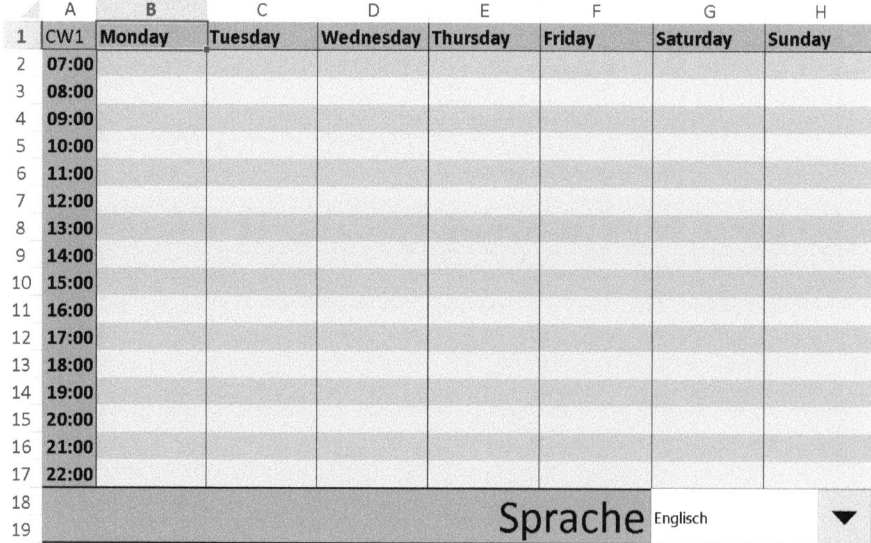

Rechts/ Links Mit **Rechts()** bzw. **Links()** kann eine gewisse Anzahl von
Zeichen von rechts oder von Links aus einer Tabelle
gelesen werden.
Dies kann nützlich sein um Daten aufzubereiten,
die nicht über Text in eine Spalte getrennt werden können.
Oder einfach um auch hier eine Auswahl zu treffen.
Ein Beispiel aus dem Alltag ist z.B. eine Telefonliste,
bei der wir eine Zuordnung für die Vorwahl
zum Land erstellen wollen.

In unserem Beispiel besteht eine Liste mit 40 Nummern
von bestehenden Tochterfirmen in der Niederlande,
Spanien, Italien und Deutschland.
Die Aufgabe ist nun eine Spalte mit der Bezeichnung Land
hinzuzufügen und die Nummern zuzuordnen.
Bei 40 Nummern kann man dies ggf. manuell durch kopieren
und einfügen realisieren, mit einem SVerweis
und der **Rechts()** Formel ist dies aber im Handumdrehen gelöst.
Unsere Ausgangstabelle:

	A	B	C
1	Telefonnummer	Name	Land
2	+49123456789	Max Mustermann	
3	+39123456789	Max Mustermann	
4	+34123456789	Max Mustermann	
5	+31123456789	Max Mustermann	
6	+49123456789	Max Mustermann	
7	+39123456789	Max Mustermann	
8	+34123456789	Max Mustermann	
9	+31123456789	Max Mustermann	
10	+49123456789	Max Mustermann	
11	+39123456789	Max Mustermann	
12	+34123456789	Max Mustermann	
13	+49123456789	Max Mustermann	
14	+39123456789	Max Mustermann	
15	+34123456789	Max Mustermann	
16	+49123456789	Max Mustermann	
17	+39123456789	Max Mustermann	
18	+49123456789	Max Mustermann	
19	+39123456789	Max Mustermann	
20	+49123456789	Max Mustermann	
21	+39123456789	Max Mustermann	
22	+49123456789	Max Mustermann	
23	+39123456789	Max Mustermann	
24	+49123456789	Max Mustermann	
25	+39123456789	Max Mustermann	
26	+49123456789	Max Mustermann	
27	+39123456789	Max Mustermann	
28	+49123456789	Max Mustermann	
29	+39123456789	Max Mustermann	
30	+49123456789	Max Mustermann	
31	+49123456789	Max Mustermann	
32	+39123456789	Max Mustermann	
33	+49123456789	Max Mustermann	
34	+39123456789	Max Mustermann	
35	+49123456789	Max Mustermann	
36	+39123456789	Max Mustermann	
37	+49123456789	Max Mustermann	
38	+39123456789	Max Mustermann	
39	+34123456789	Max Mustermann	
40	+31123456789	Max Mustermann	

Wir erstellen ein zweites Tabellenblatt mit der Zuordnung
der Vorwahl zum Land und benennen diese mit **tblLand**:

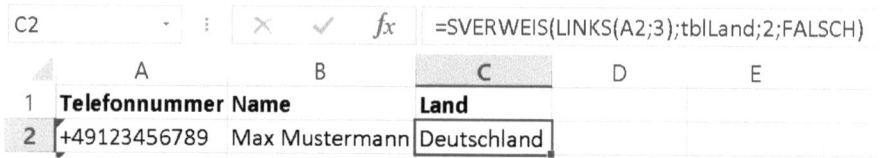

Nun wechseln wir in unsere Ausgangstabelle und fügen in der
Spalte **Land** folgende Formel ein:

=SVERWEIS(LINKS(A2;3);tblLand;2;FALSCH)

Bei **links** gibt man zunächst die Zelle an bei der die Zeichen
abgefragt werden sollen und nach dem Semikolon die Anzahl der
Zeichen.

Wir kopieren die Formel nach unten und können nun bei Bedarf
noch mit Filtern weiterarbeiten.

	A Telefonnummer	B Name	C Land
1	Telefonnummer	Name	Land
2	+49123456789	Max Mustermann	Deutschland
3	+39123456789	Max Mustermann	Italien
4	+34123456789	Max Mustermann	Spanien
5	+31123456789	Max Mustermann	Niederlande
6	+49123456789	Max Mustermann	Deutschland
7	+39123456789	Max Mustermann	Italien
8	+34123456789	Max Mustermann	Spanien
9	+31123456789	Max Mustermann	Niederlande
10	+49123456789	Max Mustermann	Deutschland
11	+39123456789	Max Mustermann	Italien
12	+34123456789	Max Mustermann	Spanien
13	+49123456789	Max Mustermann	Deutschland
14	+39123456789	Max Mustermann	Italien
15	+34123456789	Max Mustermann	Spanien
16	+49123456789	Max Mustermann	Deutschland
17	+39123456789	Max Mustermann	Italien

Tabellenzugriff auf eine andere Tabelle

Im Berufsalltag arbeitet man oft mit Tabellen die mehrere tausend
Datensätze enthalten, zudem bin ich ein Freund von wieder verwenden.
Das spart Zeit und macht zudem Spaß,
da man das bereits erstellte wieder nutzen kann.
An dieser Stelle möchte ich einen Denkansatz für unsere heutige Zeit geben.
Ich höre oft den Satz, dass die Jugendlichen von heute nicht mehr so
intelligent seien als die Jugendlichen früher
und man macht dies an Dingen fest wie z.B. Kopfrechnen.
Aus meiner Sicht ist es wichtig ein falsches Ergebnis
und gewisse Relationen zu erkennen – dennoch ich wir sollten mehr Zeit
investieren die Methodik zu schulen und nicht auf alt bewährtes setzen.
Ich bin permanent am mich selbst weiterbilden
und ich bin absolut kein Freund der Vorgehensweise in konventionellen
Schulen.
Bei der Erwachsenen Bildung und in Universitäten beginnt man umzudenken.
Wie wäre es in Mathe eine Formel mit den Schülern für z.B. Zinsrechnen in
Excel zu erarbeiten.
Die Schüler können das Excel Tool nutzen um Berechnungen anzustellen,
Hausaufgaben zu prüfen und im besten Fall dann wenn Sie anfangen über
Finanzen und das Investieren nachzudenken.
Ich habe als ich mich mit Finanzierung befasst habe jedenfalls nicht mehr alles
im Kopf gehabt und dazu Google bemüht – die Programme die ich mir
angelegt habe nutze ich heute noch.

Nun bin ich etwas vom eigentlichen Thema abgekommen,
also zurück zum Zugriff auf andere Tabellen.
Wir gehen davon aus, dass wir nicht nur unsere Wochenplanung übersetzen
wollen, sondern auch noch weitere Arbeitsvorlagen.
Hier macht es Sinn die Lexikon Datei al eigene Excel Tabelle zu führen und von
den jeweiligen Excel Arbeitsvorlagen auf diese Übersetzungsdatei
zuzugreifen.
Das ist insbesondere dann praktisch, wenn sich ein Fehler eingeschlichen hat
oder wir ein Wort ändern wollen denn so ändert man die zentrale Datei und
die anderen Vorlagen werden automatisch angepasst.

Zunächst kopieren wir also unsere Wochenübersicht
und geben der Excel Datei den Namen „**Lexikon**".
Nun löschen wir Tabelle1 uns benennen Tabelle2 in Lexikon um:

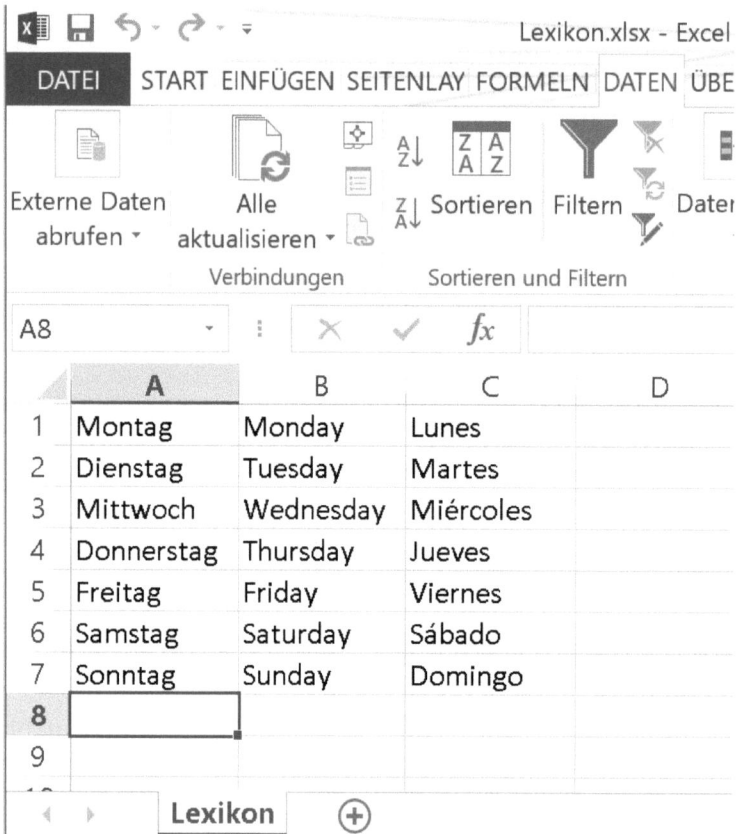

Abschließend speichern wir die Datei ab.

Nun öffnen wir unsere Wochenübersicht, bevor wir die Tabelle mit der
Lexikon Datei löschen ändern wir die Formel auf den externen Excel Zugriff:

*=SVERWEIS("Montag";**Lexikon.xlsx!tblTranslate**;L22;FALSCH)*

Die Namen die in unserer Lexikon Datei vergeben sind bzw. die Bereiche die
Angegeben sind können genauso verwendet werden.
Der Unterschied besteht darin, dass wir am Anfang den Excel Dateinamen stellen
und durch ein Ausrufezeichen dem Namen oder Bereich zuordnen.

Nun wird also die Übersetzung aus der Tabelle Lexikon gezogen
und für die Wochenübersicht verwendet.
Bei Bedarf können wir nun die Wochentage für andere Excel
Arbeitsmappen verwenden oder aber die Lexikon Datei erweitern.
Bitte nicht vergessen auch den Namensbereich mit zu erweitern,
wenn die Lexikon datei ergänzt wird.

Fügen wir z.B. Sprache hinzu,
so müssen wir den Bereich im Namensmanager anpassen.
Also in den Reiter **Formeln -> Namanesmanager**

Und nun ein Doppelklick auf unseren Namen **tblTranslate**

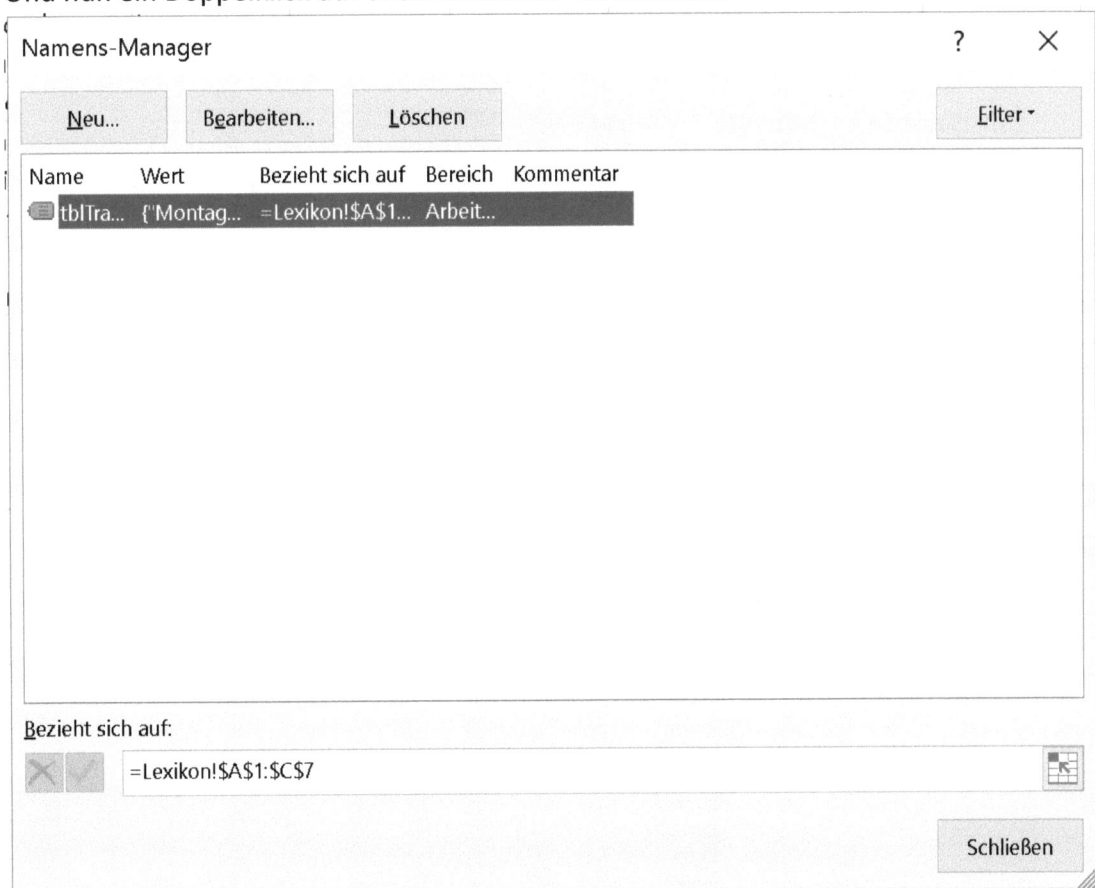

Im Feld Bezieht sich auf ändern wir nun den Bereich auf **$C$8**

	A	B	C
1	Montag	Monday	Lunes
2	Dienstag	Tuesday	Martes
3	Mittwoch	Wednesday	Miércoles
4	Donnerstag	Thursday	Jueves
5	Freitag	Friday	Viernes
6	Samstag	Saturday	Sábado
7	Sonntag	Sunday	Domingo
8	Sprache	Language	Idioma
9			
10			
11			
12			

Name bearbeiten ? ✕

Name: tblTranslate

Bereich: Arbeitsmappe

Kommentar:

Bezieht sich auf =Lexikon!$A$1:$C$7

OK   Abbrechen

	A	B	C
1	Montag	Monday	Lunes
2	Dienstag	Tuesday	Martes
3	Mittwoch	Wednesday	Miércoles
4	Donnerstag	Thursday	Jueves
5	Freitag	Friday	Viernes
6	Samstag	Saturday	Sábado
7	Sonntag	Sunday	Domingo
8	Sprache	Language	Idioma
9			
10			
11			
12			

Name bearbeiten ? ✕

Name: tblTranslate

Bereich: Arbeitsmappe

Kommentar:

Bezieht sich auf =Lexikon!$A$1:$C$8

OK   Abbrechen

Nun kann die ergänzte Lexikon Datei verwendet werden.
Öffnen wir nocheinmal unsere Tabelle Wochenübersicht und ergänzen hier
das Wort Sprache mit der folgenden Formel:

=SVERWEIS("Sprache";Lexikon.xlsx!tblTranslate;L22;FALSCH)

	A	B	C	D	E	F	G	H
1	CW1	Monday	Tuesday	Wednesday	Thursday	Friday	Saturday	Sunday
2	07:00							
3	08:00							
4	09:00							
5	10:00							
6	11:00							
7	12:00							
8	13:00							
9	14:00							
10	15:00							
11	16:00							
12	17:00							
13	18:00							
14	19:00							
15	20:00							
16	21:00							
17	22:00							
18					Language	Englisch		▼
19								

Für unser Beispiel haben wir die Excel Datei in denselben Ordner abgelegt.
Sind beide Dateien geöffnet, so wird die Formel wie eingegeben angezeigt.
Ist die Datei Lexikon geschlossen, so wird der Dateipfad zur Excel Datei mit angezeigt.
Wird die Lexikon Datei verschoben, so zeigt Excel beim erneuten öffnen zunächst den Dialog für das aktualisieren.
Gewöhnlich würden wir dies mit ja bestätigen um den aktuellen Stand zu erhalten.
Da die Datei nicht zu finden ist erscheint eine zweite Fehlermeldung,
hier wird erläutert, dass die Datei nicht aktualisiert werden kann.

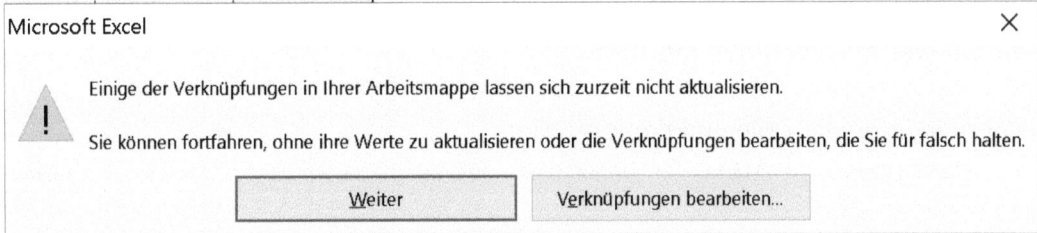

Mit einem Klick auf Verknüpfung bearbeiten können wir den Dateipfad zu unserer Datei anpassen.
Ich empfehle daher vorher zu überlegen, wo man die Datei zentral ablegen möchte.

Richtig sinnvoll wird eine solche Lexikon Datei, wenn man Sie in einem Firmennetzwerk mit mehreren Benutzern teilt.
Hierfür würde ich ein Laufwerk von einem Server extra für das Lexikon verknüpfen.
So wird in Excel der Pfad zum Laufwerksbuchstaben hergestellt.
Verschiebt man im Nachgang die Datei auf dem Server muss lediglich das Laufwerk neu verknüpft werden, nicht aber alle Pfade in den Excel Dateien geändert werden.

Verknüpft man z.B. den Buchstaben „L" für Lexikon, so wird Excel den Pfad wie folgt speichern:

=SVERWEIS("Sprache";'l:\Lexikon.xlsx'!tblTranslate;L22;FALSCH)

Einfügen Text (-)

Nachdem wir nun viel mit Formeln gearbeitet haben nun auch ein Fall der häufig eintritt wir wollen mit Werten die aus den Formeln erzeugt wurden weiterarbeiten oder einfach einen Auszug aus seiner komplexen Tabelle erstellen.

Je nach Anwendung können wir so nicht mit den berechneten Werten arbeiten. Ein einfacher Trick schafft hier Abhilfe – wir kopieren die Spalte und fügen diese in der neuen Tabelle oder im Zweifel an derselben Stelle wieder ein, allerdings als Werte:

Hier am Beispiel von unseren Spanischen Wochentagen, die wir weiter verwenden möchten.

Wir markieren die Zeile und Kopieren Sie:

Beim Einfügen erhalten wir nun folgende Ansicht:

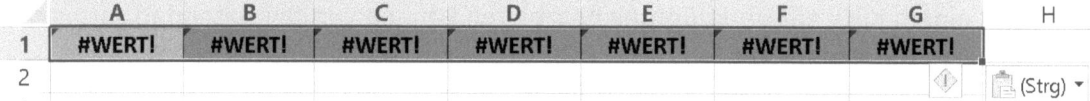

Mit einem Klick auf den Pfeil neben dem kleinen Ordner am Rand erhalten wir zusätzliche Optionen – hier wählen wir nun Werte einfügen:

So erhalten wir das gewünschte Ergebnis:

	A	B	C	D	E	F	G
1	Lunes	Martes	Miércoles	Jueves	Viernes	Sábado	Domingo

Pivot Beispiel Sparkasse

Von Pivot Tabellen haben viele schon einmal gehört,
wie Sie zu nutzen sind ist jedoch nicht immer klar.
Um die Kost besser verdaulich zu machen nutzen wir deshalb ein Praxis Beispiel.
Wir erstellen ein Haushaltsbuch von unserem Konto.
Ich bin bei der Sparkasse, deshalb in diesem Beispiel der Konten
Export in eine .csv Datei mit dem Sparkassen Homebanking online.
Der .csv Export sollte aber auch mit jeder anderen Bank funktionieren.

Zunächst starten wir das Onlinebanking und melden uns an:

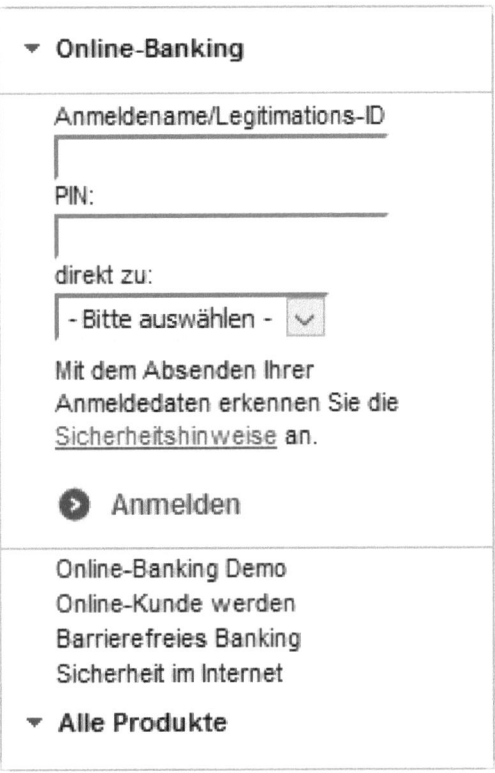

Nun navigieren wir zu dem gewünschten Konto
und erstellen dort eine Umsatzabfrage:

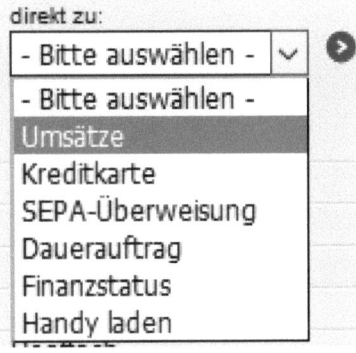

Also Betreffendes Konto auswählen, dann Datum anklicken
und in unserem Beispiel ein Jahr einstellen:

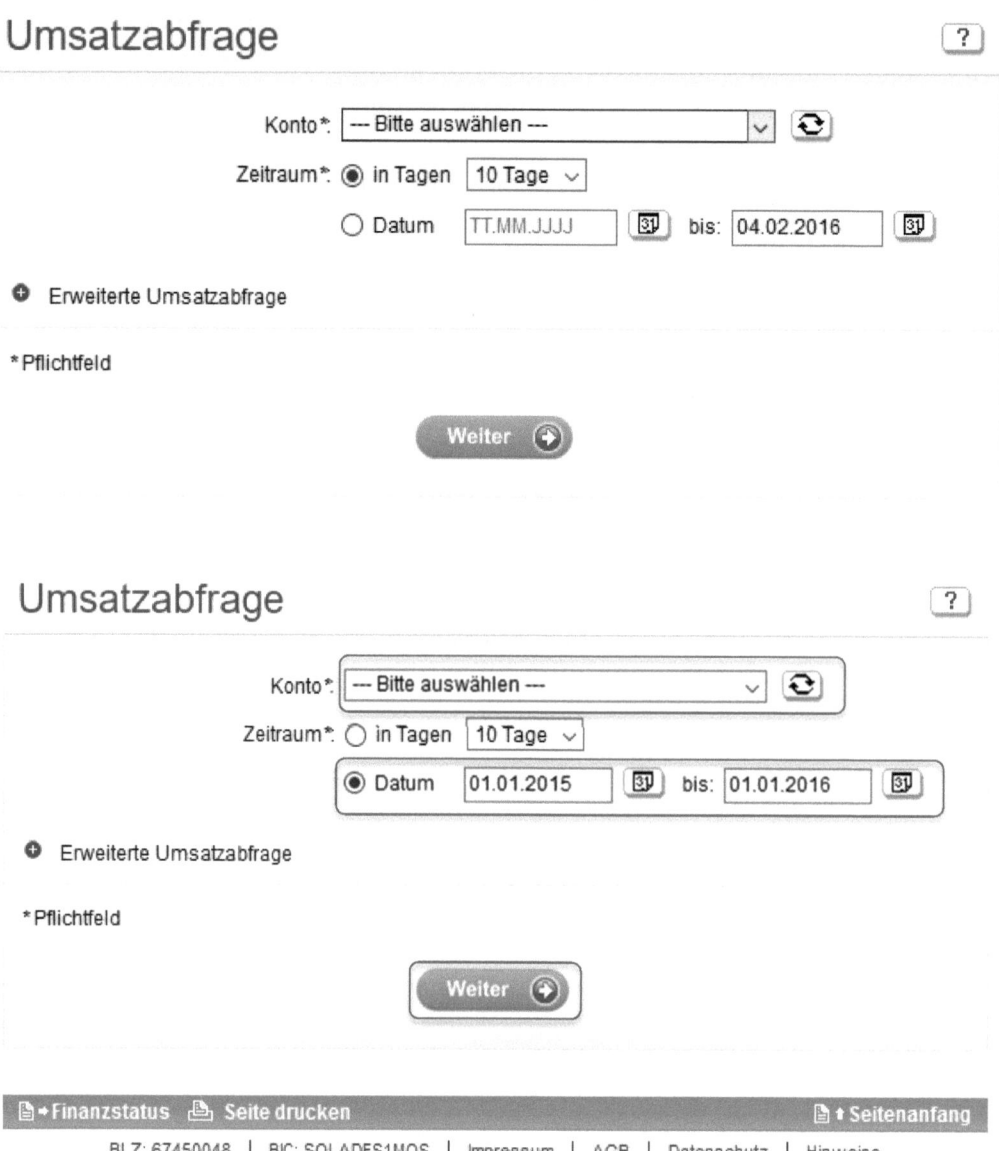

Abschließend auf **weiter** klicken.

Nun erscheint neben den Umsätzen unter der Eingabemaske ein Feld,
in dem die Umsatzdaten exportiert werden können:

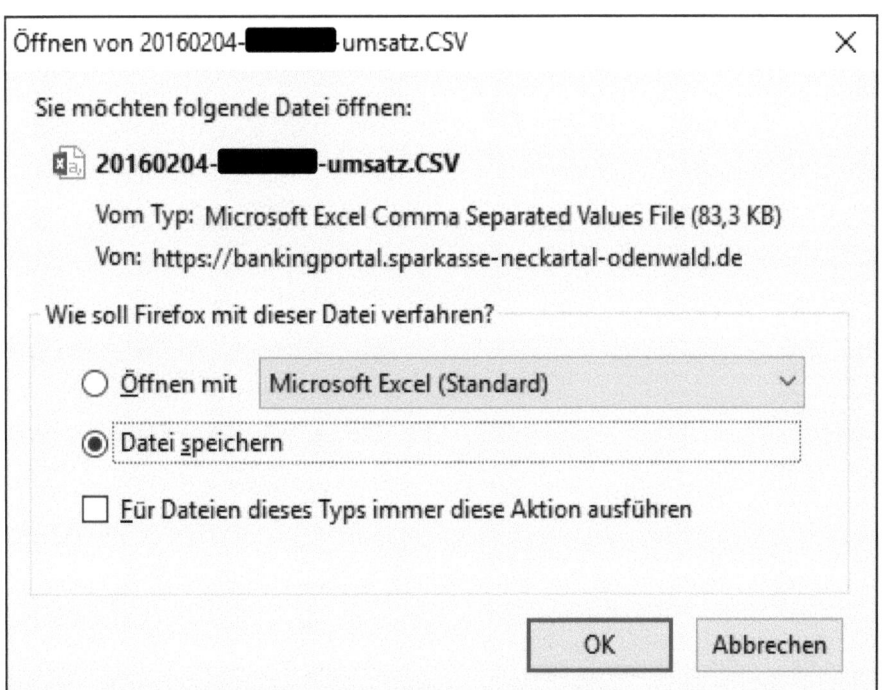

Einen Klick auf die Diskette öffnet ein Fenster – hier den Dateispeicherort auf
unserem Computer auswählen:

Im Anschluss öffnen wir die Datei und speichern diese zunächst im Excel Dateiformat ab – hierzu Speichern unter auswählen,
einen Dateinamen angeben und den Dateityp wie folgt einstellen:

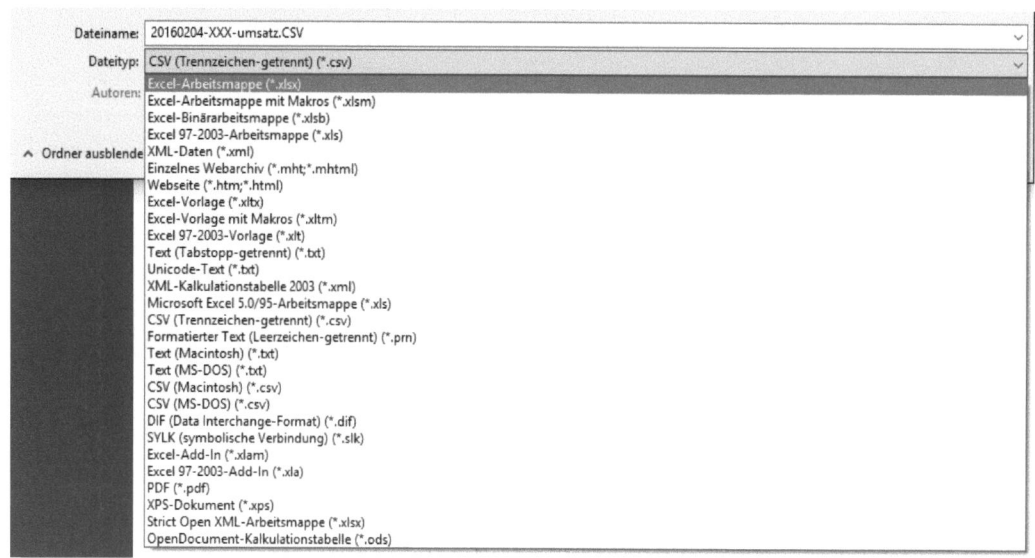

Nun haben wir unsere Ausgangsbasis, die Tabelle sollte ungefähr so aussehen:

	A	B	C	D	E	F	G	H	I	J	K
1	Auftragskonto	Buchungstag	Valutadatum	Buchungstext	Verwendungszweck	Beguenstigter/Zahlungspflichtiger	Kontonummer	BLZ	Betrag	Waehrung	Info
2	1234	30.12.2015	01.01.2016	UMBUCHUNG	aaaa	aaaa	aaaa	aaaa	500	EUR	Umsatz gebucht
3	1234	30.12.2015	30.12.2015	ABSCHLUSS	aaaa	aaaa	aaaa	aaaa	-500	EUR	Umsatz gebucht
4	1234	30.12.2015	30.12.2015	ABSCHLUSS	aaaa	aaaa	aaaa	aaaa	10	EUR	Umsatz gebucht
5	1234	30.12.2015	30.12.2015	KARTENZAHLUNG	aaaa	aaaa	aaaa	aaaa	20	EUR	Umsatz gebucht
6	1234	28.12.2015	24.12.2015	AUSZAHLUNG	aaaa	aaaa	aaaa	aaaa	500	EUR	Umsatz gebucht
7	1234	28.12.2015	24.12.2015	AUSZAHLUNG	aaaa	aaaa	aaaa	aaaa	-500	EUR	Umsatz gebucht
8	1234	23.12.2015	23.12.2015	FOLGELASTSCHRIFT	aaaa	aaaa	aaaa	aaaa	10	EUR	Umsatz gebucht
9	1234	22.12.2015	22.12.2015	LOHN GEHALT	aaaa	aaaa	aaaa	aaaa	20	EUR	Umsatz gebucht
10	1234	22.12.2015	22.12.2015	WERTPAPIERE	aaaa	aaaa	aaaa	aaaa	500	EUR	Umsatz gebucht
11	1234	22.12.2015	22.12.2015	FOLGELASTSCHRIFT	aaaa	aaaa	aaaa	aaaa	-500	EUR	Umsatz gebucht
12	1234	21.12.2015	21.12.2015	LASTSCHRIFT	aaaa	aaaa	aaaa	aaaa	10	EUR	Umsatz gebucht
13	1234	21.12.2015	21.12.2015	EIGENE KREDITKARTENABRECHN.	aaaa	aaaa	aaaa	aaaa	20	EUR	Umsatz gebucht
14	1234	21.12.2015	19.12.2015	GELDAUTOMAT	bbbb	bbbb	bbbb	bbbb	500	EUR	Umsatz gebucht
15	1234	18.12.2015	18.12.2015	GELDAUTOMAT	bbbb	bbbb	bbbb	bbbb	-500	EUR	Umsatz gebucht
16	1234	16.12.2015	16.12.2015	GUTSCHRIFT	bbbb	bbbb	bbbb	bbbb	10	EUR	Umsatz gebucht
17	1234	16.12.2015	16.12.2015	FOLGELASTSCHRIFT	bbbb	bbbb	bbbb	bbbb	20	EUR	Umsatz gebucht
18	1234	15.12.2015	15.12.2015	FOLGELASTSCHRIFT	bbbb	bbbb	bbbb	bbbb	500	EUR	Umsatz gebucht
19	1234	14.12.2015	14.12.2015	LADEVORGANG PREPAID - KARTE	bbbb	bbbb	bbbb	bbbb	-500	EUR	Umsatz gebucht
20	1234	14.12.2015	14.12.2015	LASTSCHRIFT	bbbb	bbbb	bbbb	bbbb	10	EUR	Umsatz gebucht
21	1234	14.12.2015	14.12.2015	LASTSCHRIFT	bbbb	bbbb	bbbb	bbbb	20	EUR	Umsatz gebucht
22	1234	14.12.2015	14.12.2015	FOLGELASTSCHRIFT	bbbb	bbbb	bbbb	bbbb	500	EUR	Umsatz gebucht
23	1234	14.12.2015	14.12.2015	FOLGELASTSCHRIFT	bbbb	bbbb	bbbb	bbbb	-500	EUR	Umsatz gebucht

Nun zwei Zellen vor Buchungstext einfügen und diese mit „Monat"
und "Jahr" beschriften:

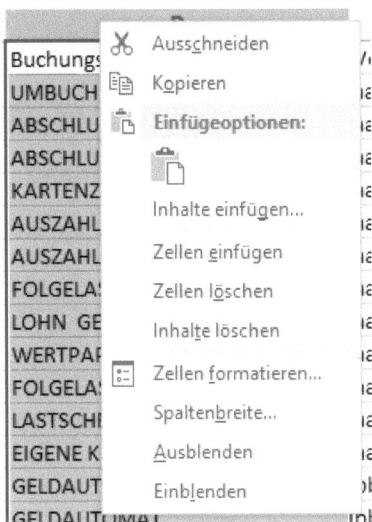

	A	B	C	D	E	F
1	Auftragskonto	Buchungstag	Valutadatum	Monat	Jahr	Buchungstext
2	1234	30.12.2015	01.01.2016			UMBUCHUNG
3	1234	30.12.2015	30.12.2015			ABSCHLUSS
4	1234	30.12.2015	30.12.2015			ABSCHLUSS
5	1234	30.12.2015	30.12.2015			KARTENZAHLUNG
6	1234	28.12.2015	24.12.2015			AUSZAHLUNG
7	1234	28.12.2015	24.12.2015			AUSZAHLUNG
8	1234	23.12.2015	23.12.2015			FOLGELASTSCHRIFT

Nun in der Zelle D2 folgende Formel einfügen:
=Monat(B2)

In der Zelle E2 folgende Formel einfügen:
=Jahr(B2)

Bei Problemen prüfen, on der Zellen Typ auf Standard steht:

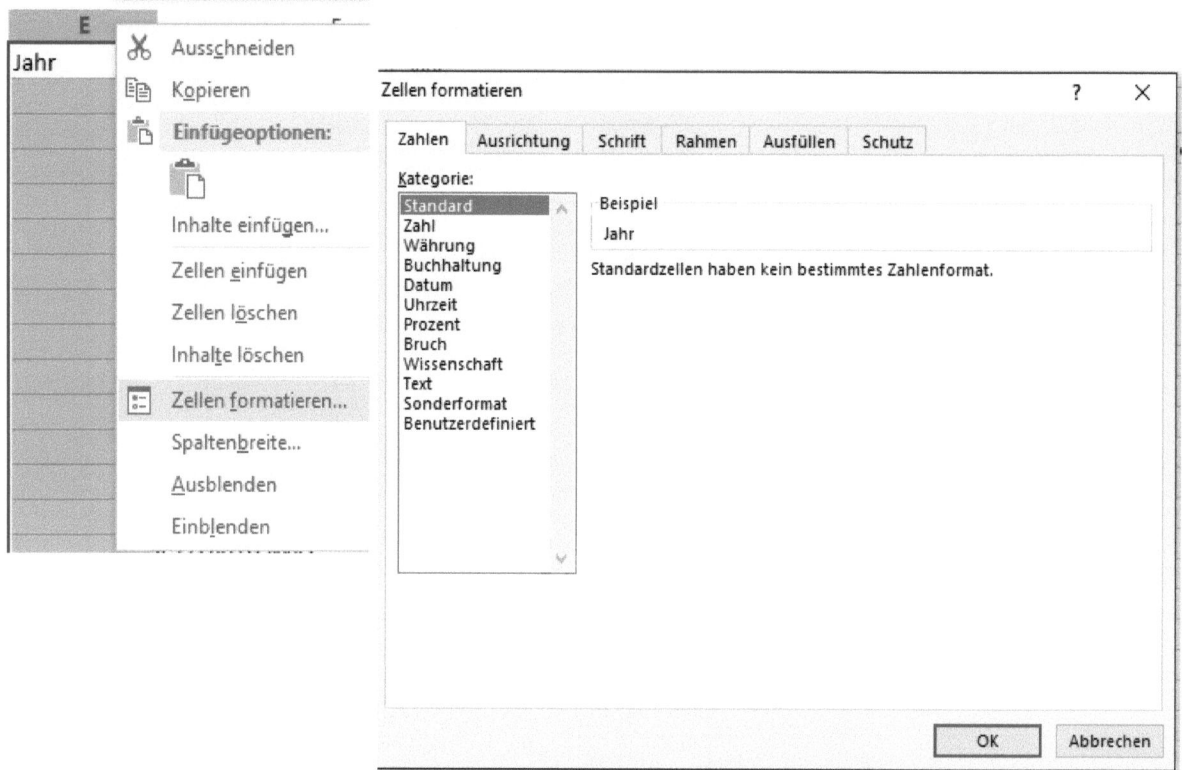

Nun diese Zeile in der Tabelle nach unten kopieren:

Monat	Jahr	Buchu
12	2015	UMBU(
		CH
		ABSCH

02.01.2015	02.01.2015	1	2015	FOLGELASTS(
02.01.2015	02.01.2015	1	2015	FOLGELASTS(
02.01.2015	02.01.2015	1	2015	FOLGELASTS(
02.01.2015	02.01.2015	1	2015	FOLGELASTS(
02.01.2015	02.01.2015	1	2015	FOLGELASTS(
02.01.2015	02.01.2015	1	2015	FOLGELASTS(
02.01.2015	02.01.2015	1	2015	FOLGELASTS(
02.01.2015	02.01.2015	1	2015	DAUERAUFTR
02.01.2015	02.01.2015	1	2015	ONLINE-UEBI
02.01.2015	02.01.2015	1	2015	SONSTIGE BE

Wem die Monatszahl nicht gefällt -> so wie mir <- und wer lieber Monate ausgeschrieben da stehen hat, hier weiter machen.
Wem die Zahlen der kann dieses Schritt überspringen.

Eine Spalte vor Jahr einfügen:

D	E	F
Monat		r
12		2015
12		2015
12		2015
12		2015
12		2015

Nun ein neues Tabellenblatt generieren und dieses mit „Monat" beschriften.
Wir erstellen eine kleine Tabelle mit den Zahlen 1-12 und den Monaten:

	A	B
1	1	Januar
2	2	Februar
3	3	März
4	4	April
5	5	Mai
6	6	Juni
7	7	Juli
8	8	August
9	9	September
10	10	Oktober
11	11	November
12	12	Dezember

Monate

Die erstellte Tabelle markieren wir und vergeben einen Namen mit
Rechtsklick und **Namen definieren**:

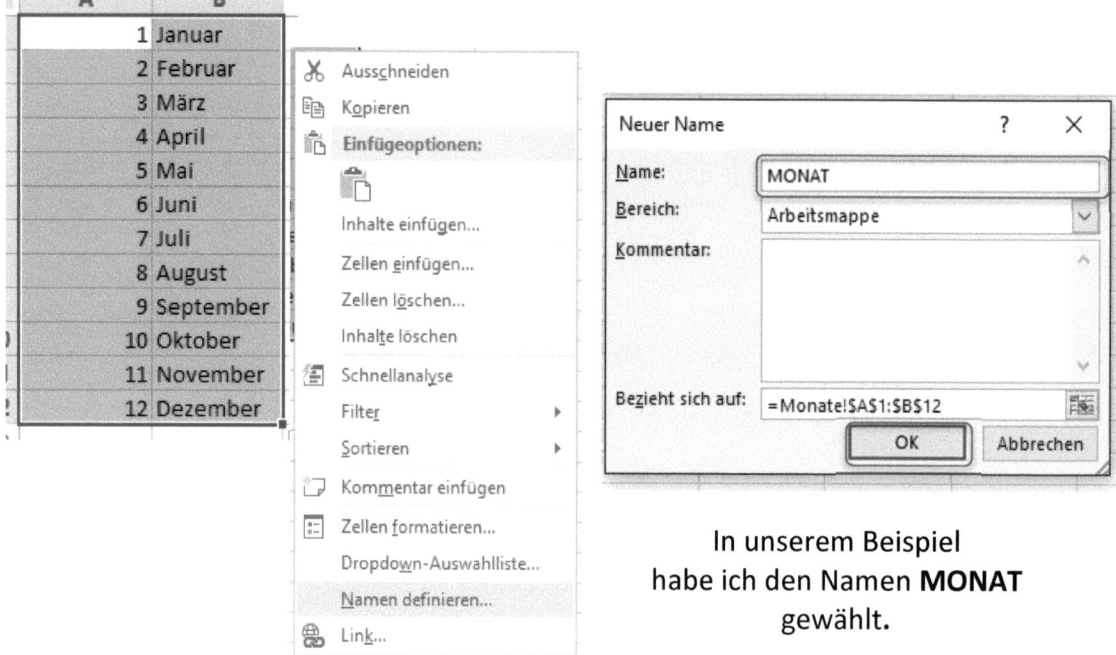

In unserem Beispiel
habe ich den Namen **MONAT**
gewählt.

Nun wechseln wir zurück auf die Umsätze und fügen in die Zelle **E2**
folgende Formel ein:
=SVERWEIS(D2;MONAT;2;FALSCH)

Erneut kopieren wir die Zeile nach unten:

Dezember

128	1234	07.01.2015	07.01.2015	1	Januar
129	1234	07.01.2015	07.01.2015	1	Januar
130	1234	05.01.2015	05.01.2015	1	Januar
131	1234	05.01.2015	05.01.2015	1	Januar
132	1234	02.01.2015	02.01.2015	1	Januar
133	1234	02.01.2015	02.01.2015	1	Januar
134	1234	02.01.2015	02.01.2015	1	Januar
135	1234	02.01.2015	02.01.2015	1	Januar
136	1234	02.01.2015	02.01.2015	1	Januar
137	1234	02.01.2015	02.01.2015	1	Januar
138	1234	02.01.2015	02.01.2015	1	Januar
139	1234	02.01.2015	02.01.2015	1	Januar
140	1234	02.01.2015	02.01.2015	1	Januar
141	1234	02.01.2015	02.01.2015	1	Januar
142	1234	02.01.2015	02.01.2015	1	Januar
143					

Nun die Spalte **D** von „**Monat**" in „**Monat (Z)**" umbenennen
und die Spalte **E** in „**Monat**" umbenennen:

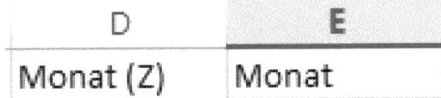

Spalte D ausblenden:

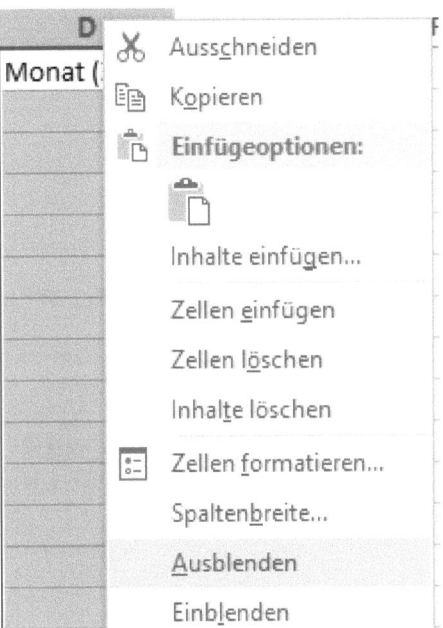

Meist werden nicht alle Spalten benötigt und die Verwendungszwecke sind bei
den realen Kontenbewegungen lang - ich empfehle folgende Ansicht:

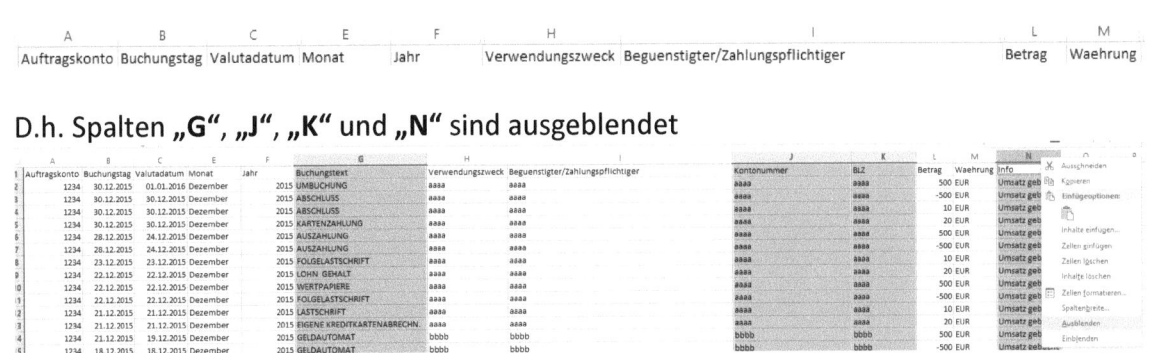

D.h. Spalten „**G**", „**J**", „**K**" und „**N**" sind ausgeblendet

Nun die erste Zeile markieren und die Schriftart auf Fett stellen:

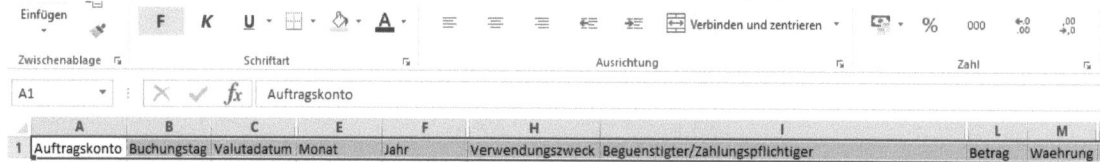

Wir schalten die Filter Funktion über **Daten** -> **Filtern** ein:

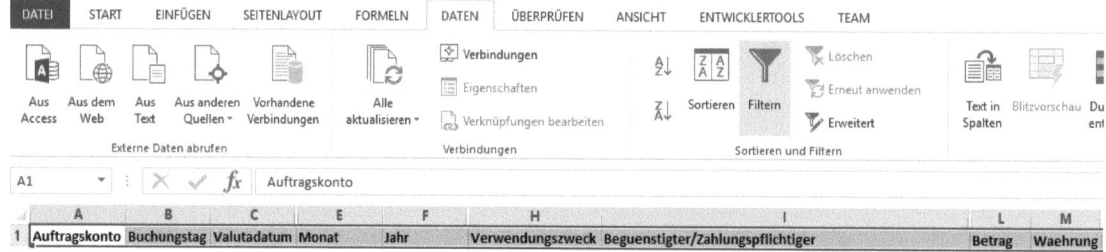

Schon jetzt kann man über Jahr einen Filter für das Jahr setzten und über Monat den entsprechenden Monat auswählen:

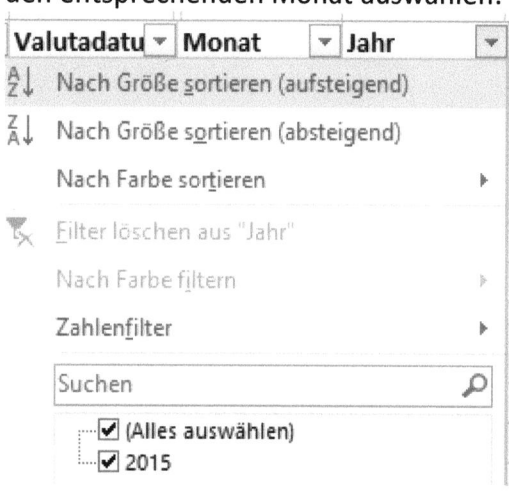

Gratulation das Haushaltsbuch sieht schon recht passabel aus!

Auftragskon ▾	Buchungst ▾	Valutadatu ▾	Monat ▾	Jahr ▾	Verwendungszwe ▾	Beguenstigter/Zahlungspflichtiger ▾	Betrag ▾	Wael
1234	27.02.2015	27.02.2015	Februar	2015	iiii	iiii	500	EUR
1234	26.02.2015	26.02.2015	Februar	2015	iiii	iiii	-500	EUR
1234	26.02.2015	26.02.2015	Februar	2015	hhhh	hhhh	10	EUR
1234	25.02.2015	25.02.2015	Februar	2015	hhhh	hhhh	20	EUR
1234	24.02.2015	24.02.2015	Februar	2015	hhhh	hhhh	500	EUR
1234	23.02.2015	19.02.2015	Februar	2015	hhhh	hhhh	-500	EUR
1234	20.02.2015	20.02.2015	Februar	2015	hhhh	hhhh	10	EUR
1234	20.02.2015	20.02.2015	Februar	2015	hhhh	hhhh	20	EUR
1234	18.02.2015	18.02.2015	Februar	2015	bbbb	bbbb	500	EUR
1234	16.02.2015	16.02.2015	Februar	2015	bbbb	bbbb	-500	EUR
1234	16.02.2015	14.02.2015	Februar	2015	bbbb	bbbb	10	EUR
1234	16.02.2015	16.02.2015	Februar	2015	hhhh	hhhh	20	EUR
1234	11.02.2015	11.02.2015	Februar	2015	hhhh	hhhh	500	EUR
1234	09.02.2015	09.02.2015	Februar	2015	hhhh	hhhh	-500	EUR
1234	09.02.2015	08.02.2015	Februar	2015	hhhh	hhhh	10	EUR
1234	04.02.2015	04.02.2015	Februar	2015	hhhh	hhhh	20	EUR
1234	03.02.2015	03.02.2015	Februar	2015	hhhh	hhhh	500	EUR
1234	02.02.2015	02.02.2015	Februar	2015	hhhh	hhhh	-500	EUR
1234	02.02.2015	02.02.2015	Februar	2015	hhhh	hhhh	10	EUR
1234	02.02.2015	02.02.2015	Februar	2015	hhhh	hhhh	20	EUR
1234	02.02.2015	02.02.2015	Februar	2015	hhhh	hhhh	500	EUR
1234	02.02.2015	02.02.2015	Februar	2015	hhhh	hhhh	-500	EUR
1234	02.02.2015	02.02.2015	Februar	2015	hhhh	hhhh	10	EUR
1234	02.02.2015	02.02.2015	Februar	2015	hhhh	hhhh	20	EUR
1234	02.02.2015	02.02.2015	Februar	2015	hhhh	hhhh	500	EUR
1234	02.02.2015	02.02.2015	Februar	2015	hhhh	hhhh	-500	EUR
1234	02.02.2015	02.02.2015	Februar	2015	hhhh	hhhh	10	EUR
1234	02.02.2015	02.02.2015	Februar	2015	hhhh	hhhh	20	EUR
1234	02.02.2015	02.02.2015	Februar	2015	hhhh	hhhh	500	EUR
1234	02.02.2015	02.02.2015	Februar	2015	eeee	eeee	-500	EUR
1234	02.02.2015	01.02.2015	Februar	2015	eeee	eeee	10	EUR
1234	02.02.2015	30.01.2015	Februar	2015	eeee	eeee	20	EUR

Neben der Übersicht der Umsätze im Monat kann man nun z.B. über Betrag nur nach den Minusbeträgen suchen:

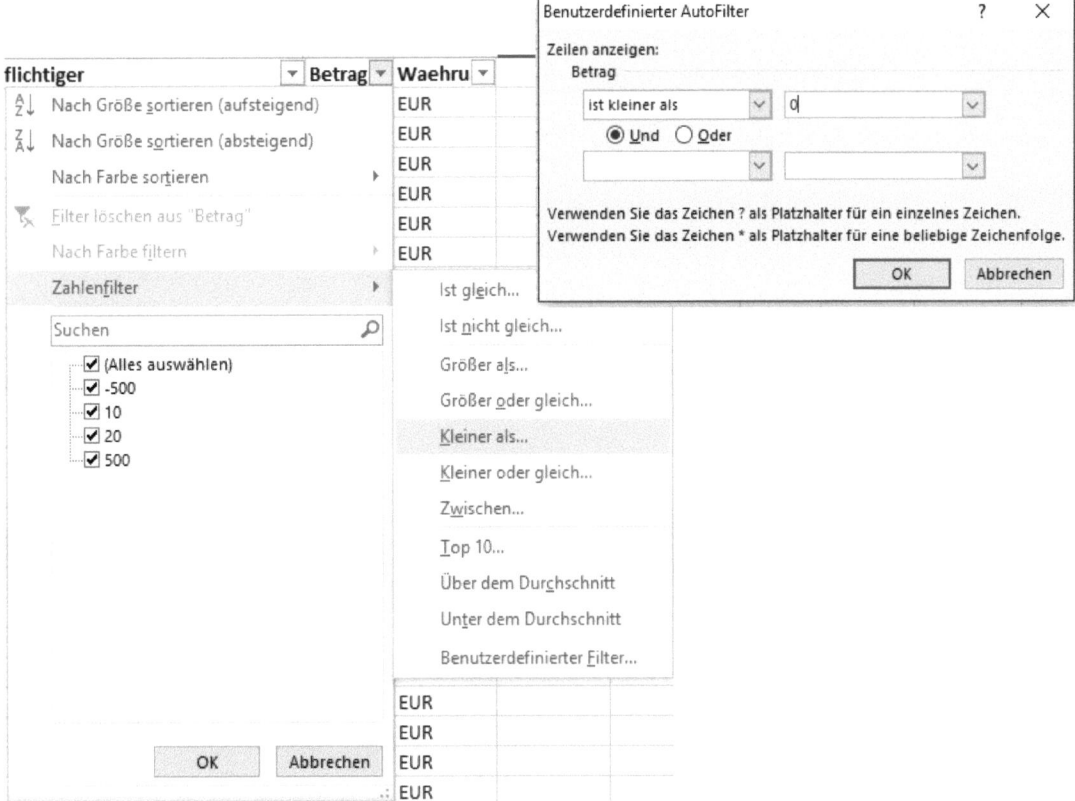

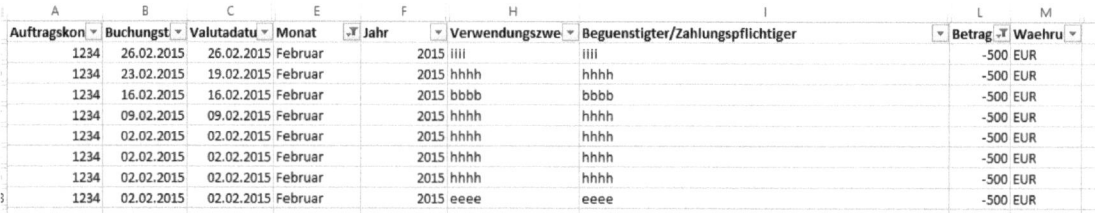

Auftragskon	Buchungst	Valutadatu	Monat	Jahr	Verwendungszwe	Beguenstiger/Zahlungspflichtiger	Betrag	Waehru
1234	26.02.2015	26.02.2015	Februar	2015	iiii	iiii	-500	EUR
1234	23.02.2015	19.02.2015	Februar	2015	hhhh	hhhh	-500	EUR
1234	16.02.2015	16.02.2015	Februar	2015	bbbb	bbbb	-500	EUR
1234	09.02.2015	09.02.2015	Februar	2015	hhhh	hhhh	-500	EUR
1234	02.02.2015	02.02.2015	Februar	2015	hhhh	hhhh	-500	EUR
1234	02.02.2015	02.02.2015	Februar	2015	hhhh	hhhh	-500	EUR
1234	02.02.2015	02.02.2015	Februar	2015	hhhh	hhhh	-500	EUR
1234	02.02.2015	02.02.2015	Februar	2015	eeee	eeee	-500	EUR

Nach dem Markieren erhält man schon die Summer in Excel:

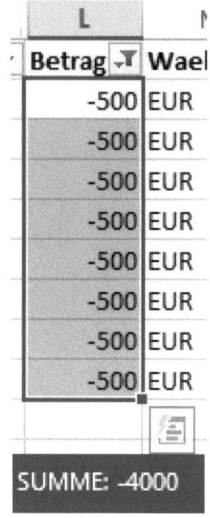

Das Gleiche funktioniert auch mit positiven Konto Bewegungen:

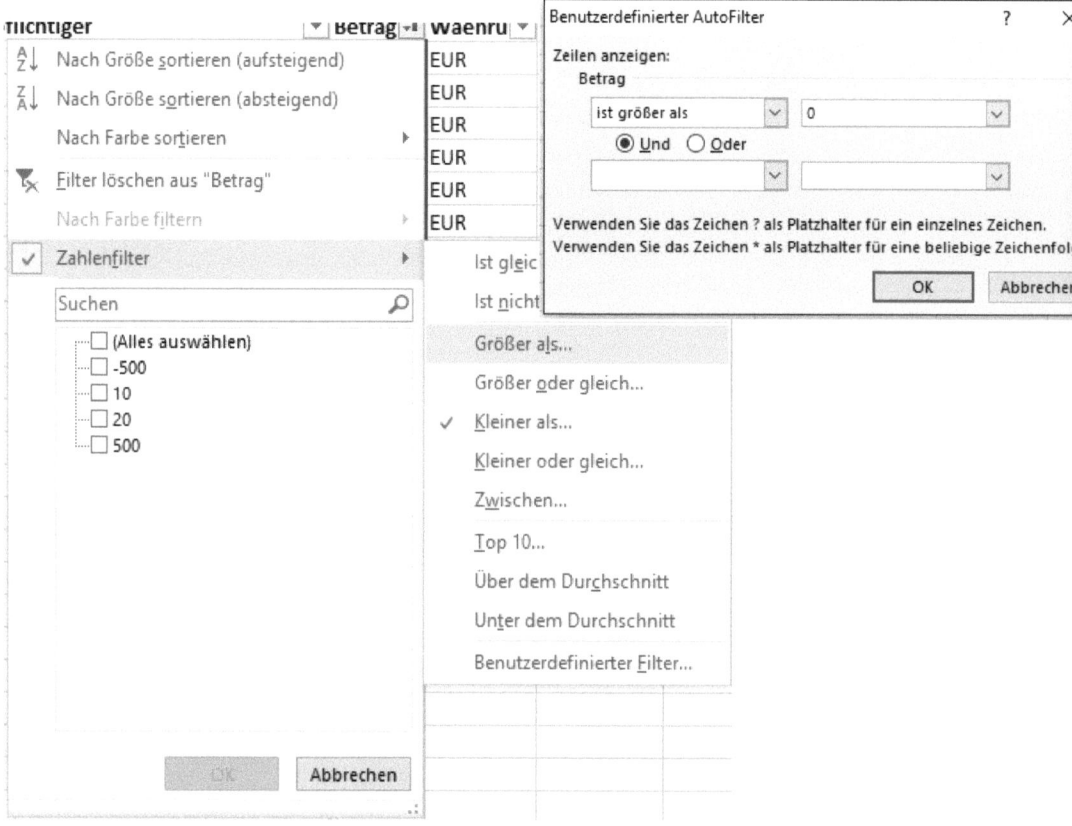

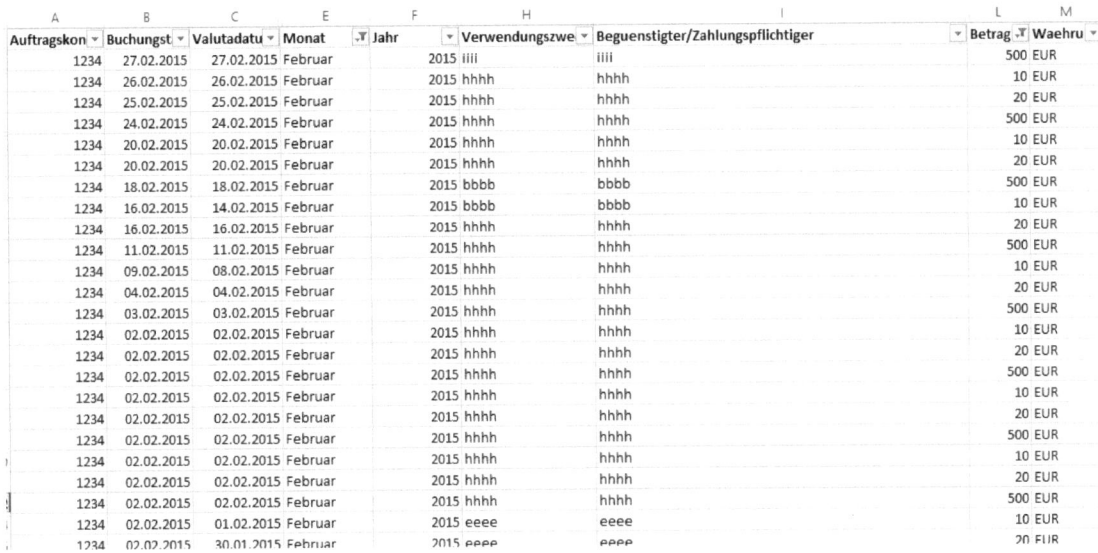

Auftragskon ▾	Buchungst ▾	Valutadatu ▾	Monat	.T	Jahr ▾	Verwendungszwe ▾	Beguenstigter/Zahlungspflichtiger	▾	Betrag .T	Waehru ▾
1234	27.02.2015	27.02.2015	Februar		2015	iiii	iiii		500	EUR
1234	26.02.2015	26.02.2015	Februar		2015	hhhh	hhhh		10	EUR
1234	25.02.2015	25.02.2015	Februar		2015	hhhh	hhhh		20	EUR
1234	24.02.2015	24.02.2015	Februar		2015	hhhh	hhhh		500	EUR
1234	20.02.2015	20.02.2015	Februar		2015	hhhh	hhhh		10	EUR
1234	20.02.2015	20.02.2015	Februar		2015	hhhh	hhhh		20	EUR
1234	18.02.2015	18.02.2015	Februar		2015	bbbb	bbbb		500	EUR
1234	16.02.2015	14.02.2015	Februar		2015	bbbb	bbbb		10	EUR
1234	16.02.2015	16.02.2015	Februar		2015	hhhh	hhhh		20	EUR
1234	11.02.2015	11.02.2015	Februar		2015	hhhh	hhhh		500	EUR
1234	09.02.2015	08.02.2015	Februar		2015	hhhh	hhhh		10	EUR
1234	04.02.2015	04.02.2015	Februar		2015	hhhh	hhhh		20	EUR
1234	03.02.2015	03.02.2015	Februar		2015	hhhh	hhhh		500	EUR
1234	02.02.2015	02.02.2015	Februar		2015	hhhh	hhhh		10	EUR
1234	02.02.2015	02.02.2015	Februar		2015	hhhh	hhhh		20	EUR
1234	02.02.2015	02.02.2015	Februar		2015	hhhh	hhhh		500	EUR
1234	02.02.2015	02.02.2015	Februar		2015	hhhh	hhhh		10	EUR
1234	02.02.2015	02.02.2015	Februar		2015	hhhh	hhhh		20	EUR
1234	02.02.2015	02.02.2015	Februar		2015	hhhh	hhhh		500	EUR
1234	02.02.2015	02.02.2015	Februar		2015	hhhh	hhhh		10	EUR
1234	02.02.2015	02.02.2015	Februar		2015	hhhh	hhhh		20	EUR
1234	02.02.2015	02.02.2015	Februar		2015	hhhh	hhhh		500	EUR
1234	02.02.2015	01.02.2015	Februar		2015	eeee	eeee		10	EUR
1234	02.02.2015	30.01.2015	Februar		2015	eeee	eeee		20	EUR

Nach dem Markieren erhält man schon die Summer in Excel:

Betrag .T	Wael
500	EUR
10	EUR
20	EUR
500	EUR
10	EUR
20	EUR
500	EUR
10	EUR
20	EUR
500	EUR
10	EUR
20	EUR
500	EUR
10	EUR
20	EUR
500	EUR
10	EUR
20	EUR
500	EUR
10	EUR
20	EUR
500	EUR
10	EUR
20	EUR

SUMME: 4240

So erhält man schnell eine Gegenüberstellung der Einnahmen und Ausgaben im Monat.

Neben den positiven oder negativen Ausgaben kann man auch nach bestimmten Transaktionen filtern. Hier am Beispiel der Miete: Wir stellen den Monatsfilter auf alle Monate:

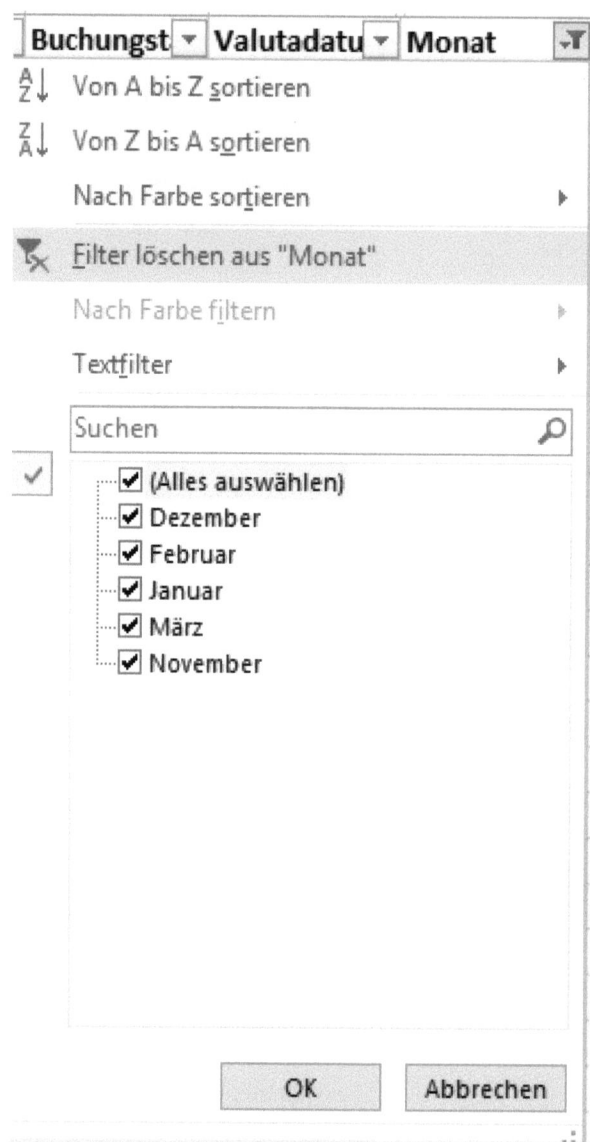

Nun können wir die Spalte Verwendungszweck nach dem Stichwort
„Miete" filtern:

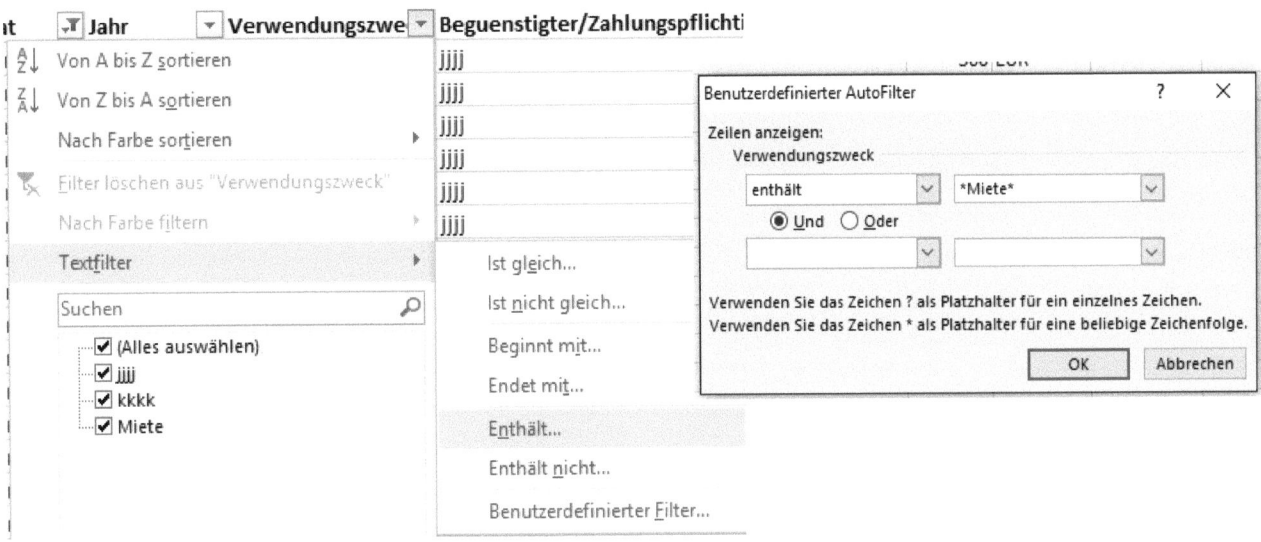

Im Handumdrehen hat man so eine Aufstellung der Mietabbuchungen:

Auftragskon	Buchungst	Valutadatu	Monat	Jahr	Verwendungszwe	Beguenstigter/Zahlungspflichtiger	Betrag	Waehru
1234	01.12.2015	01.12.2015	Dezember	2015	Miete	ffff	-500	EUR
1234	16.11.2015	16.11.2015	November	2015	Miete	kkkk	-500	EUR
1234	02.03.2015	02.03.2015	März	2015	Miete	iiii	-500	EUR
1234	02.02.2015	02.02.2015	Februar	2015	Miete	eeee	-500	EUR
1234	02.01.2015	02.01.2015	Januar	2015	Miete	bbbb	-500	EUR

Wem das Filtern nicht reicht, der kann auf Pivot Tabellen zurückgreifen.
Zunächst entfernen wir die Filter:

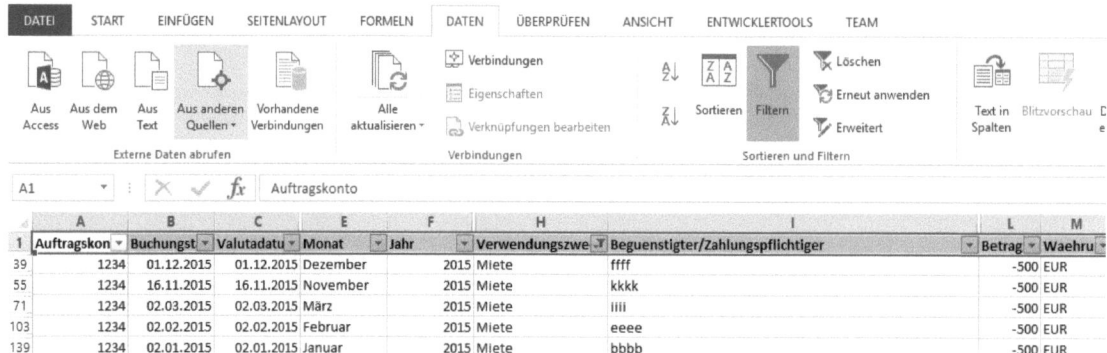

Nun sind die kleinen Trichter nicht mehr zu sehen:

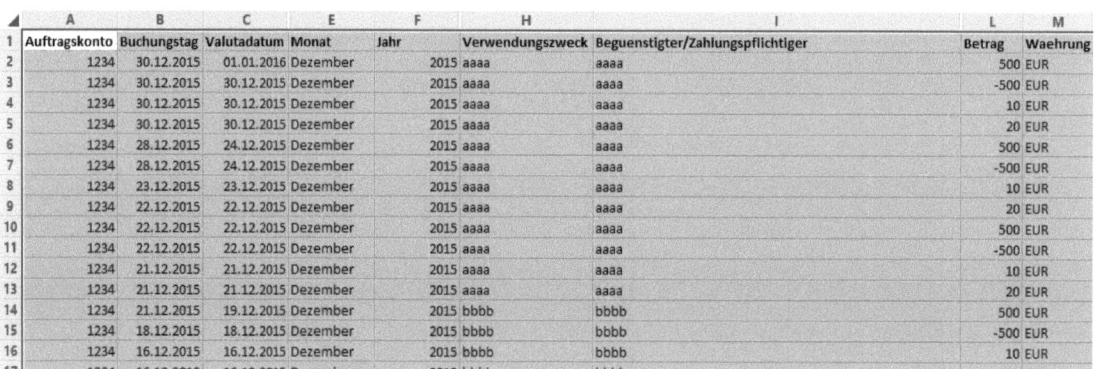

Nun alles markieren:

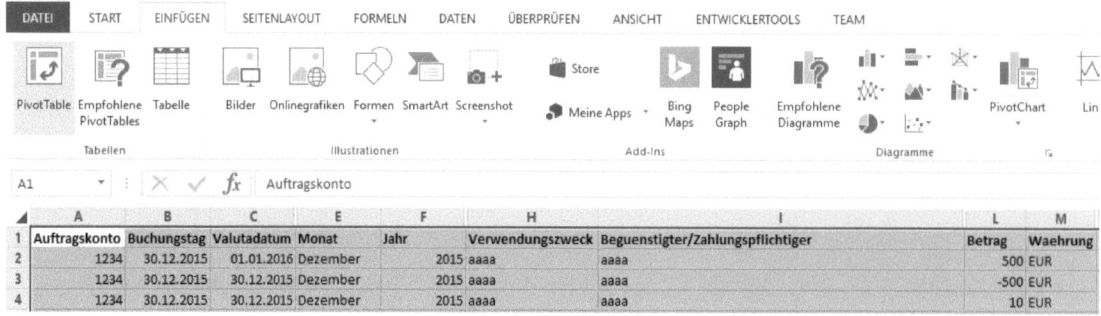

Die Pivot Tabelle kann nun über **Start** -> **Pivot Table** erstellt werden:

Im darauffolgenden Dialogfeld wählen wir „**Neues Arbeitsblatt**":

PivotTable erstellen	?	✕

Wählen Sie die zu analysierenden Daten aus.

◉ Tabelle oder Bereich auswählen

   Tabelle/Bereich: `'20160204      7-umsatz'!$A:$N` 🔲

◯ Externe Datenquelle verwenden

   Verbindung auswählen...

   Verbindungsname:

Legen Sie fest, wo der PivotTable-Bericht platziert werden soll.

◉ Neues Arbeitsblatt

◯ Vorhandenes Arbeitsblatt

   Quelle: `                              ` 🔲

Wählen Sie, ob Sie mehrere Tabellen analysieren möchten.

☐ Dem Datenmodell diese Daten hinzufügen

OK	Abbrechen

Nun taucht ein Seiten Menü auf,
in dem die Felder entsprechend der gewünschten
Anzeige definieren werden können:

PivotTable-Felder ▾ ✕

Wählen Sie die Felder aus, die Sie
dem Bericht hinzufügen
möchten:

☐ Auftragskonto
☐ Buchungstag
☐ Valutadatum
☐ Monat (Z)
☐ Monat
☐ Jahr
☐ Buchungstext
☐ Verwendungszweck
☐ Beguenstigter/Zahlungspflichtiger
☐ Kontonummer
☐ BLZ
☐ Betrag
☐ Waehrung
☐ Info

WEITERE TABELLEN...

Felder zwischen den Bereichen unten
ziehen:

▼ FILTER   ‖‖ SPALTEN

≡ ZEILEN   Σ WERTE

Filtern möchten wir nach Jahr und Monat,
deshalb ziehen wir diese Spaltenüberschriften
nacheinander in das Feld Filter.
In den Zeilen möchten wie die Kontonummer und
den Verwendungszweck anzeigen.
Als Wert möchten wir nun den Gesamtwert anzeigen.
In der Standard Konfiguration steht der Summen Wert
Auf Anzahl – ist so z.B. ein Verwendungszweck
Mehrfach vorhanden zählt unsere Pivot Tabelle wie
oft.
Um die Summe zu erhalten klicken wir auf den kleinen
Pfeil und stellen den Wert auf
Werte zusammenfassen
nach -> Summe:

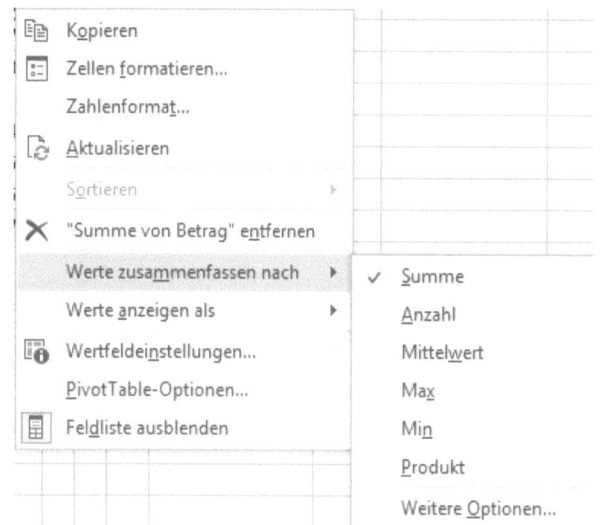

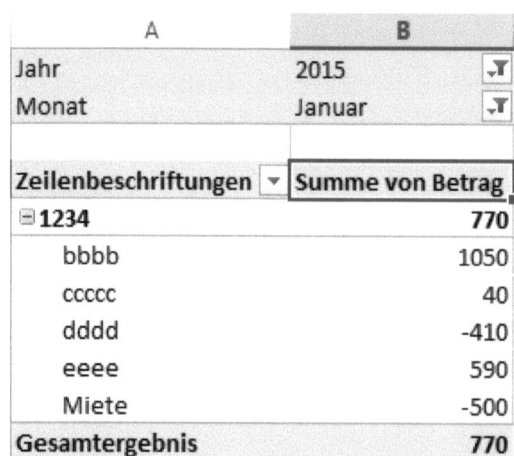

Interessant ist auch, wenn man in unserer Tabelle mehrere Konten untereinander kopiert -> dann kann man später bei der Pivot Übersicht schön die Monatlichen Bewegungen aller Konten überblicken:

Konto A
1234

Konto B
5678

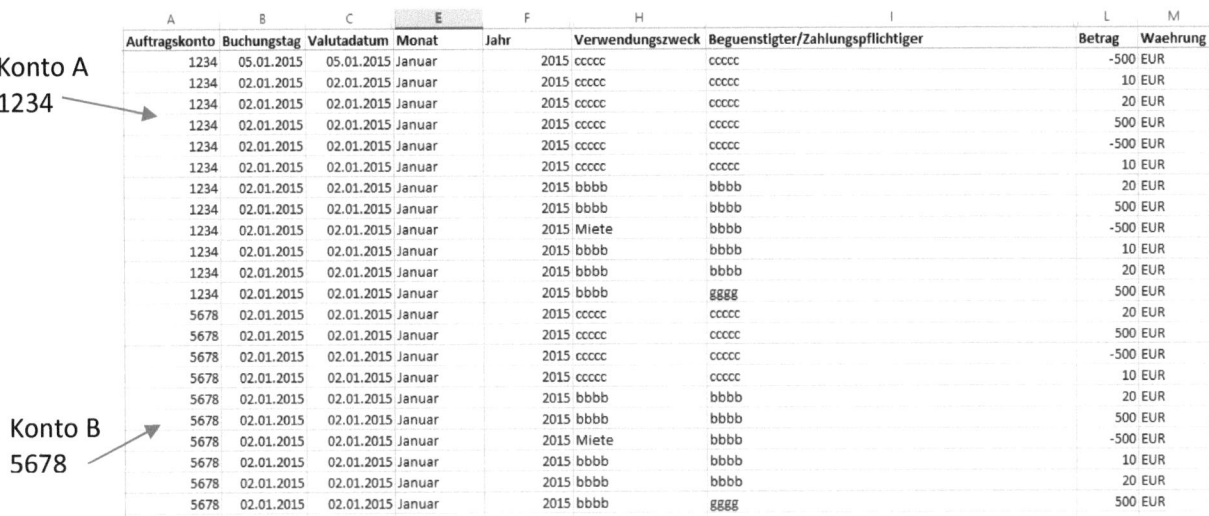

Auftragskonto	Buchungstag	Valutadatum	Monat	Jahr	Verwendungszweck	Beguenstigter/Zahlungspflichtiger	Betrag	Waehrung
1234	05.01.2015	05.01.2015	Januar	2015	ccccc	ccccc	-500	EUR
1234	02.01.2015	02.01.2015	Januar	2015	ccccc	ccccc	10	EUR
1234	02.01.2015	02.01.2015	Januar	2015	ccccc	ccccc	20	EUR
1234	02.01.2015	02.01.2015	Januar	2015	ccccc	ccccc	500	EUR
1234	02.01.2015	02.01.2015	Januar	2015	ccccc	ccccc	-500	EUR
1234	02.01.2015	02.01.2015	Januar	2015	ccccc	ccccc	10	EUR
1234	02.01.2015	02.01.2015	Januar	2015	bbbb	bbbb	20	EUR
1234	02.01.2015	02.01.2015	Januar	2015	bbbb	bbbb	500	EUR
1234	02.01.2015	02.01.2015	Januar	2015	Miete	bbbb	-500	EUR
1234	02.01.2015	02.01.2015	Januar	2015	bbbb	bbbb	10	EUR
1234	02.01.2015	02.01.2015	Januar	2015	bbbb	bbbb	20	EUR
1234	02.01.2015	02.01.2015	Januar	2015	bbbb	gggg	500	EUR
5678	02.01.2015	02.01.2015	Januar	2015	ccccc	ccccc	20	EUR
5678	02.01.2015	02.01.2015	Januar	2015	ccccc	ccccc	500	EUR
5678	02.01.2015	02.01.2015	Januar	2015	ccccc	ccccc	-500	EUR
5678	02.01.2015	02.01.2015	Januar	2015	ccccc	ccccc	10	EUR
5678	02.01.2015	02.01.2015	Januar	2015	bbbb	bbbb	20	EUR
5678	02.01.2015	02.01.2015	Januar	2015	bbbb	bbbb	500	EUR
5678	02.01.2015	02.01.2015	Januar	2015	Miete	bbbb	-500	EUR
5678	02.01.2015	02.01.2015	Januar	2015	bbbb	bbbb	10	EUR
5678	02.01.2015	02.01.2015	Januar	2015	bbbb	bbbb	20	EUR
5678	02.01.2015	02.01.2015	Januar	2015	bbbb	gggg	500	EUR

Pivot Ansicht:

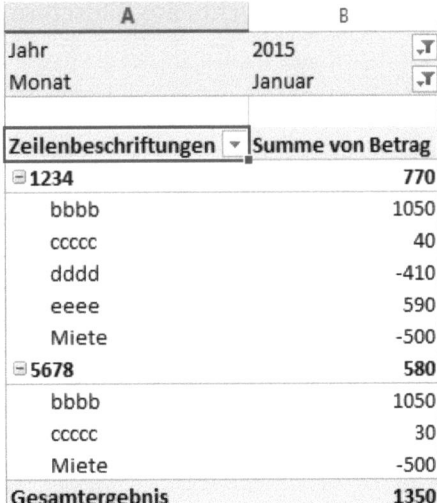

	A	B
Jahr	2015	
Monat	Januar	
Zeilenbeschriftungen		**Summe von Betrag**
⊟ **1234**		**770**
	bbbb	1050
	ccccc	40
	dddd	-410
	eeee	590
	Miete	-500
⊟ **5678**		**580**
	bbbb	1050
	ccccc	30
	Miete	-500
Gesamtergebnis		**1350**

Zellenbreite in cm

Für Messwertsaufnahmen aber auch für Zeichnungen zu Gebäuden
oder einfach nur um geometrische Dinge abzubilden arbeite ich gerne mit eine
karierten Blatt – diese Form habe ich auch in Excel übertragen,
dazu benötigt man jedoch eine Überführung der Zellenhöhe
und Zellenbreite in cm.
Wenn man sich mit dem Thema befasst, dann erkennt man schnell,
dass die Zellen Höhe und Breite in Punkt angegeben sind.
Bei der Spaltenbreite kommen noch Unschärfen durch das unterschiedliche
Berechnen der Punkte je nach Schriftart hinzu.
Dies ist allerdings kein Problem, da Excel immer in einer Auflösung druckt.
Zunächst habe ich nun also die Punkt in cm umgerechnet hierbei gilt:
Höhe wird mit   1   Punkt = 0,035277778 cm
Berechnet und bei der Breite geht man von folgendem Wert aus:
                    37,8   Pixel   = 1   cm
Nun kann man mit dem Taschenrechner die entsprechenden cm
ausrechnen und im Nachgang alles markieren und über Rechtsklick
Zellenhöhe bzw. **Zellenbreite** entsprechend ändern.

Als ich die Seitenansicht von Excel eingeschaltet habe ist mir jedoch ein viel
einfacherer Lösungsweg ins Auge gefallen:
Zunächst auf die Seitenansicht unten rechts am Bildschirm wechseln:

Nun sieht man, dass vor den Ziffern bzw. Buchstaben ein Lineal erscheint:

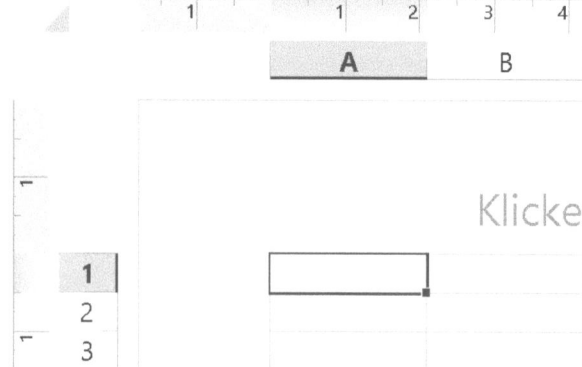

Das Lineal ist in cm angegeben!

Markiert man also nun alles über ein Linksklick auf

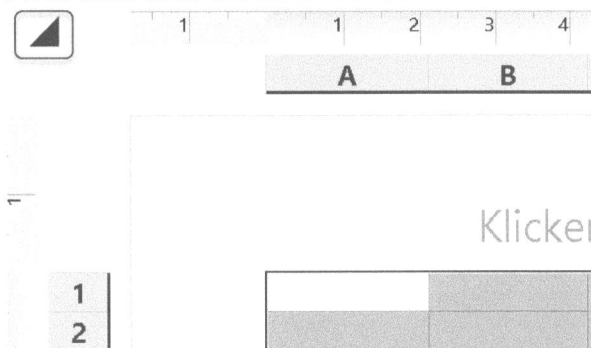

So kann man über ein Rechtsklick auf einen Buchstaben die Spaltenbreite in cm ändern:

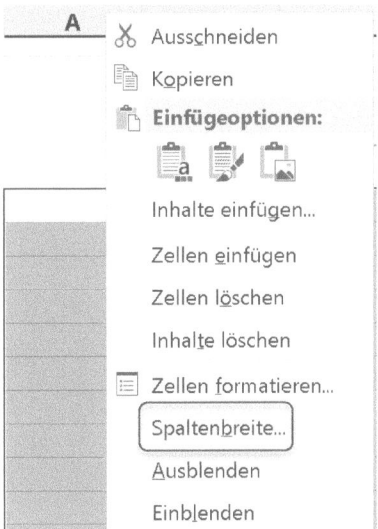

In unserem Beispiel also auf 0,5cm:

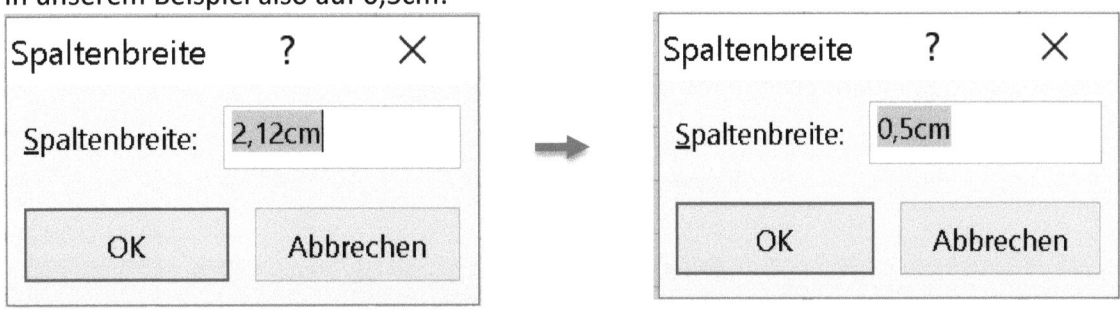

Nun Wiederholen wir den Vorgang also markieren alles mit einem Linksklick auf:

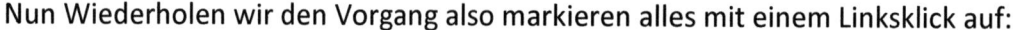

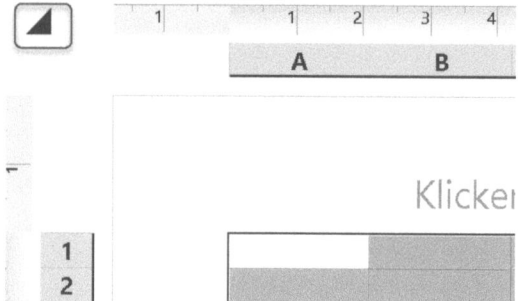

Diesmal ändern wir die Zellenhöhe über ein Rechtsklick auf eine Ziffer:

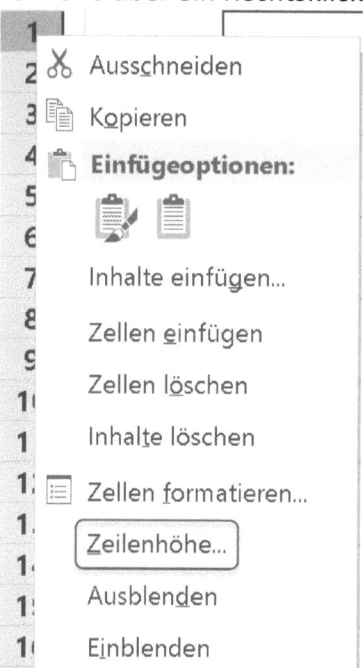

In unserem Beispiel ist nichts mehr zu ändern,
da die Standard Zellenhöhe bereits 0,5cm beträgt:

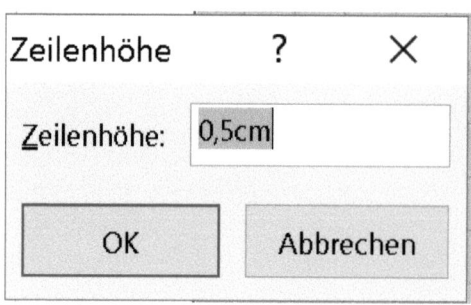

Nun wechseln wir zurück zu unserer Normalansicht

Ab sofort können wir in Excel wie gewohnt mit einem karierten Blatt arbeiten:

Zwei Anwendungen parallel

Viele arbeiten heute mit nur einem Bildschirm, wenn man die Möglichkeit
hat bieten sich zwei Bildschirme an um ein effektives Arbeiten zu gewährleisten.
Den vollen Mehrwert kann man nutzen wenn man die Office Anwendungen
doppelt startet und auf jedem Bildschirm bzw. neben einander nutzt.
So wird ein kopieren von Tabellen und Texteilen sehr leicht aber auch um Daten
aus unterschiedlichen Tabellen zusammenzutragen ist dies absolut nützlich.
Am einfachsten startet man die Anwendungen über die Shortcuts die hier im
Buch beschrieben sind – hier ein Auszug aus dem Abschnitt
Anmerkung Umgang Desktop / Verknüpfungen:

Im ersten Schritt startet man den Ausführen Dialog mit **Windows + r**:

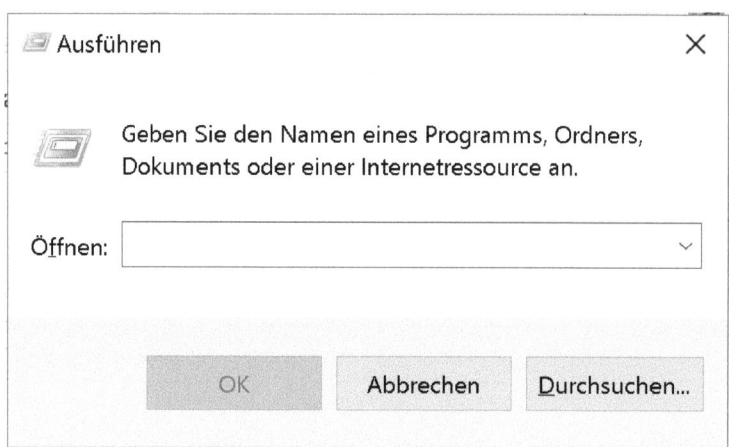

Nun kann man direkt folgende Befehle eintippen und mit Enter ausführen:

Befehl	Programm
calc	Taschenrechner
winword	Word starten
excel	Excel starten
Onenote	OneNote Starten
Outlook	Outlook starten

Dies wiederholen wir nun für die gewünschte Applikation.
In unserem Fall also 2x Ausführen mit dem Befehl **Excel.**
In beiden Fällen wählen wir eine Leere Arbeitsmappe für unser Beispiel:
Wenn wir uns nun in Excel befinden können wir über **Alt + Tab** (zwei Pfeile)
zwischen den beiden Excel Applikationen Wechseln.
Wenn wir uns in einer der beiden Applikationen befinden,
können wir mit der **Windows + einer der Pfeiltasten** (oben, unten rechts, links)
das Applikationsfenster in unserem Monitor bewegen.
Um mit beiden Applikationen arbeiten zu können wechseln wir zunächst in die
Applikation mit der **Mappe1** und legen diese am Bildschirm mit **Windows + Pfeil
links** an den linken Bildschirmrand, im Zweiten Schritt wechseln wir in die
Applikation mit der **Mappe2** und legen diese am Bildschirm mit **Windows + Pfeil
nach rechts** an den rechten Bildschirmrand.

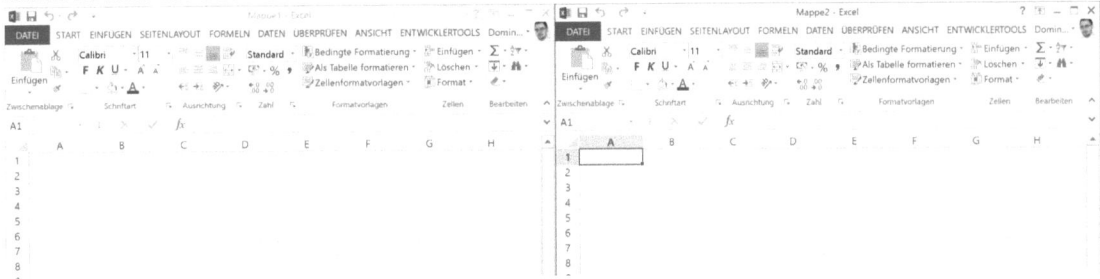

Nun können wir in beiden Applikationen unabhängig voneinander arbeiten
und ggf. von einer in die andere Applikation kopieren.

Wenn man **Windows + Pfeiltaste rechts + Pfeiltaste rechts** klickt bzw.
Wenn man **Windows + Pfeiltaste links + Pfeiltaste links** klickt,
kann man die Applikation auf einen zweiten Bildschirm schieben
– dies erleichtert das Arbeiten enorm.

Das mehrfach ausführen funktioniert mit allen Office Programmen
und kann auch bei z.B. Outlook sehr nützlich sein um z.B. den Kalender auf einem
Bildschirm zu öffnen und auf dem anderen E-Mails zu bearbeiten.
Dies funktioniert sogar mit der ein oder anderen CAD Software,
allerdings hier je nach Softwarehersteller mit einer versteckten Option.

Outlook

Outlook ist das E-Mail Programm von Microsoft.
Wie bereits erwähnt können hier die Tastenkürzel die auch
unter Windows geläufig sind genutzt werden.
Zudem sind einige spezifischen Tastenkürzel sehr nützlich
Hier eine kleine Übersicht der gängigen Tastenkürzel:

Tastenkürzel	Programm
Strg + c	Kopieren
Strg + v	Einfügen
Strg + Pfeil rechts oder links	Springt von Wort zu Wort (kombiniert mit der shift Taste können so schnell Wörter markiert werden)
Strg + Enter	Neuer Absatz
Strg + shift + f	Fett gedruckt
Strg + shift + u	Unterstrichen
Strg + shift + k	Kursiv

Outlook ist vielen als das E-Mail Programm von Microsoft bekannt.
Für mich ist es eines der besten Programme,
dass Microsoft je auf den Markt gebracht hat neben den E-Mails ist es ein
kompletter Organisator mit vielen Funktionen für Termine,
Erinnerungen, Aufgaben und Kontaktverwaltung.
Aus dem Digitalisierungs-Kontext macht es Sinn die Daten an einer Stelle
einzugeben und dann möglichst mehrfach zu nutzen.
Für Outlook bedeutet das, dass man es am besten mit Exchange oder
einem Synchronisierungstool und einem Google account nutzt.
Dies werden wir im Verlauf nochmal erläutern.
Wie man generell einen E-Mail Account für POP3 oder SMTP einrichtet
möchte ich mir hier sparen, da es leicht zu Googlen ist
und für viele E-Mail Provider unterschiedlich funktioniert.
Zum anderen bieten die neueren Outlook Versionen
die automatische Konfiguration oft an.
->sollte es zu Problemen kommen empfehle ich beim Provider zu prüfen,
    ob das Herunterladen per POP3 oder SMTP extra freigeschaltet ist.

Lokale Ordner

Wir alle erhalten täglich viele E-Mails - egal ob Werbung Trainings,
Freunde, Nachrichten oder Geschäftlich.
Um den Überblick zu behalten und zu sehen was denn bereits bearbeitet
ist kann man die gelesenen E-Mails markieren und die bearbeiteten E-Mails
löschen oder man legt sich einen lokalen Ordner auf dem PC an
und verschiebt die E-Mails in diesen.
Ich bevorzuge die Variante mit dem lokalen Ordner, da die E-Mails so auch
ohne Internet verfügbar sind und man auch E-Mails Jahre zurück
nachverfolgen kann.
Für das Anlegen eines lokalen Ordners geht man wie folgt vor:

Zunächst öffnen wir die Kontoeinstellungen:

Nun wechseln wir zum Reiter **Datendateien**:

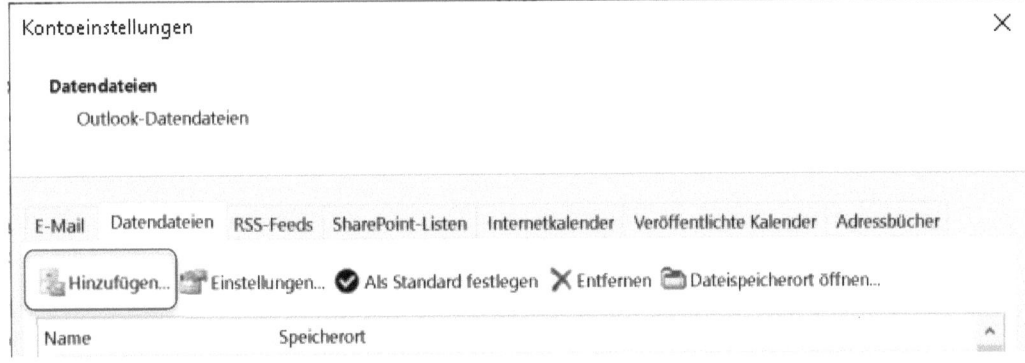

Über Hinzufügen können wir nun einen neuen lokalen Ordner erstellen.

In der Navigationsleiste wählen wir nun den Dateispeicherort aus
und im Feld Dateiname definieren wir einen Namen für unsere Datei:

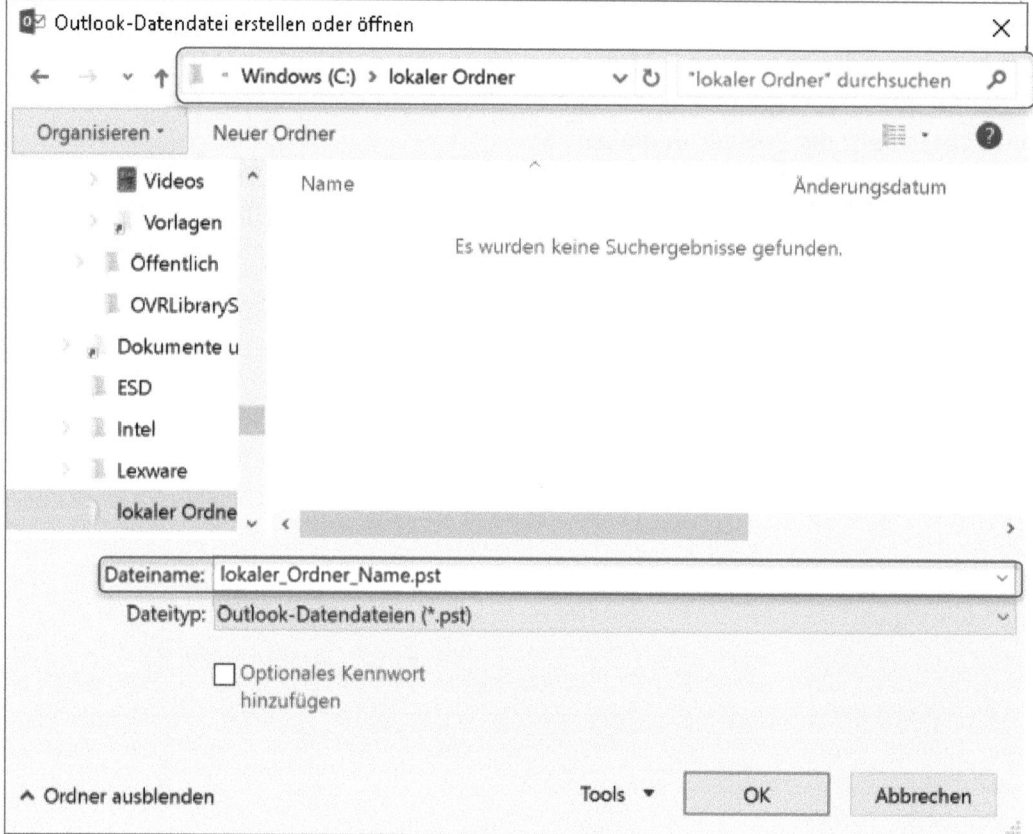

Am Ende bestätigen wir mit **OK.**

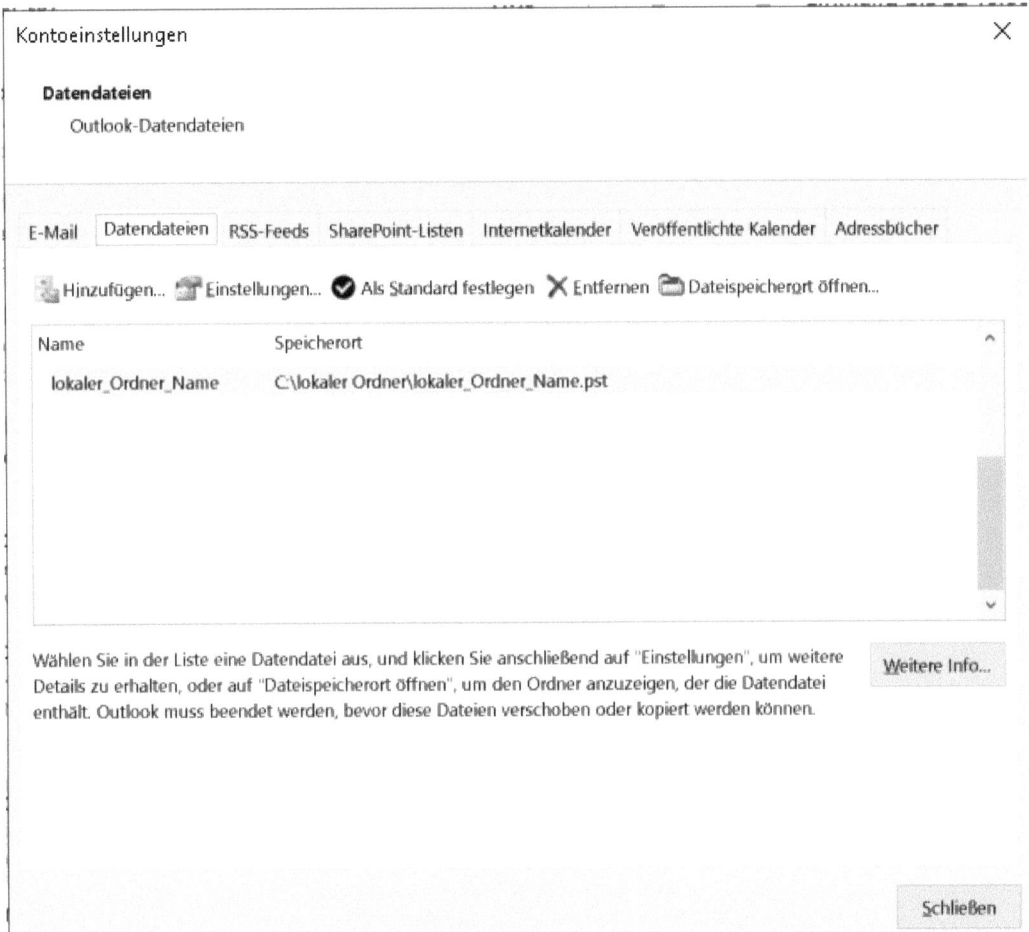

Unser lokaler Ordner erscheint nun in unserem Speicherort Fenster.
Schließen wir nun den Dialog, so ist der Ordner auch in der linken Leiste unter
unserem E-Mail Postfach zu finden:

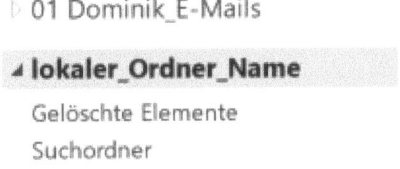

Später empfehle ich eine Beispieldatei für einen solchen lokalen Ordner
anzulegen, den man dann ggf. kopiert.

Bei den Unterordnern für den Lokalen Ordner gibt es nun viele Philosophien.
Die einen sortieren nach Bereich, Kunde, Schlagworten usw.
Für mich persönlich haben sich ein Ordner für „In" und ein Ordner für „Out"
bewährt.
Für berufliche Zwecke unterteile ich aufgrund der E-Mail Anzahl,
dann noch in Jahre.
Wie man die Unterordner **In** bzw. **Out** erstellt beschreibe ich im Folgenden.
Einfach einen Rechtsklick auf den lokalen Ordner in dem man Unterordner
erstellen möchte und nun **Neuer Ordner** anklicken

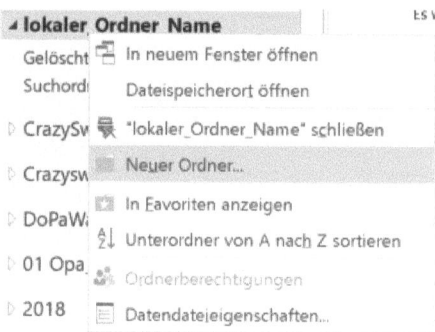

Nun den Ordnern Namen eingeben

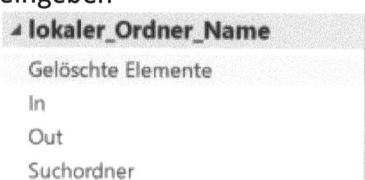

Zum einen kann man im Ordner selbst bereits nach vielen Dingen suchen
z.B. die Sortierung nach Namen wählen
und mit dem eintippen des Vornamens springt das
Programm automatisch zu dem Block der diesen Namen bereithält.
So kann man schon einmal im Handumdrehen viele Dinge schnell finden.

Auch bewährt hat sich die Suchmasken Erweiterung die man wie folgt aktiviert –
Start -> E-Mail filtern -> weitere Filter

Im darauffolgenden **SUCHEN** Reiter kann man nun über **Weitere** Filteroptionen festlegen.

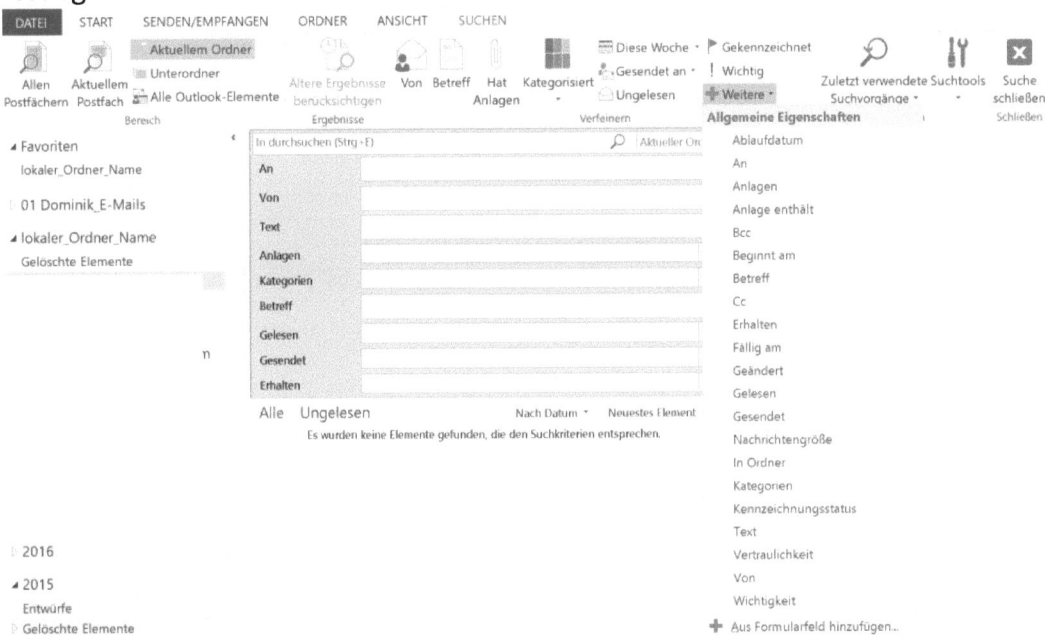

Die Angewählten Kriterien erscheinen im Anschluss oben im E-Mail Ordner, sobald man in die Suchleiste klickt.
Für mich bewährt haben sich **An; Von; Text; Anlagen; Kategorien; Betreff; Gelesen; Gesendet Erhalten.**
So kann man z.B. über Erhalten das Datum für empfangene E-Mails eingrenzen.
Sucht man ein PDF kann man **Anlagen** auf **Ja** Stellen und schon hat mein einen Filter den man Stück für Stück verfeinernden kann.

Möchte man einen lokalen Ordner auf einem anderen Rechner nutzen oder nach einem Update verwenden, so geht dies ganz einfach.
Zunächst über **Rechtsklick – Datendateieigenschaften** und **Erweitert** den Speicherort Anzeigen.

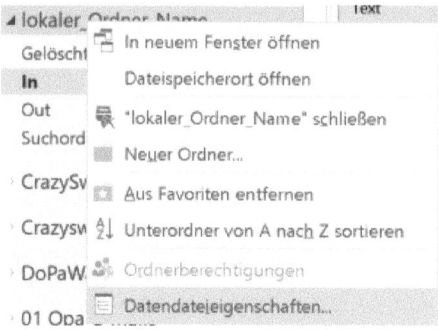

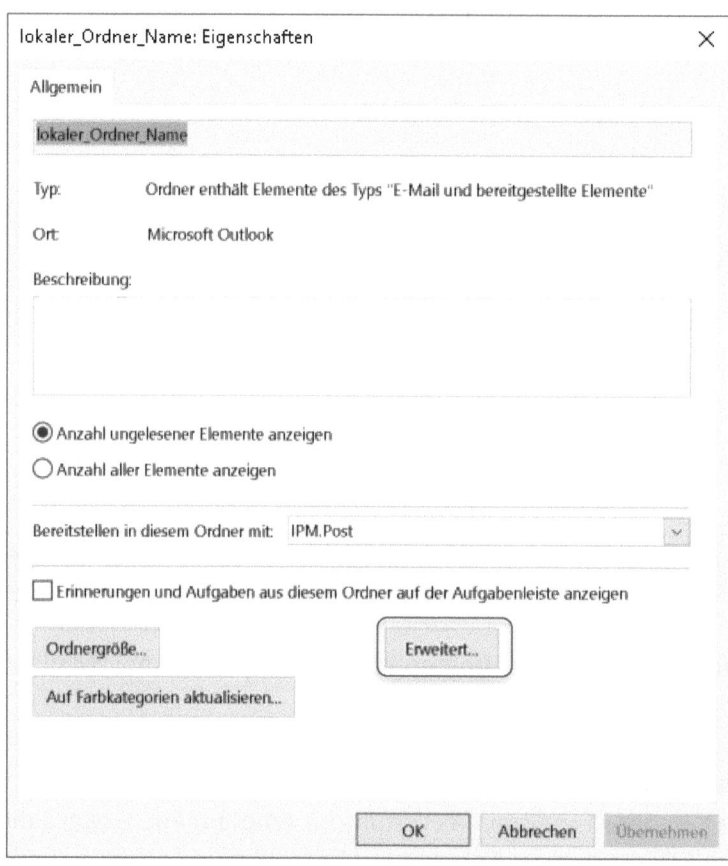

Den Pfad kann man nun im Windowsexplorer genauso anklicken.
Die Datendatei kopieren.
Z.B. auf einen USB Stick.

Auf dem neuen Computer kann man nun die Datei an einen beliebigen Ort
kopieren z.B. auf den Desktop.
Nun wechselt man zu Outlook und über **Datei** und den folgenden Dialog
kann die Datei ganz einfach geöffnet werden.

Suchordner

Für komplexere oder komfortablere Suchanfragen hält Outlook die
Suchordner bereit.
Suchordner durchsuchen im Prinzip die Outlook Datendatei oder auch
Datendateien nach gewünschten Kriterien.
Wie am Anfang erwähnt reichen deshalb zwei Ordner für **In** und **Out.**
Alle weiteren Kriterien kann man dann über die Suchordner einsteuern.
Anmerkung hier ist, dass die Suchordner weniger gut funktionieren,
wenn man mehrere Unterordner hat.
Dies hat zum einen mit der Indizierungszeit zu tun, zum anderen aber auch
damit, dass zum Teil erhebliche Rechenleistung benötigt wird.

Tipp: *Wenn man die Suchordner in seiner Muster Outlook Datei anlegt,*
        so werden diese bei z.B. Jahresordnern automatisch mitkopiert.
        Das spart Zeit und man hat automatisch die Struktur,
        die man einmal definiert hat.

Für mich hat dieses System sich bewährt, ich höre oft den Einwand,
dass dies sehr unübersichtlich ist – auch hier habe ich mit dem Trick der
Nummerierung Abhilfe geschaffen.
Zunächst legen wir uns Kategorien an in meinem dies kann eine Suchanfrage
sein, die z.B. alle E-Mails anzeigt, die sich im Ordner **IN** befinden. Im Prinzip Sinn
frei, wir nutzen nur den Namen als Überschriften.
Für jede Kategorie kreieren wir einen Nummernkreis.
Klingt abstrakt? Na dann schauen wir uns mal meine Kategorien an:

```
◢ Suchordner
    00.00----------FAMILIE--------
    01.00---------RECHNUNGEN---
    02.00----------FREUNDE--------
    03.00----------Schulen-----------
    04.00-----------SONSTIGES------
```

Kategorie 00.xx	enthält E-Mails von der Familie
Kategorie 01.xx	enthält E-Mails von Online Shops und alles was mit Rechnungen zu tun hat also z.B. Amazon, Vodafone, Pay Pal, Sparkasse, usw.
Kategorie 02.xx	enthält E-Mails von Freunden
Kategorie 03.xx	enthält E-Mails von Schulungen und Weiterbildungen, die ich besuche.
Kategorie 04.xx	Enthält Sonstiges z.B. Facebook E-Mails, LinkedIn E-Mails Xing E-Mails usw.

Um die Kategorien etwas abzusetzen, nutzen wir das Minus Zeichen vor sowie nach der Kategorie Beschreibung – die Platzierung der Beschreibung sollte mittig erfolgen.

Die Zweite Nummer wird dann einfach entsprechend hochgezählt also bei Freunden wären die Suchordner wie folgt angelegt:

> 02.01 Freund1
> 02.02 Freund2
> .
> .
> .

Über die Suchordner kann man nun die E-Mails eingrenzen und dann Im zweiten Schritt die Suche über die bereits oben beschrieben Filter Verfeinern.

Strukturierte E-Mails (Ritchtext)

Neben den Suchordnern fällt mir immer wieder auf,
dass die geschriebenen E-Mails sehr unübersichtlich werden,
sobald man Anhänge und Bilder verwendet.
Um dieses Problem zu beheben kann man die Rich Text Funktion verwenden.
So werden Anhänge nicht wie bei html an die E-Mail angeheftet,
sondern in die E-Mail integriert.
Bilder würde ich möglichst direkt und nicht als Datei einfügen.

Aber der Reihe nach, schauen wir uns zunächst an, wie man auf Rich-Text umstellt. Zunächst öffnet man eine neue E-Mail, im Nachgang stellen wir über **TEXT FORMATIEREN** auf **Rich-Text** um:

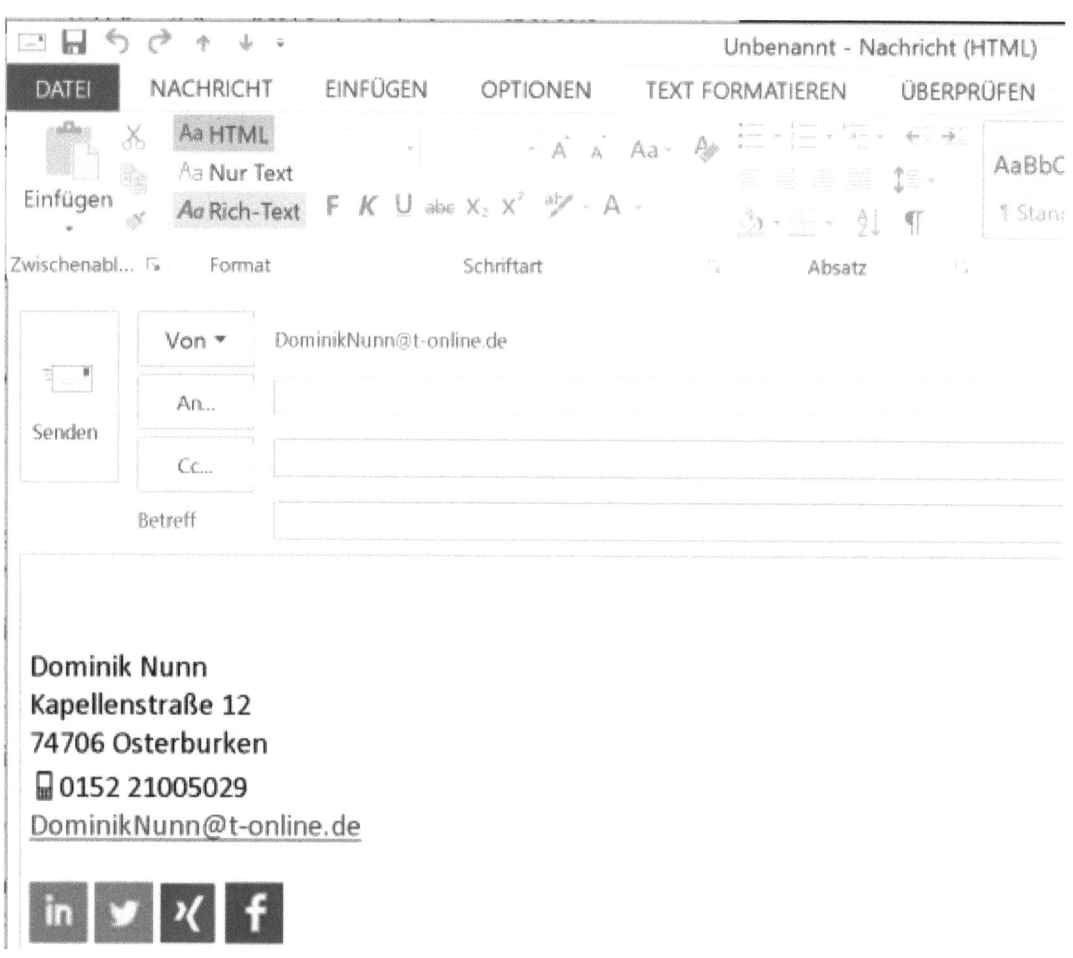

Wie der Unterschied nun aussieht?

Schauen wir uns zunächst eine E-Mail in html an,
mit den Bildern angehängt:

	Von ▾	DominikNunn@t-online.de
	An…	
Senden	Cc…	
	Betreff	Strukturierte E-Mail	Dominik Nunn	2019
	Angefügt	Anhang1.domi (13 KB); Anhang2.domi (13 KB); Anhang3.domi (13 KB); Bild1.jpeg (299 KB)

Lieber Leser,

im Nachgang möchte ich beschreiben wie eine E-Mail strukturiert aussehen kann.
Das Bild zeigt eine Pflanze die in zwei grün Tönen blüht.

Anhang 1 beschreibt den Pflanzentyp
Anhang 2 zusätzliche Informationen
Anhang 3 ist ein Zeitungsartikel zur Pflanze

Grüße
Dominik

Dominik Nunn
Kapellenstraße 12
74706 Osterburken
📱 0152 21005029
DominikNunn@t-online.de

Im Vergleich die strukturierte E-Mail:

	Von ▾	DominikNunn@t-online.de
Senden	An...	
	Cc...	
	Betreff	Strukturierte E-Mail	Dominik Nunn	2019

Lieber Leser,

im Nachgang möchte ich beschreiben wie eine E-Mail strukturiert aussehen kann.
Das Bild zeigt eine Pflanze die in zwei grün Tönen blüht.

Anhang 1 beschreibt den Pflanzentyp

Anhang1.domi

Anhang 2 zusätzliche Informationen

Anhang2.domi

Anhang 3 ist ein Zeitungsartikel zur Pflanze

Anhang3.domi

Grüße
Dominik

Dominik Nunn
Kapellenstraße 12
74706 Osterburken
0152 21005029
DominikNunn@t-online.de

Bei diesem Beispiel ist es vergleichsweise einfach durch die drei Anhänge zu klicken, um den richtigen zu finden.
Bei Größeren E-Mails mit mehreren Anhängen kann dies aber schnell lästig werden.
Zudem zeige ich die Bilder gerne direkt, das spart Platz in der E-Mail und vermeidet Missverständnisse.
Die Beschreibung des Bildes könnte so fast komplett entfallen.

Ein Tipp, den ich mir mittlerweile verinnerlicht habe ist zudem vor dem Absenden noch einmal zu lesen und zu schauen, welche Sätze oder Worte überflüssig sind immer bezogen auf die Absicht also die Intension die ich mit der E-Mail verfolge.
Kurz und bündig auf das Thema zentriert.

Verzögerte E-Mails

Eine sehr hilfreiche Funktion ist die verzögerte E-Mail.
Oft möchte ich mich selbst explizit per E-Mail an etwas erinnern oder aber ich habe gerade etwas im Kopf, dass ich aber erst später an jemanden schicken will.
In beiden Fällen hilft die verzögerte E-Mail.

Diese Funktion lässt sich recht einfach über **Neue E-Mail** und dann **Optionen, Übermittlung verzögern** einstellen:

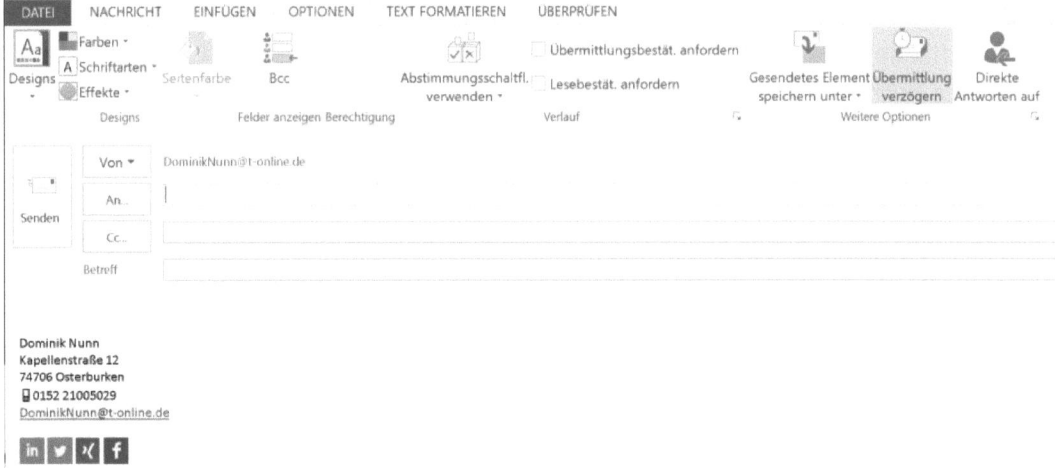

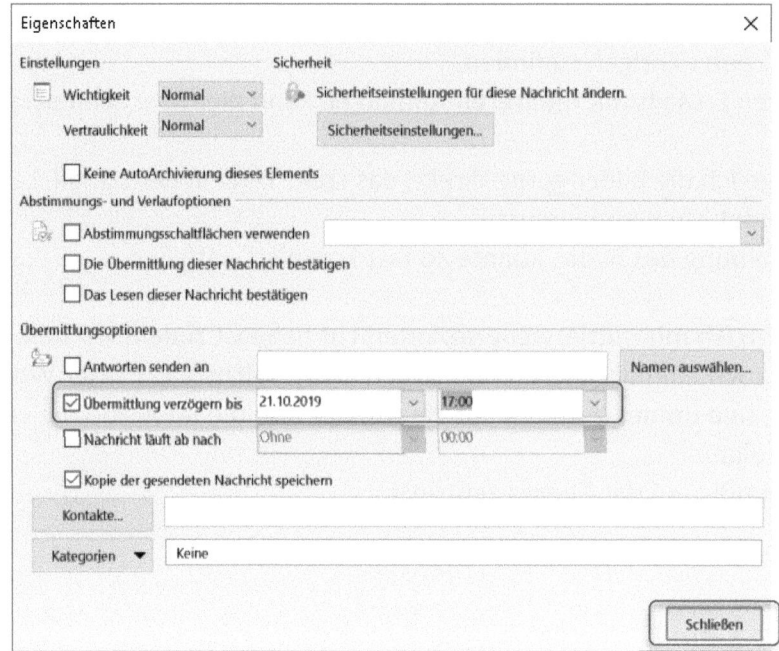

Es gibt jede Menge zusätzliche Optionen,
für mich reicht die Standard Einstellung
– ich ändere also nur das Datum
   und die Uhrzeit an der ich die E-Mail
   senden möchte.
Im Anschluss das Dialogfeld über die Schließen
Schaltfläche schließen und die E-Mail mit dem
Senden Button absenden.

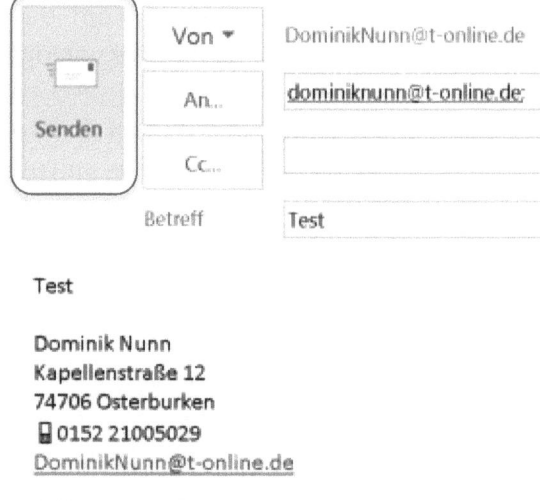

Die E-Mail bleibt solange im Postausgang
„hängen", bis zum Datum,
dass wie eingestellt haben.
Ist der Computer bzw. im Geschäft
der Mailserver online,
sendet Outlook automatisch die E-Mail zu
eingestellter Uhrzeit ab.

Diese Funktion kann man mit VBA z.B. in eine tolle automatische Reminder
Funktion umwandeln.

Aufgaben aus E-Mails

Outlook bietet die Möglichkeit Aufgaben zu erstellen.

Über den Reiter Aufgaben, gelangt man in die Aufgaben Konsole.

Die Leiste enthält im Standard die folgenden Anzeige Überschriften:

Über den Reiter **Start, Neue Aufgabe** können neue Aufgaben hinzugefügt werden.

Hier kann nun über ein Betreff eine Aufgabe erstellt werden.

Wenn nötig kann man zudem eine Fälligkeit hinzufügen.

Das Problem ist, dass man häufig Zeit benötigt um die Aufgaben zu erstellen und deshalb die Aufgabenliste erst gar nicht genutzt wird.

Abhilfe schaffen Aufgaben aus E-Mails.

Outlook bietet die Möglichkeit, die E-Mails in eine Aufgabe umzuwandeln.

Hierzu markiert man die E-Mail im Posteingang und zieht dann die E-Mail mit gehaltener rechten Maustaste auf Aufgaben.

Lässt man nun die Maustaste los, so ergeben sich die folgenden drei Optionen:

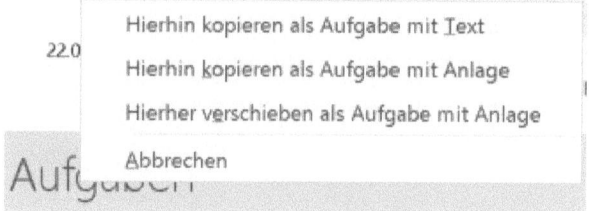

Man kann nun eine E-Mail direkt in eine Aufgabe verschieben oder eine Kopie in eine Aufgabe als Text oder mit den Anlagen packen.
Ich empfehle die Kopie, da uns sonst die E-Mail in unseren Suchordnern fehlt.
Damit wir nicht lange nach den Anlagen suchen müssen ist für mich also
Hierhin kopieren als Aufgabe mit Anlage die richtige Option.

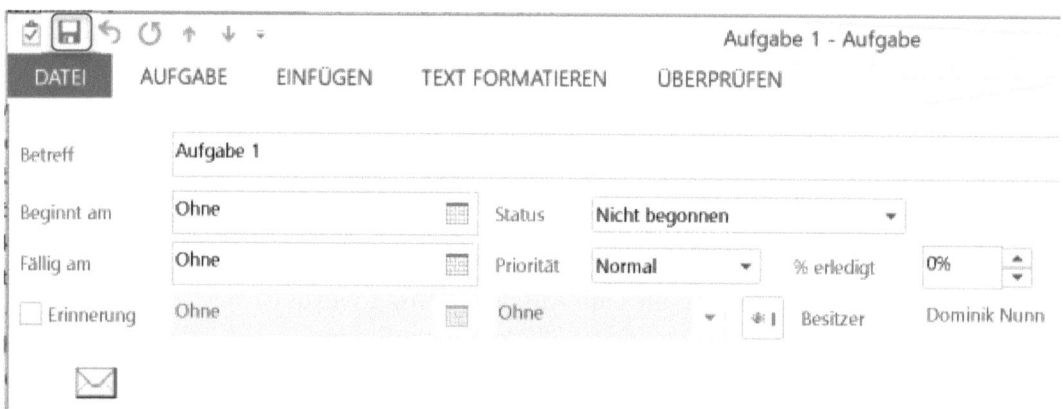

Den Betreff kann man bei Bedarf etwas modifizieren und wenn man möchte kann man nun noch eine Fälligkeit hinzufügen.
Über die Diskette speichert man dann die Aufgabe ab.

Die Aufgabenliste eignet sich auch wunderbar um Aufgaben zu delegieren und den Status nachzuverfolgen.
Unter dem Reiter **AUFGABE** kann man die Aufgabe an andere Personen weiterleiten.
Nehmen diese die Aufgabe an, wird der Status und somit der Fortschritt mitverfolgt.

Wenn man am Tag mehrere hundert E-Mails bekommt
und diese in Aufgaben umwandelt verliert man in der Standard
Ansicht schnell den Überblick.
Deshalb habe ich für mich definiert in welche Kategorien ich die Aufgaben
einteilen möchte. In meinem Fall waren die Kategorien
**Zulassungsmitteilungen, Engineering Change Notices, Projektierungshandbuch,
Gesamtdatenbank, Angebotsprogramm Verbesserungen, technische Themen,
IT Themen sowie Sonstige.**
Für die 8 Gruppen habe ich Buchstaben vergeben
(diese sind später leichter zu vergeben und in der Übersichtsleiste zu finden).
In meinem Fall ergibt sich also folgende Zuordnung:

Gruppe	Kategorie
A	Zulassungsmitteilungen
B	Engineering Change Notices
C	Projektierungshandbuch
D	Gesamtdatenbank
E	Angebotsprogramm Verbesserungen
F	technische Themen
G	IT Themen
H	Sonstige

Bevor wir die Sortierung vornehmen legen wir nun eine eigene Ansicht an.
Wir wechseln also zu den **Aufgaben** und wählen dann über
Datei, Ansicht Ändern -> Ansichten verwalten:

Über **Neu** legen wir nun unsere eigene Ansicht an:

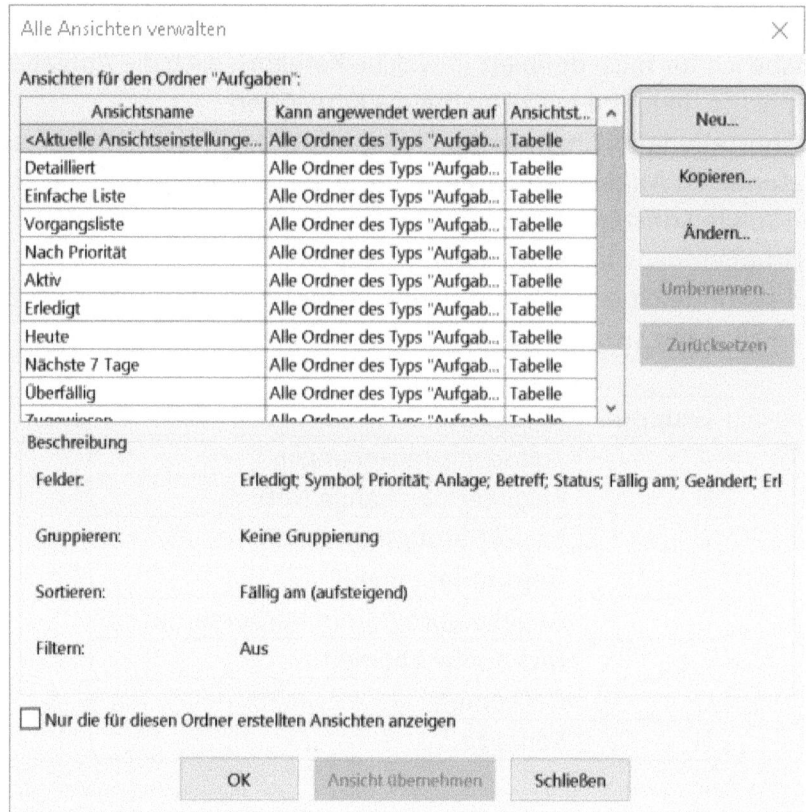

Nun einen Namen definieren und über **OK** bestätigen:

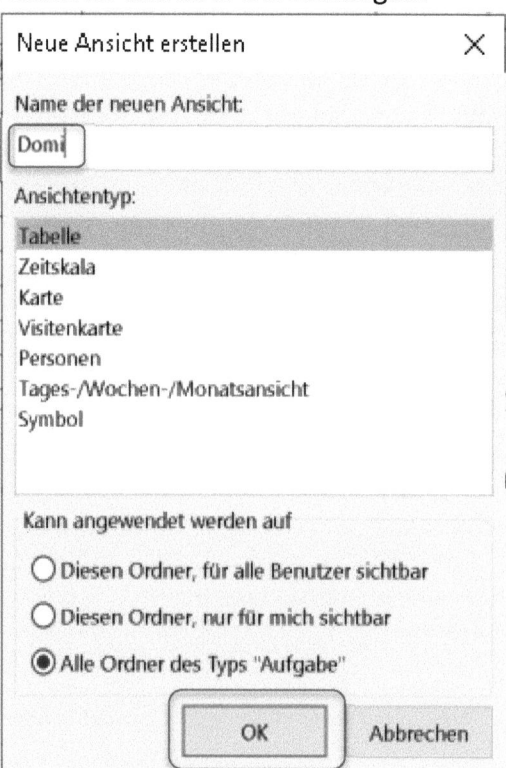

Im darauffolgenden Dialog passen wir nun zunächst die Spalten an:

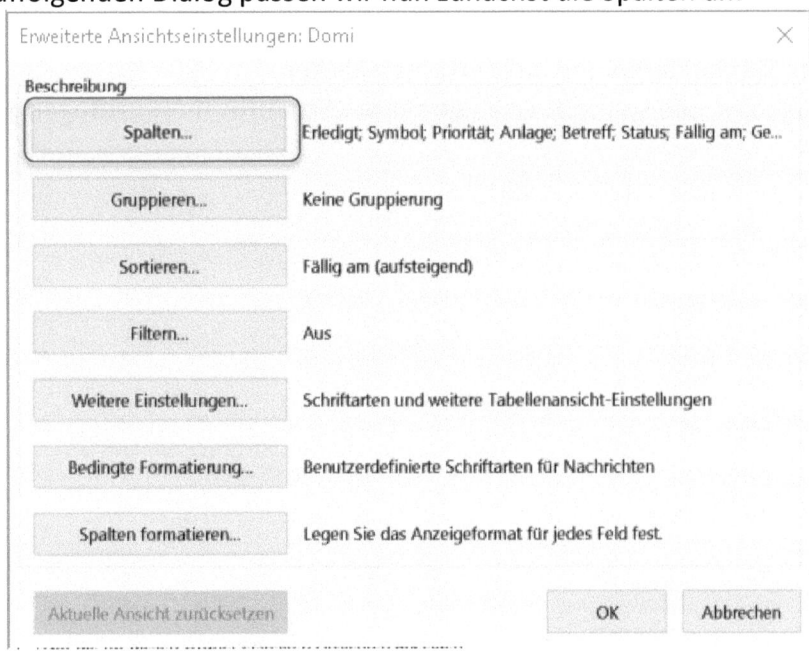

Zunächst sortieren wir die Spalten etwas um:
(mit einem gehaltenen Linksklick an die gewünschte stelle ziehen)

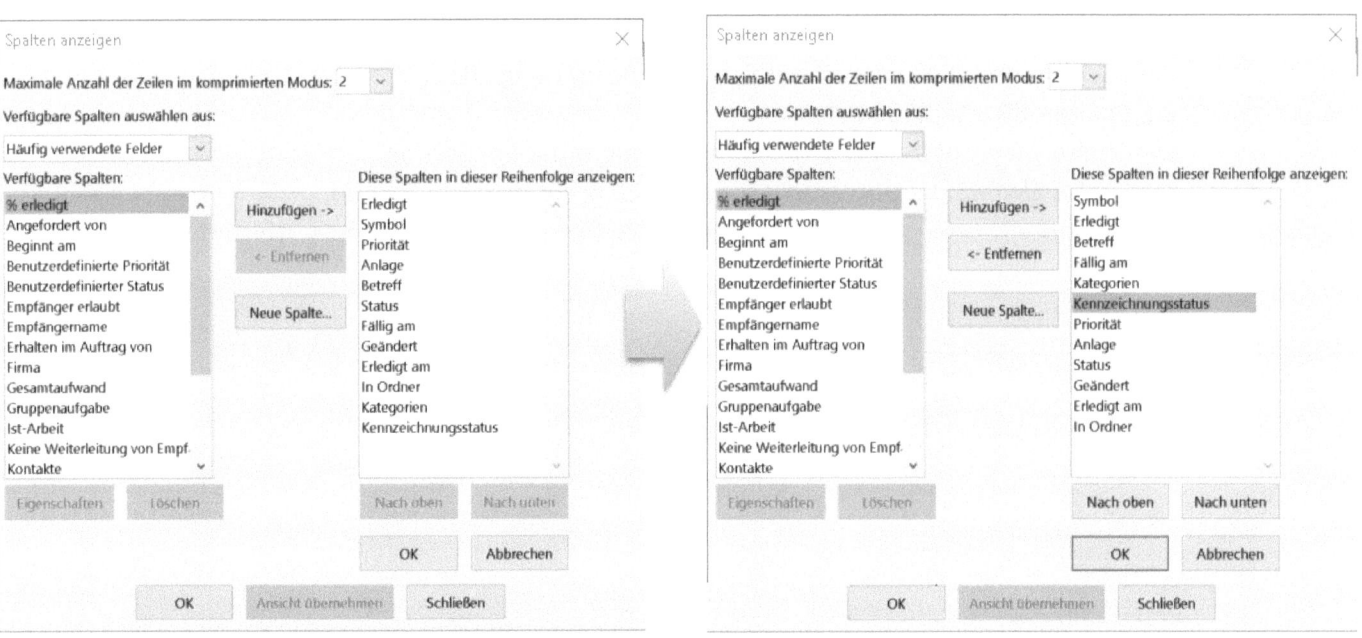

Nun entfernen wir die Spalten
Priorität, **Anlage**, **Status**, **Geändert**, **Erledigt am** und **im Ordner**
indem wir Sie markieren und auf **Entfernen** klicken.
Zudem fügen wir die Spalte **% erledigt** mit der Schaltfläche **Hinzufügen** zu:

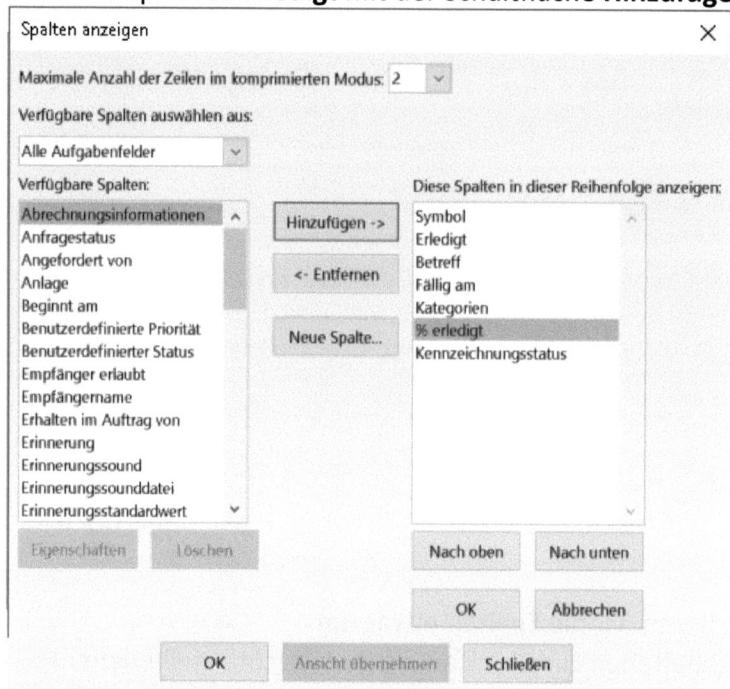

Zum Schluss erstellen wir mit der Schaltfläche **Neue Spalte...**
die Spalten **GR** und **25000$***.
Die Spalte **GR** enthält unsere Gruppen und dient der Sortierung,
die Spalte **25000$** die Untersortierung für die wichtigsten Aufgaben.

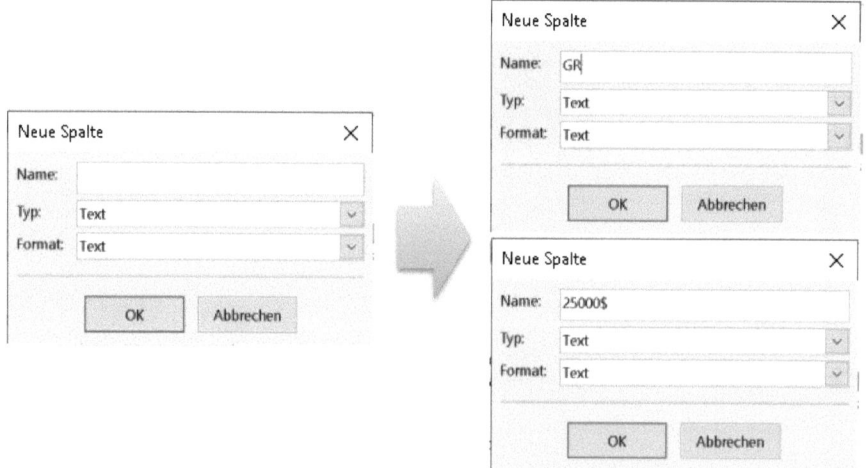

*25000$ Methode stammt aus dem Zeitmanagement.
Es geht darum zu definieren, welche der Aufgaben man zuerst tun würde,
wenn man nur eine der Aufgaben erledigen könnte.
So priorisiert man seine Liste

Mit einem Klick auf **OK** schließen wir unsere Spaltensortierung ab:

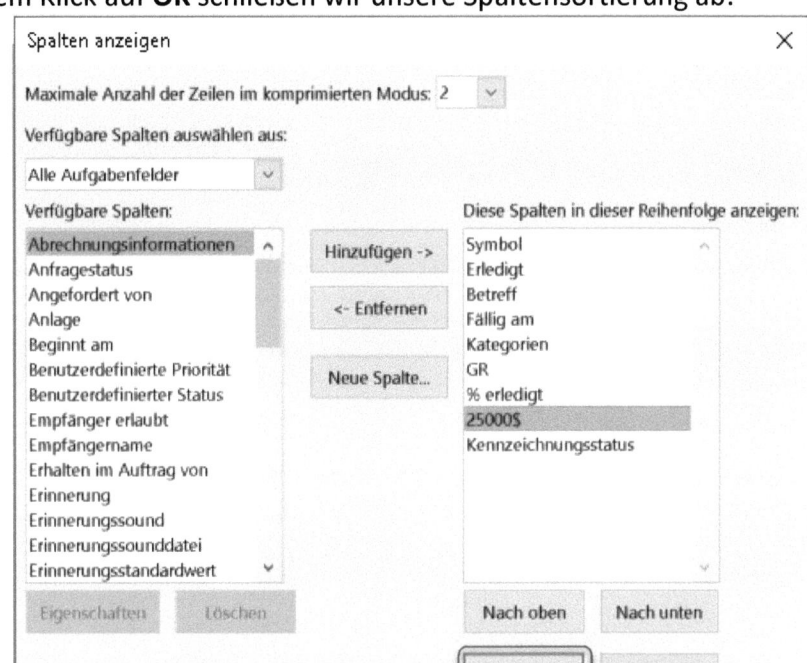

Nun passen wir die Sortierung durch einen Klick auf **Sortieren** an:

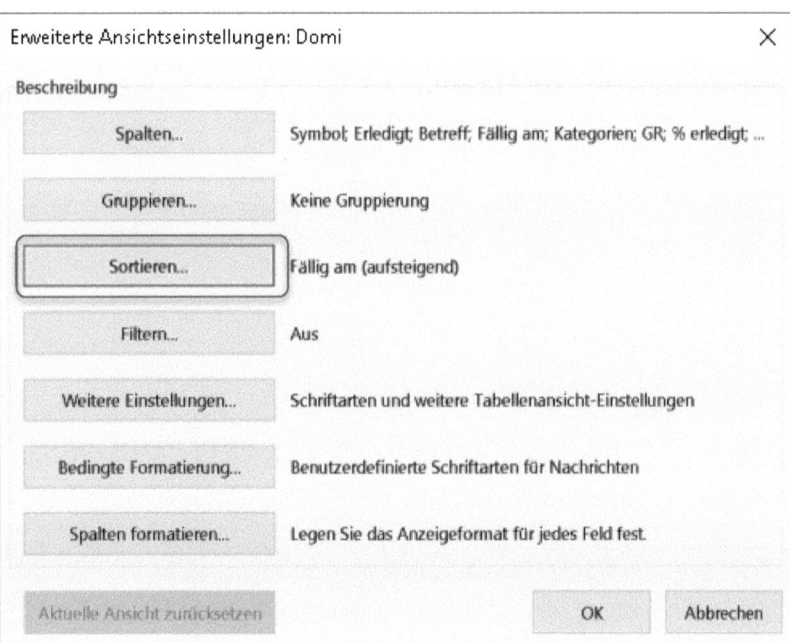

Im nächsten Fenster wählen wir bei den verfügbaren Feldern
Benutzerdefinierte Ordner aus und Sortieren nach **25000$ Aufsteigend:**

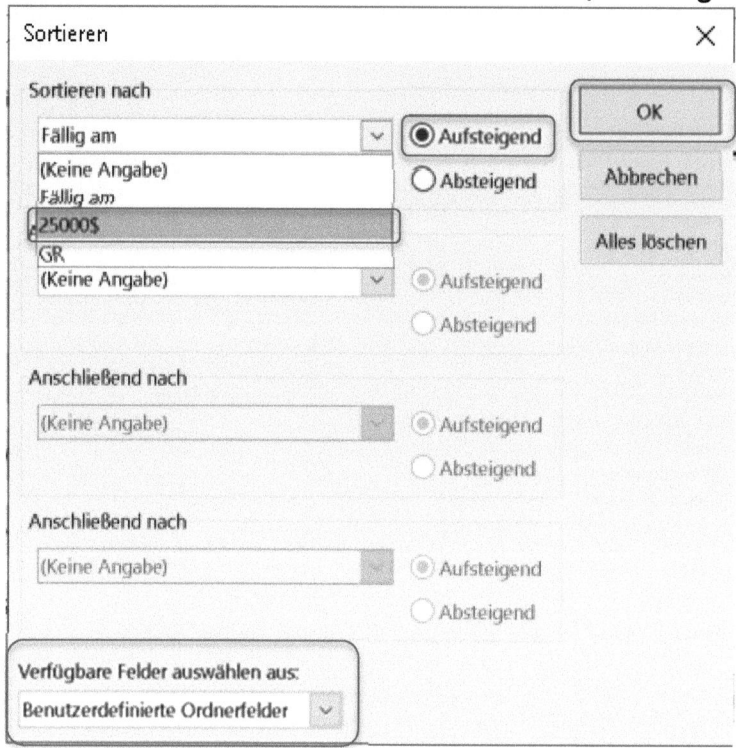

Zuletzt passen wir nun noch den Filter an,
sodass nur „nicht erledigte Aufgaben" angezeigt werden – sobald eine Aufgabe
also auf 100% erledigt steht verschwindet Sie in unserer Liste.
Hierzu klicken wir zunächst auf **Filtern...**

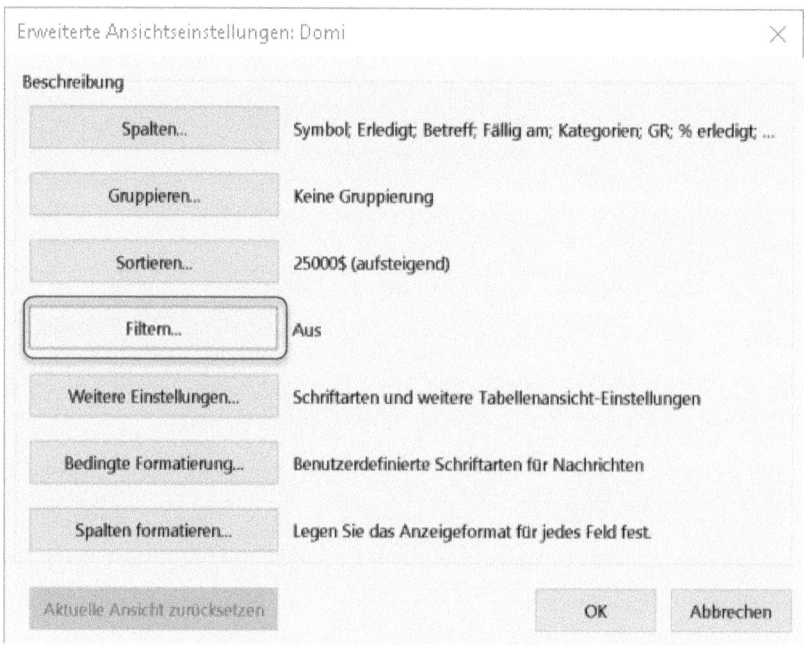

Im zweiten Schritt wechseln wir zum Reiter **Erweitert** wo wir über **Feld,
alle Aufgabenfelder – Erledigt** auswählen:

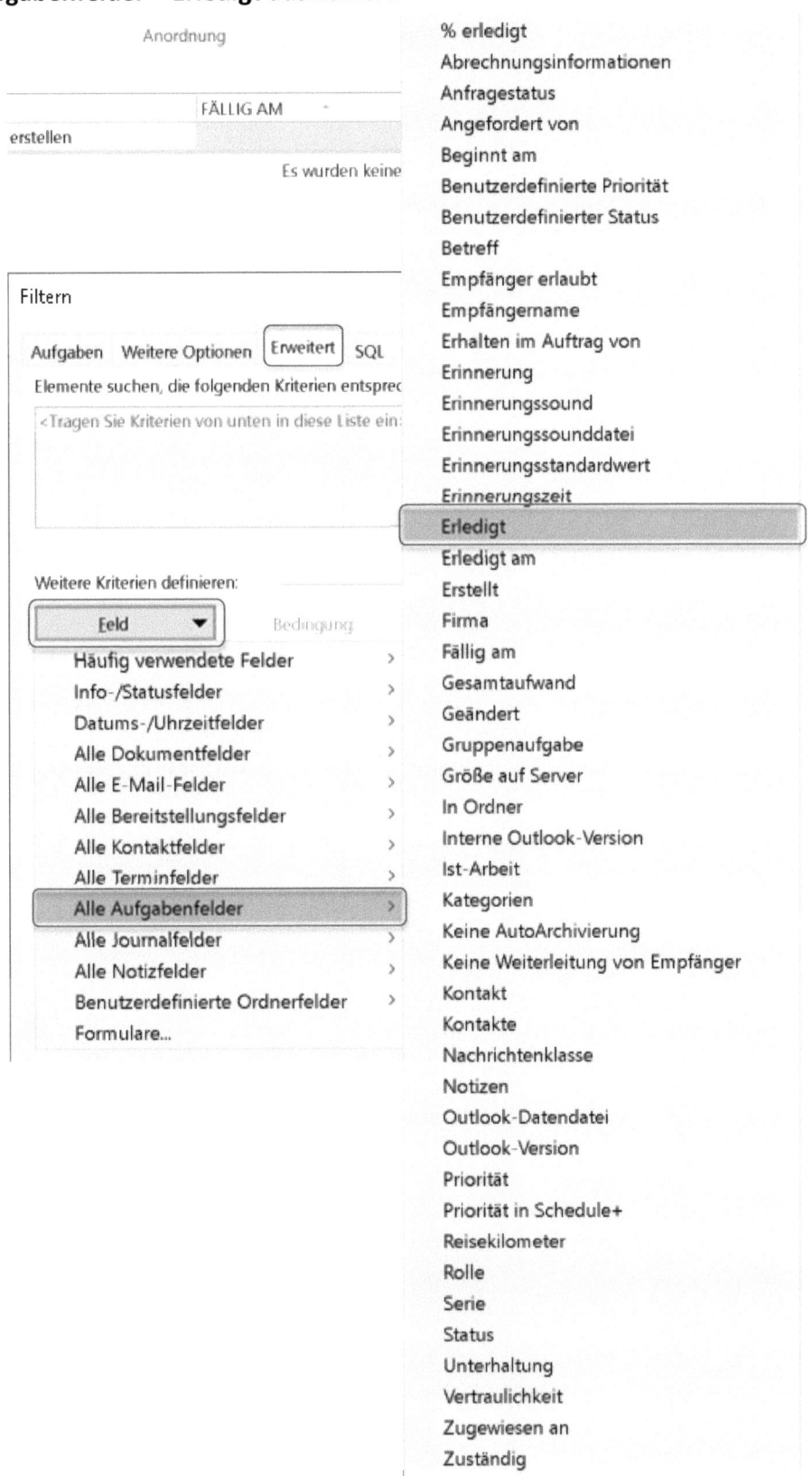

Bei der Konfiguration lassen wir als Wert **Nein** stehen
und wählen **Zur Liste hinzufügen** im Nachgang dann **OK.**
Der Filter filtert also die Aufgaben nach noch nicht erledigten Aufgaben.

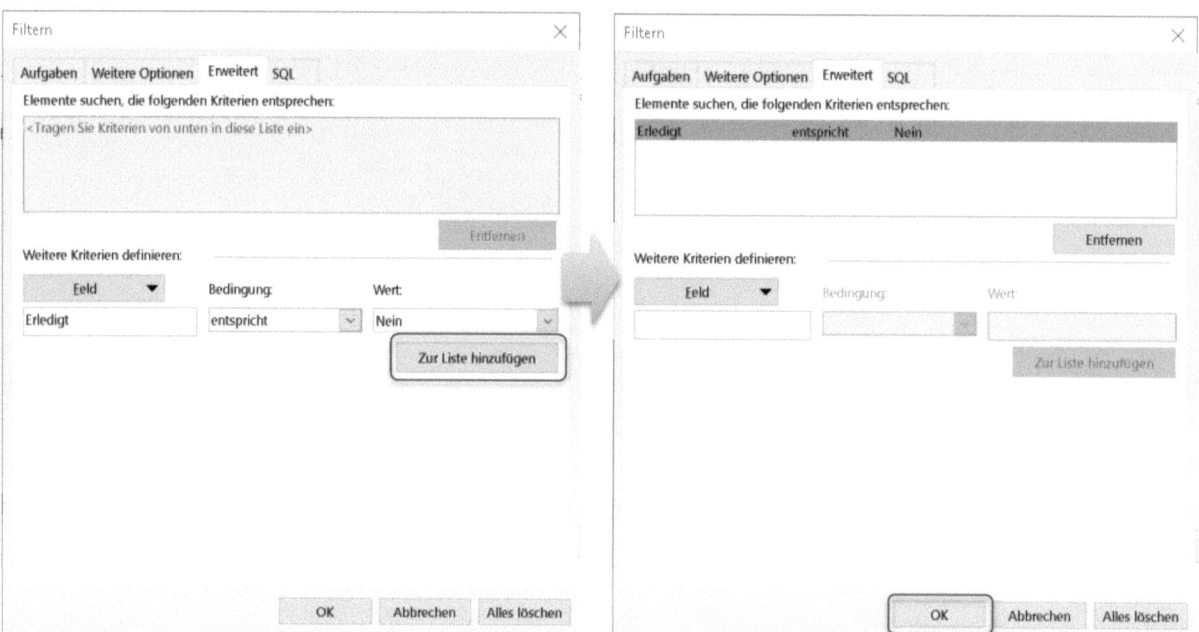

Nun fügen wir noch eine Gruppierung für unsere Gruppen hinzu.
Dies dient der Übersichtlichkeit, wenn wir mehrere Aufgaben pro Kategorie
haben.

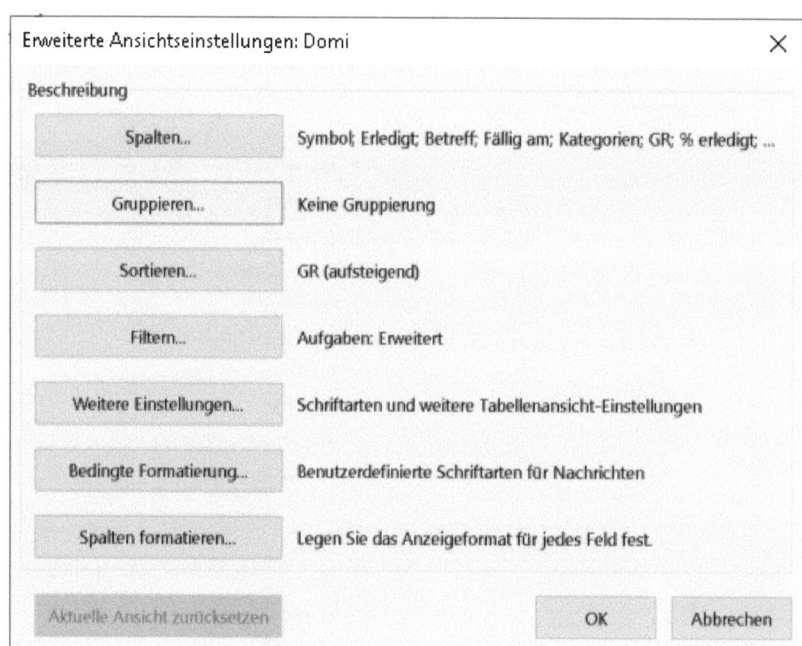

Hierzu wählen wir zunächst **Benutzerdefinierte Ordnerfelder**
und im Anschluss **GR** und bestätigen mit **OK:**

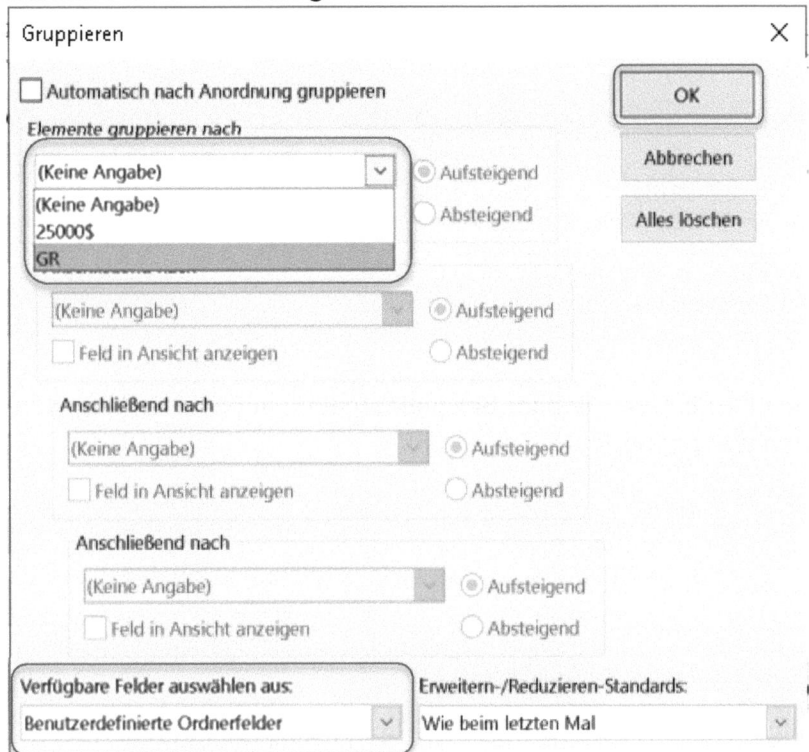

Mit diesem Schritt schließen wir nun unsere Ansicht Konfiguration ab:

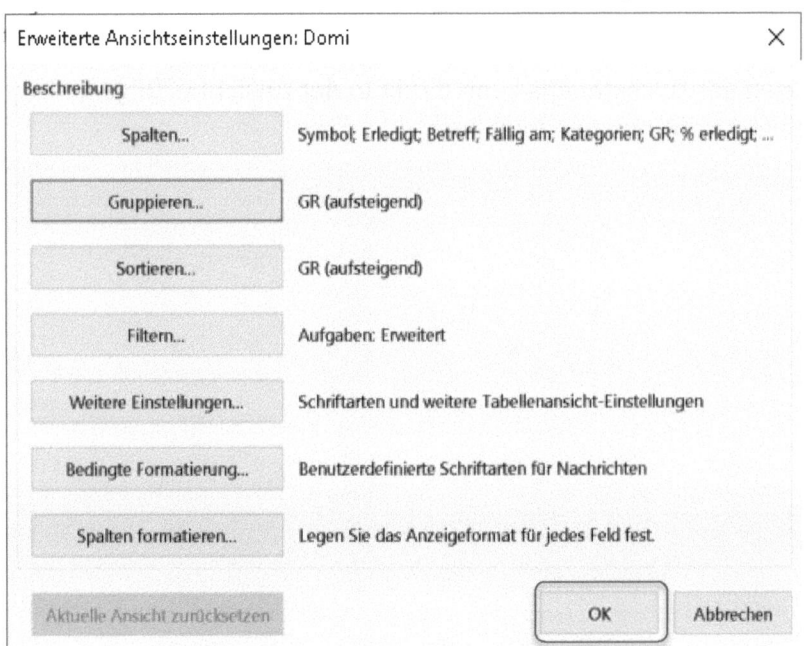

Nun wählen wir noch über **Ansicht ändern** unsere Ansicht aus:

Schieben wir nun einmal ein paar Beispielaufgaben in unseren Aufgaben Ordner und schauen was passiert:

Unsere Aufgaben haben so noch keine Gruppierung nach Kategorien.

In der Spalte **GR** können wir nun unsere Gruppen also A-H aus unserer Tabelle eintragen

-> die Aufgabe wird je nach eingetragenem Buchstaben
direkt der Kategorie zugewiesen.

Das Eintragen des Buchstabens kann direkt in der Ansicht erfolgen.

Unser Ergebnis sieht nun wie folgt aus:

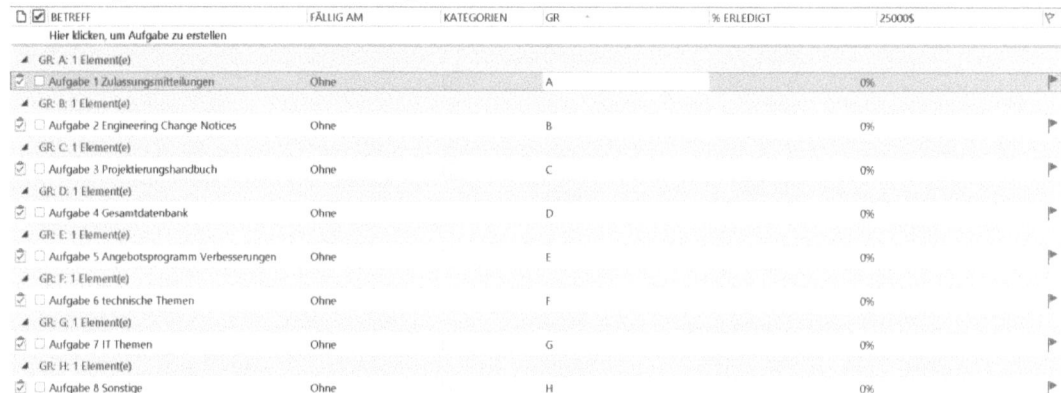

Sobald Bei Erledigt 100% eingetragen wird verschwindet
die entsprechende Aufgabe.

So kann man nach dem Delegieren auch leicht den Überblick behalten,
was denn noch offen ist.
Die Kategorien kann man zur Vorkategorisierung beim E-Mail Abarbeiten
verwenden.

Führt man einen Rechtsklick auf der E-Mail aus, so erscheint dort **Kategorisieren
– Schnellklick festlegen**

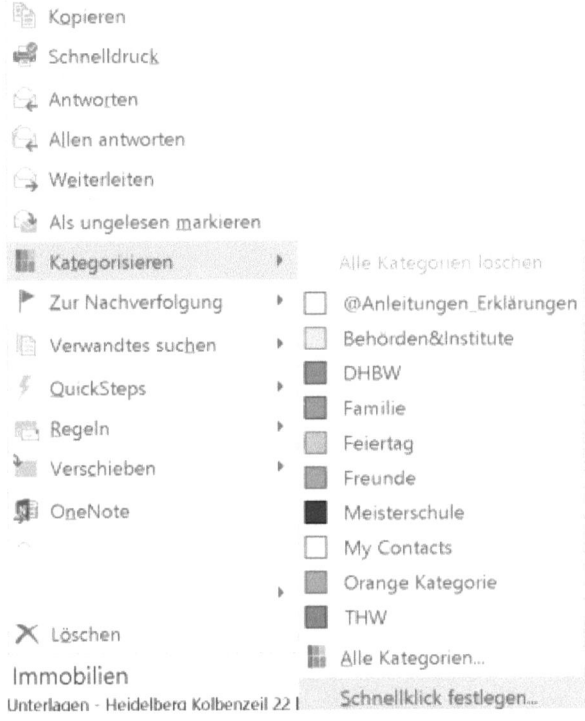

Wie man hier sieht nutze ich diese Funktion für den Kalender.
Mehr dazu ist im Abschnitt Kalender beschrieben.
Für die E-Mails kann man pro Kategorie ebenfalls eine Farbe Festlegen
um die Übersichtlichkeit zu halten.

So kann man mit den Aufgaben schnell Ordnung im E-Mail Postfach und auf dem
Schreibtisch halten und behält die Übersichtlichkeit.

Zeitabschätzung

Im Berufsleben kommt häufig die Frage »bis wann ist es denn fertig?«.

Da ist es oft schwierig eine zuverlässige Aussage zu treffen.

Als ich noch Schaltanlagenprojektiert habe, habe ich einfach die Zeit für eine Anlage gemessen um die Abschätzung für eine komplette Serie treffen zu können.

Aber immer dann, wenn man wissen möchte wie viel Zeit man mit was verbringt ist die Outlook Journal Funktion nützlich.

Über **Strg + 8** kann diese gestartet werden.

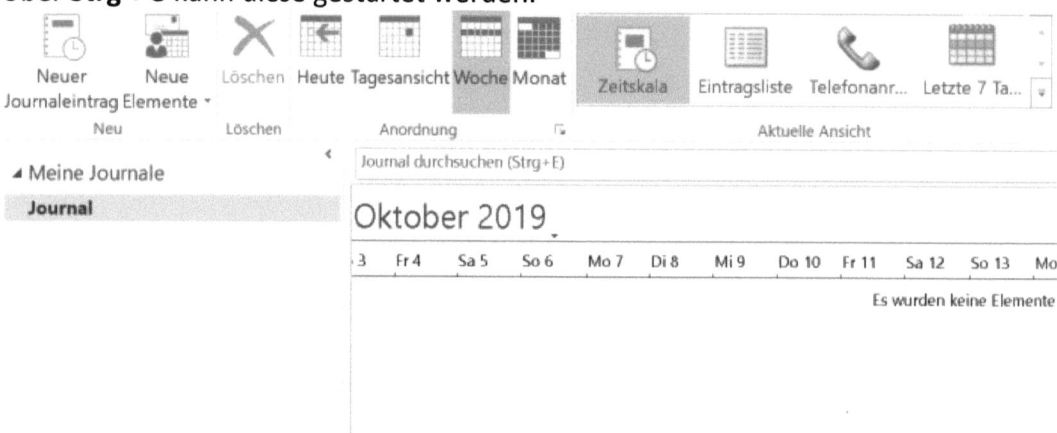

Über Neuer Journaleintrag legt man im Anschluss einen neuen Messvorgang fest:

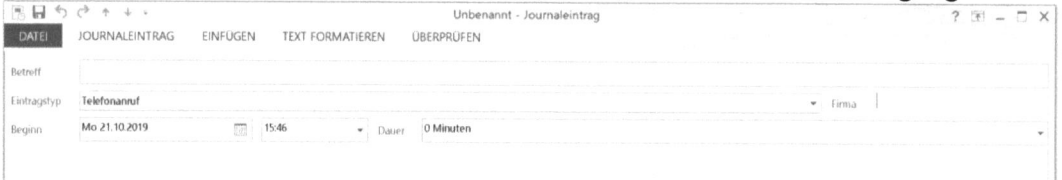

Outlook bietet einige Eintragstypen an, ich würde dieses Ignorieren, ergänzen kann man Sie ohnehin nicht.

Einige Personen nutzen die Kategorien, da diese bei mir für den Kalender genutzt werden filtere ich über das Firmen Feld.

Also Betreff eingeben und im Firmenfeld den Typ eintragen:

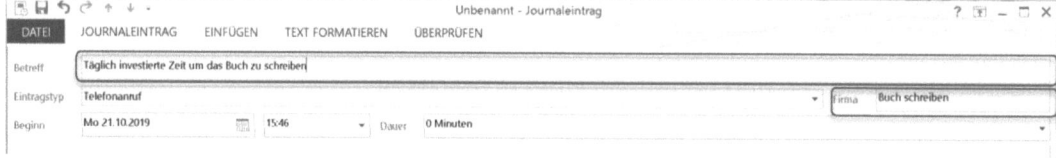

Nun auf den Reiter **JOURNALEINTRAG** wechseln,
über ein Klick auf **Zeitmessung starten** können wir nun die Zeit messen die
wir für die Aufgabe benötigen.
In meinem Fall würde ich also das Journal Fenster im Hintergrund solange
geöffnet lassen wie ich am Buch schreibe.
Wenn die Aufgabe beendet ist,
den **Zeitgeber anhalten** und das Journal speichern.

Möchte man das Journal nicht nur für Abschätzungen nutzen,
so kann man auch einen Projektnamen eingeben und im Nachgang die
Investierte Zeit dafür insgesamt messen.
Bei meinem Buch Beispiel würde ich also das Journal erneut öffnen
und den Zeitgeber wieder starten
– dieser zählt dann zu der Zeit vom ersten Tag die benötigte Zeit hinzu.

Tipp: *Wer mehr Übersichtlichkeit und Detaillierungsgrad möchte kann*
        sich den Stand des Timers und das Datum jeweils im Textfenster
        mitschreiben.

Kontakte

Die Kontakte Funktion in Outlook wird aus meiner Sicht oft unterschätzt. Neben der Funktion einfach nur Kontakte abzulegen um Visitenkarten zu verwalten, hat Outlook eine fantastische Durchgängigkeit zur E-Mai und Kalenderfunktion aber auch um z.B. eine Adressdatenbank in Excel zu exportieren um Sie dann für Serienbriefe zu nutzen.
Die wichtigsten Funktionen also hier beschrieben.

Aus E-Mail erstellen

Um einen Kontakt anzulegen wechselt man generell in Personen oder Kontakte und gelangt dann in die Eingabemaske über **Start – Neuer Kontakt:**

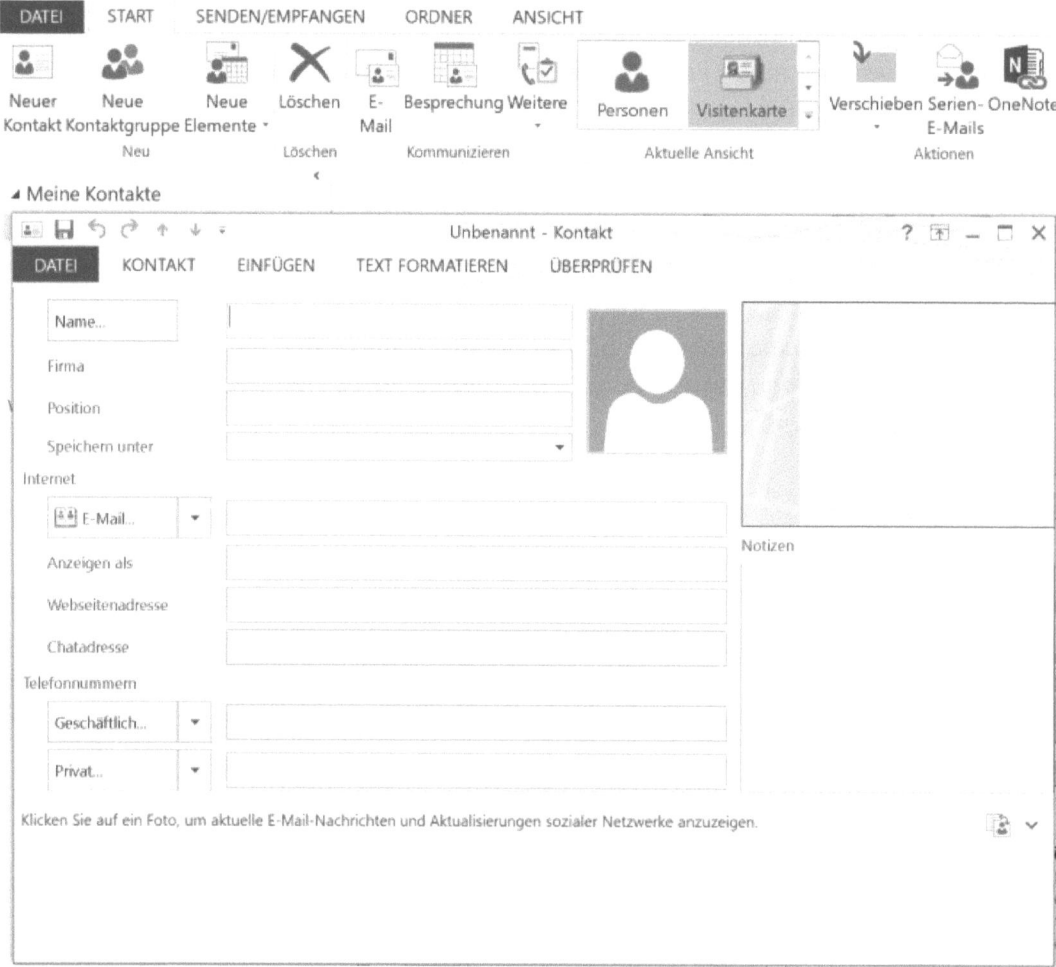

Nun gibt man üblicherweise die Daten ein und speichert den Kontakt.

Dies ist oft sehr zeitaufwändig
und deshalb wird es nur selten konsequent ausgeführt.
Für mich hat sich bisher das Vorgehen die Visitenkarten
und neue E-Mail Kontakte direkt zu speichern immer bewährt.
Einmal angewöhnt geht dies wie von alleine und wer einmal eine E-Mail Adresse
gesucht hat weiß, dass sich die Ordnung schnell lohnt denn ruck zuck sind 20
Minuten für das Suchen geopfert.

Erhält man eine E-Mail mit einer Signatur, geht das Anlegen recht schnell.
Man zieht die E-Mail mit gehaltener rechten Maustaste auf **Personen**
und lässt die Maustaste dann los:

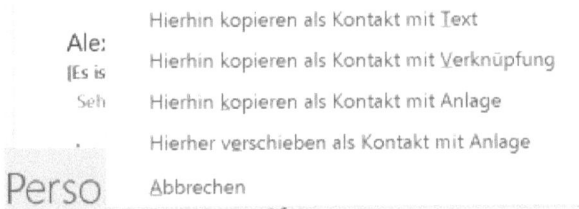

Nun die Option Hierhin kopieren als Kontakt mit Text wählen.
Nun werden schon einige Felder direkt ausgefüllt,
E-Mail Name und Anzeigen als sind bereits übernommen:

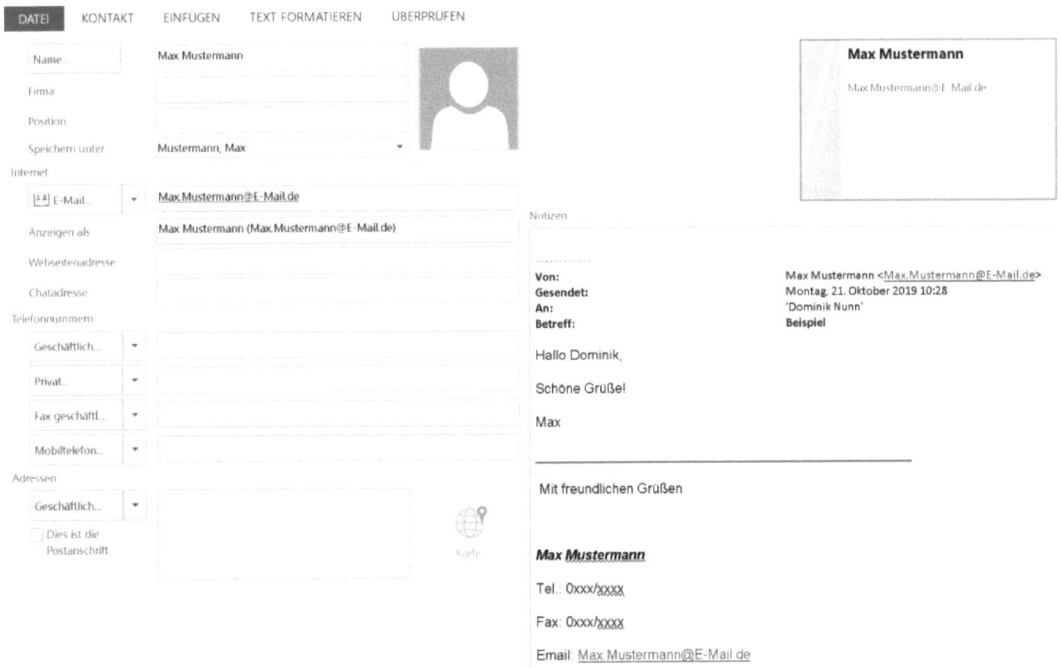

Nun markiert man z.B. die Telefonnummer
und zieht diese mit gedrückter linke Maustaste in das entsprechende Feld.
Dies wiederholt man nun, bis alle Daten aus der Signatur übertragen sind.
Das kann je nach Detailierungsgrad Adresse, Telefonnummer,
Fax Homepage usw. sein.
In unserem Fall die Telefonnummer und danach die Faxnummer.
Hat man die Daten in die Felder übernommen, so markiert man das Notizen Feld
mit **Strg + a** komplett und löscht die unnötigen Daten mit der **Entf** Taste.

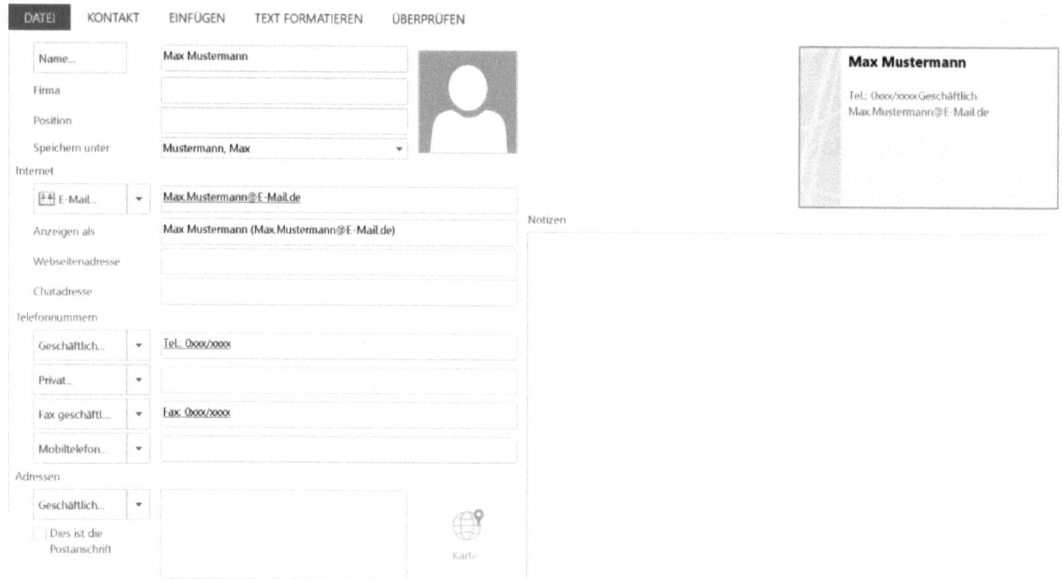

Abschließend speichert man den Kontakt ab.

Aus meiner Sicht recht einfach und schnell.
Neuerdings gehe ich dazu Über deshalb die Visitenkarten gar nicht zu übertragen
sondern ich bitte ggf. um eine E-Mail und wandle die Signatur über diesen Weg
in ein Kontakt um.

Bilder einfügen

Oft haben sich Kollegen gewundert wo ich immer die Bilder in Outlook her
bekomme.

Wer die Kontakte mit Bildern Pflegt bekommt das Bild auch bei E-Mails von der
Person angezeigt – hat man die Kontakte auf das Handy Synchronisiert,
beim Anruf auf dem Handy oder im Auto auf dem Display.

Es lohnt sich auch hier, sich an zu gewöhnen die Bilder direkt mit abzuspeichern.
Habe ich einen neuen Kontakt den ich anlege prüfe ich auch LinkedIn
und Xing – beim Kontakt hinzufügen auf den Business Netzwerken speichere ich
das Bild direkt in Outlook.

Das Windows „Snipping tool" nutze ich sonst eher ungern,
da die Auflösung der Bilder reduziert wird.

In diesem Fall aber optimal, da wir das Bild nur sehr klein sehen
und dies besser für eine flüssige Synchronisation ist.

Also über **Windows + R** und **Snippingtool** das Programm starten
und das Bild entsprechend aus LinkedIn, Xing oder einer anderen Quelle
ausschneiden:

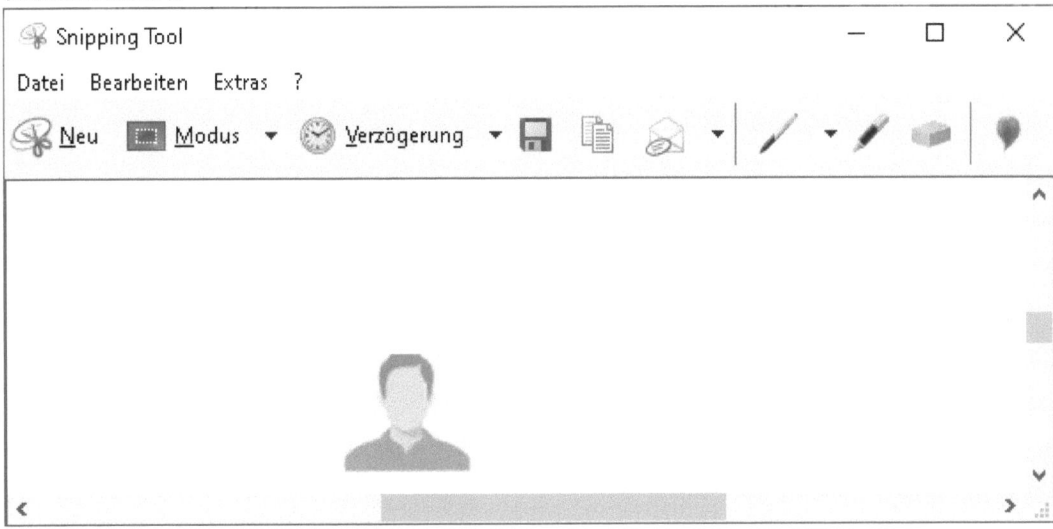

Nun das Bild über **Datei – Speichern unter** in einen Ordner ablegen.
Ich habe mir unter Bilder einen Ordner Visitenkarten angelegt
und speichere dort die Bilder ab.

Nun zurück zu unsere Kontakt Eingabe Maske:

Ein Klick auf das Bild führt direkt zum Auswahl Dialog.
Wir wählen unser Bild aus und Speichern den Kontakt ab.

Geburtstag eintragen

Diese Funktion ist auf den ersten Blick nicht direkt in der Kontaktmaske ersichtlich – dennoch Outlook bietet die Möglichkeit die Geburtstage direkt in die Kontakte einzutragen.

Der Vorteil ist, dass die Geburtstage automatisch im Kalender als Erinnerung angezeigt werden.

So spart man sich das Pflegen von Geburtstagslisten und hat alles dort wo es hin gehört – beim Kontakt!

Schauen wir uns die Eingabemaske unseres Max Mustermann an:

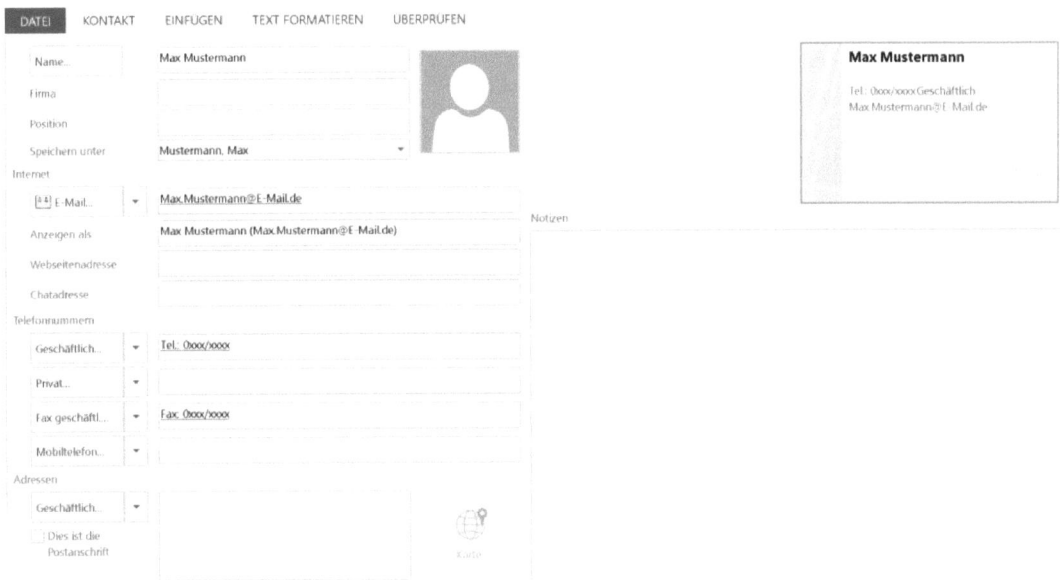

Nun wählen wir den Reiter **KONTAKT** und den Unterpunkt Details aus:

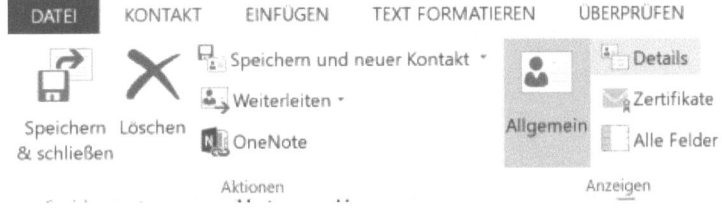

Nun erscheinen viele Zusatzfelder,
wir tragen den Geburtstag in das Feld Geburtstag ein:

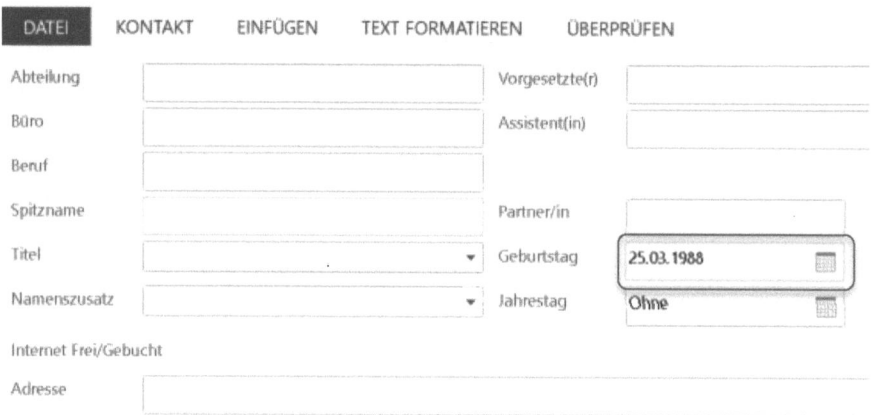

Zuletzt noch den Kontakt abspeichern.
Schauen wir uns nun unseren Kalender an:

Export in Excel

Wie bereits am Anfang dieses Kapitels erwähnt kann man die Daten auch in eine Excel Datei exportieren und so für unsere Serienbrief Datenbank nutzen.

Dazu wählen wir **Datei – Öffnen und exportieren – Importieren/Exportieren:**

Im nächsten Feld wählen wir **In Datei exportieren:**

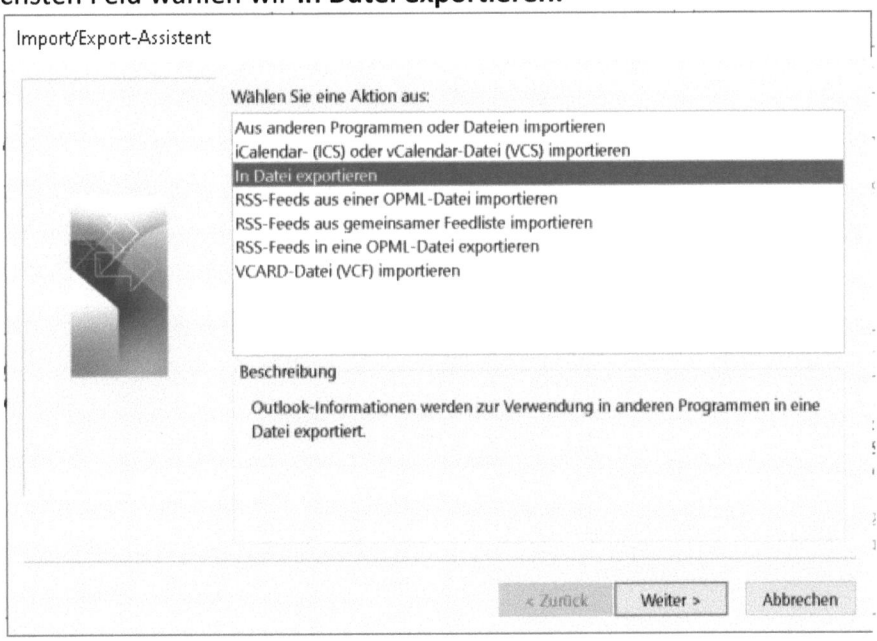

Im nächsten Dialogfeld nun **Durch Trennzeichen getrennte Werte** auswählen:

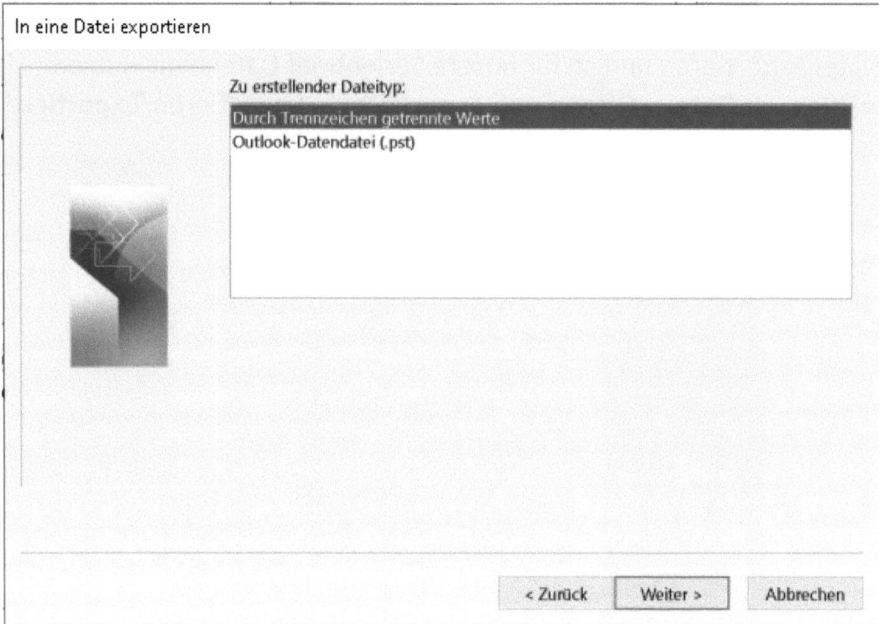

Im nächsten Dialogfeld wählen wir Kontakte aus:

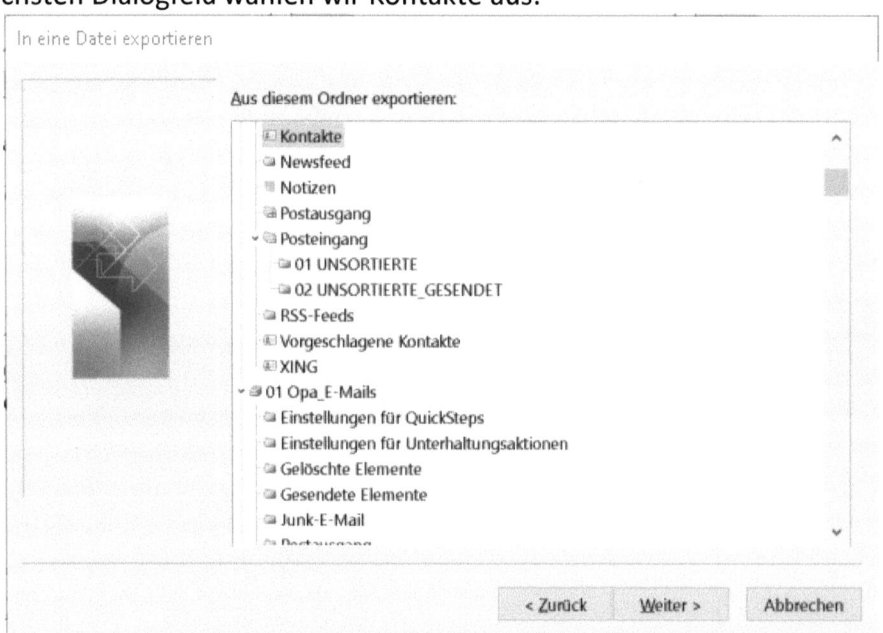

Nun den Speicherort auswählen:

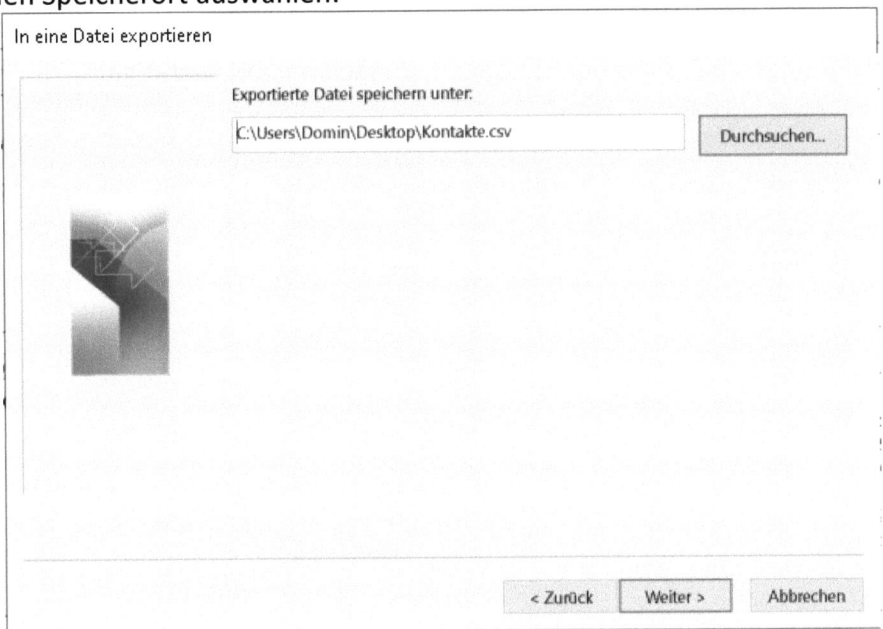

Im nächsten Dialogfeld klicken wir nun auf **Benutzerdefinierte Felder zuordnen...**

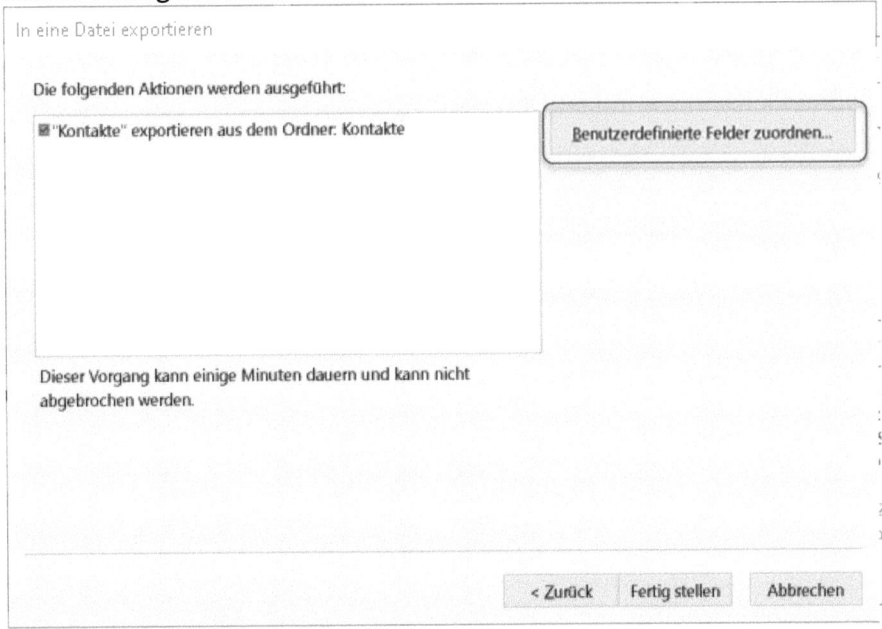

Nun auf **Zuordnung löschen** klicken und im Nachgang mit der linken Maustaste die Felder anklicken und nach rechts ziehen,
die wir für unseren Serienbrief benötigen, danach mit **OK** bestätigen:

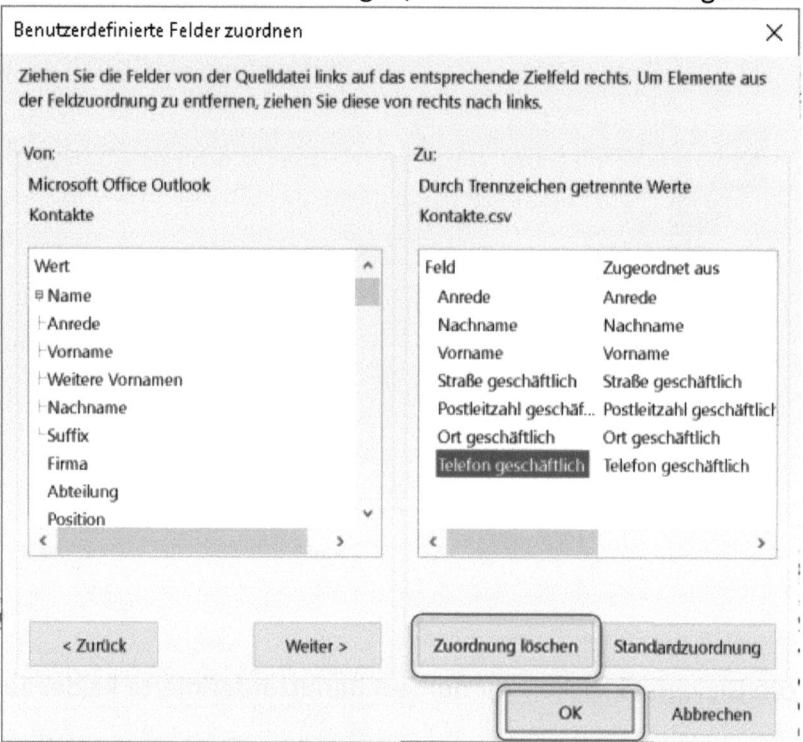

Abschließend klicken wir auf Fertigstellen:

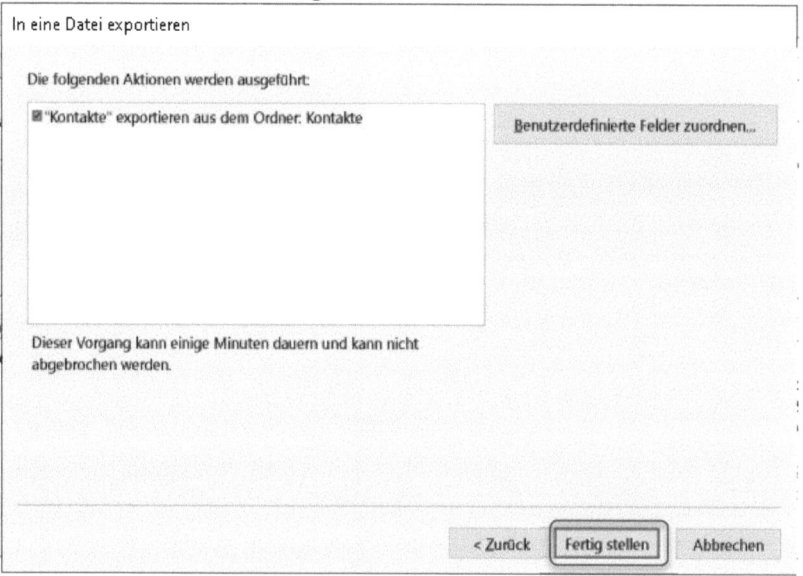

Nun öffnen wir die .csv Datei und teilen mit **Texte in Spalten**
wie im Kapitel Excel beschrieben.

Das Ergebnis sieht nun so aus:

	A	B	C	D	E	F	G
1	Anrede	Nachname	Vorname	Straße geschäftlich	Postleitzahl geschäftlich	Ort geschäftlich	Telefon geschäftlich
2		Mustermann	Max				Tel.: 0xxx/xxxx

In unserem Beispiel hatten wir keine Straße und Ort gepflegt,
sind diese Daten jedoch gefüllt tauchen Sie auch im Export auf.
Die Datei dann noch als .xls Datei Speichern und schon haben wir unsere
Serienbrief Vorlage.

*Tipp: Sehr nützlich wird dies, wenn man bei Titel nach Geschäft, Familie, Schule
oder Verein Unterscheidet.
So hat man im Hand umdrehen die entsprechenden Tabellen generiert und kann
die Daten aus Outlook direkt für die Adressdaten nutzen.*

Zentrale Adressendatenbank

Im Firmenkontext kann es sich empfehlen eine zentrale
Adressdatenbank zu nutzen.
Das bedeutet, dass gemeinsame Kunden,
Lieferanten und Kollegen in einer Outlook Datendatei geführt werden.
Wie man einen lokalen Ordner anlegt haben
wir am Anfang des Kapitels behandelt.
Zunächst erstellt man also einen Ordner und benennt Ihn mit
Kontakte Zentral.
Im Nachgang kopiert bzw. erstellt man die Adressen in diesem Ordner.
Nun den Ordner auf einem Serverpfad ablegen und in Outlook öffnen.

*Anmerkung: Die Datendatei kann immer nur von einem User geöffnet werden.
D.h. es macht Sinn sich die Kontakte zu kopieren, die man benötigt und dann die
Datei wieder zu schließen.
Dennoch macht die Datei Sinn, da nicht jeder Nutzer erneut Visitenkarten anlegen
muss.*

Verknüpfungen

Eine weitere Funktion die Outlook beherrscht, sind die Verknüpfungen.
Wechseln wir zunächst mit einem Klick auf die **drei Punkte** am unteren
Bildschirmrand und im Anschluss auf **Verknüpfungen** zu dieser Funktion:

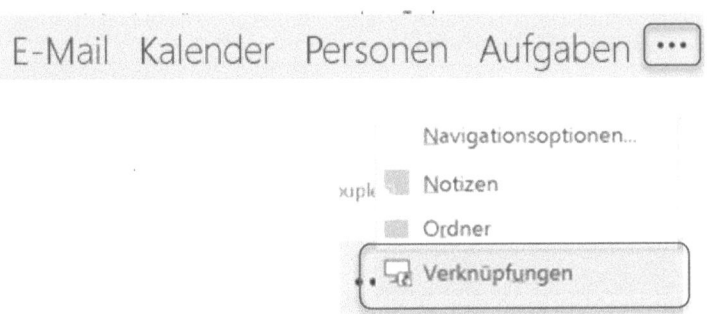

Zunächst ändert sich nur die Navigationsleiste auf der linken Seite.
Wenn man eine Verknüpfung einfügt, so würde man rechts im Anzeigebereich je
nach angewählter Verknüpfung die Outlook Elemente sehen.
Über ein Rechtsklick können wir nun Verknüpfungsgruppen
und Verknüpfungen anlegen:

Neue Verknüpfungsgruppe

Neue Verknüpfung

Nach oben

Nach unten

Erstellen wir zunächst eine Gruppe in unserem Fall kann diese Gruppe z.B. für
den Firmenkontext sein:

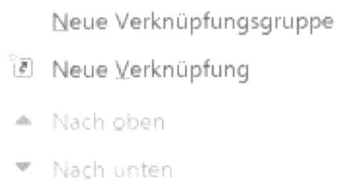

00 Dominik_Business

Im Zweiten Schritt können wir nun Verknüpfungen unter der Gruppe einfügen:

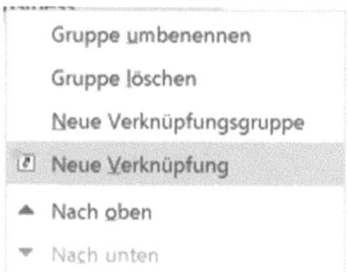

Outlook schlägt Verknüpfungen innerhalb der Outlook Elemente vor:

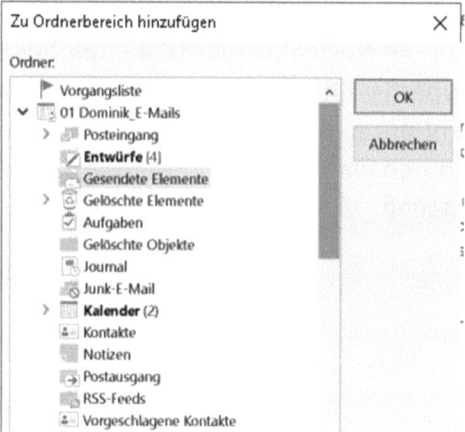

Für mich haben diese internen Verknüpfungen nicht wirklich Sinn gemacht. Richtig nützlich wird Outlook aber, wenn man es für Internet Verknüpfungen oder auch Intranet Verknüpfungen nutzt.
So kann man die Favoriten direkt in Outlook ablegen und Outlook als Explorer nutzen.

Um eine Verknüpfung hinzuzufügen gehen wir wie folgt vor.
Wir öffnen den Internet Explorer und suchen uns dort die gewünschte
Homepage – in unserem Fall **Youtube**:

Nun kopieren wir uns die komplette URL und legen auf dem Desktop mit
Rechtsklick eine neue Verknüpfung an:

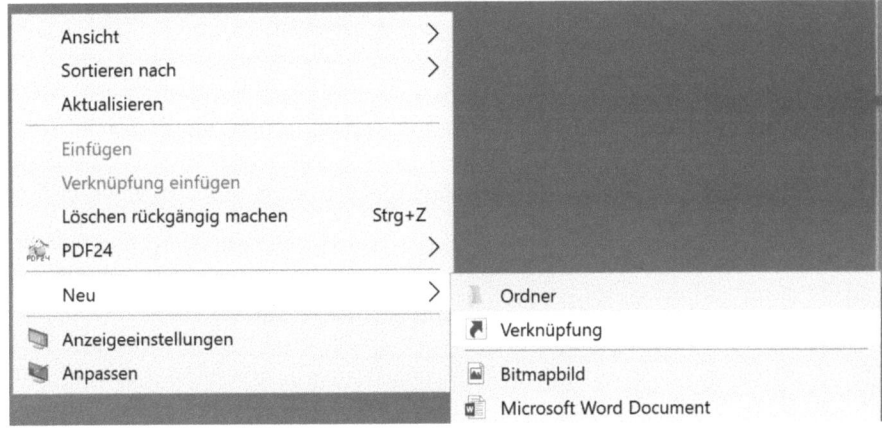

Verknüpfung einfügen:

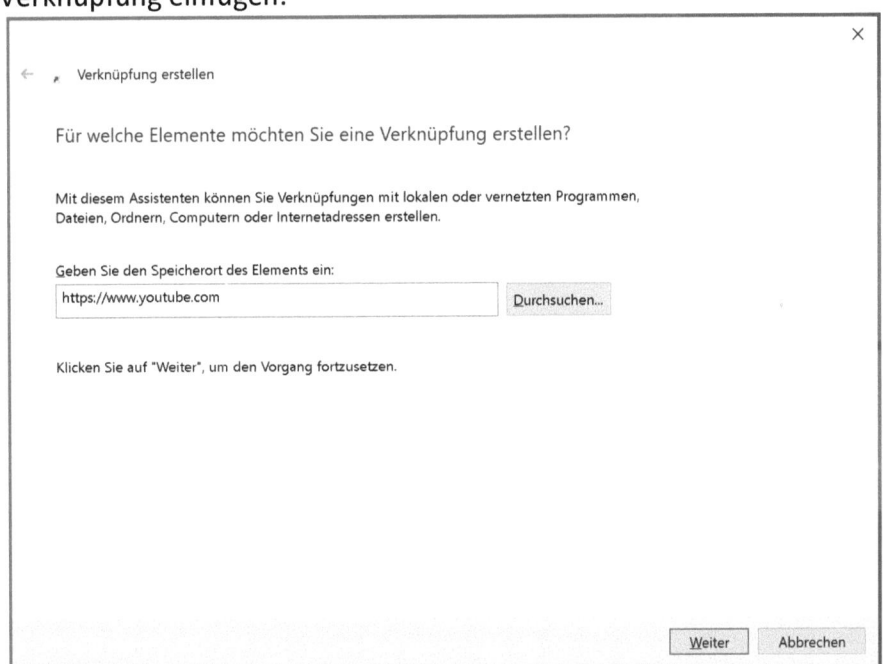

Nun einen Namen für die Verknüpfung eingeben und Fertigstellen:

Die nun auf dem Desktop angelegte Verknüpfung ziehen wir mit der linken Maustaste auf unsere Verknüpfungsgruppe:

Sobald wir die Maustaste loslassen, wird die Verknüpfung erstellt:

◢ 00 Dominik_Business

https://www.youtube.com/

Am Ende benennen wir die Verknüpfung noch über einen Rechtsklick
Verknüpfung umbenennen um:

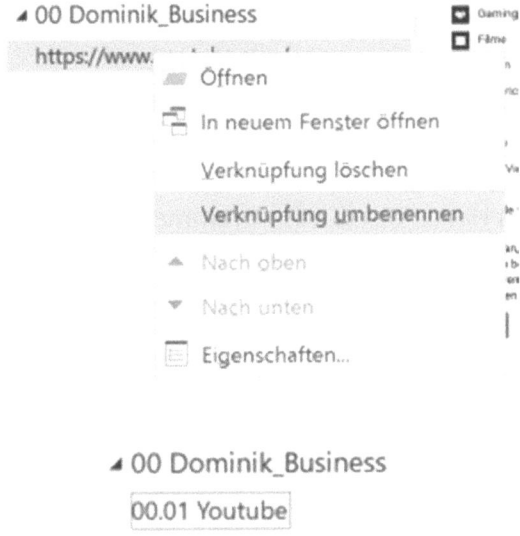

So können wir uns nun die benötigten Webseiten als Favoriten ablegen
und bekommen die entsprechenden Seiten beim Anklicken
direkt in Outlook angezeigt.

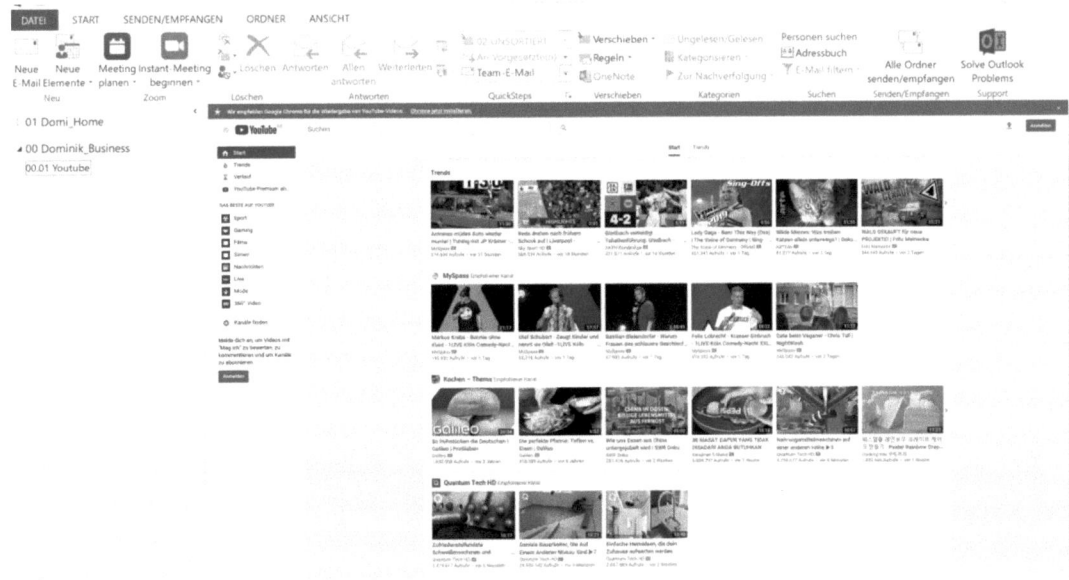

Kalender

Die Kalender Funktion ist im Prinzip selbst Erklärend.
Dennoch auch beim Kalender kann man einige Dinge einstellen um die
Übersichtlichkeit zu verbessern.

Zunächst aktivieren wir die Kalenderwochen in der Ansicht des Outlook
Kalenders.
Hierzu über **Datei – Optionen – Kalender** in der Kategorie
Anzeigeoptionen den Haken bei **Wochennummern in der Monatsansicht
und im Datumsnavigator anzeigen** setzen.

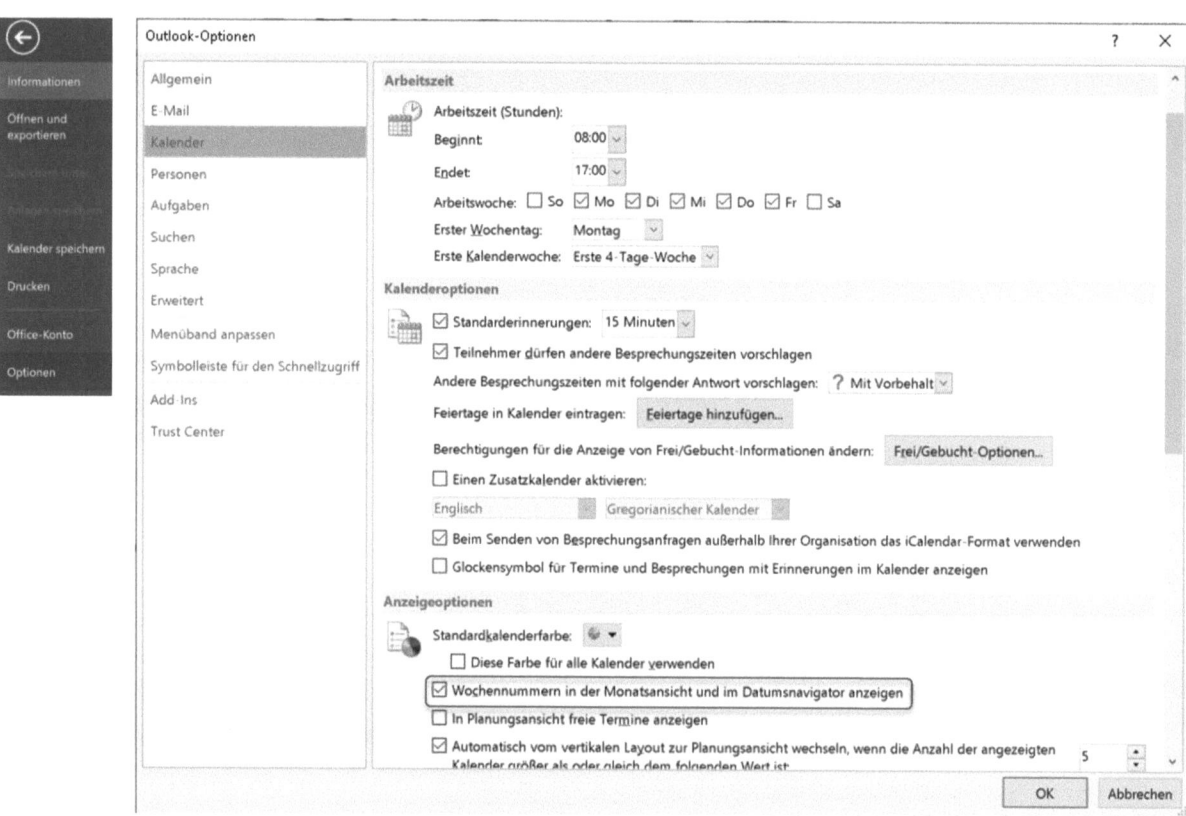

Wenn wir gerade im Optionsmenü sind, können wir auch direkt die Feiertage
herunterladen und dem Kalender hinzufügen:

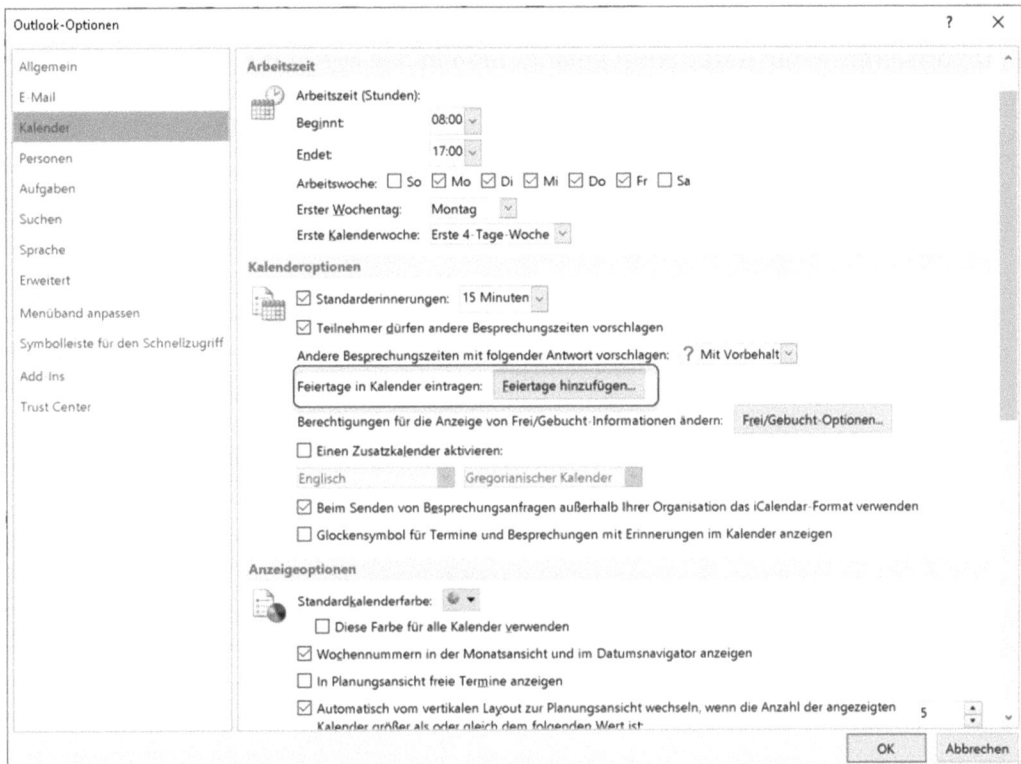

Das entsprechende Land auswählen und mit **OK** bestätigen:

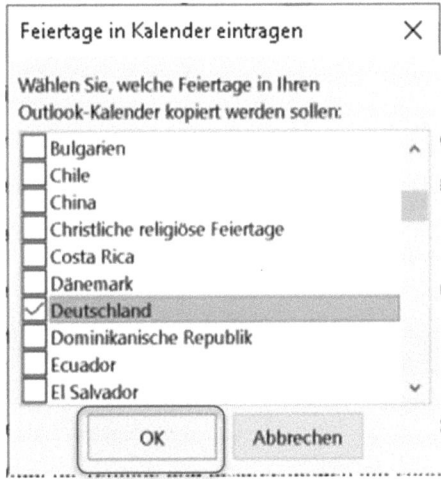

Neben diesen Funktionen nutze ich persönlich die Kategorien
um den Kalender zu strukturieren.

Um einem Event eine Kategorie zuzuweisen,

wechselt man in den Kalender auf das Event und mit **Rechtsklick –
Kategorisieren – Alle Kategorien** gelangt man in das Menü um Kategorien
festzulegen:

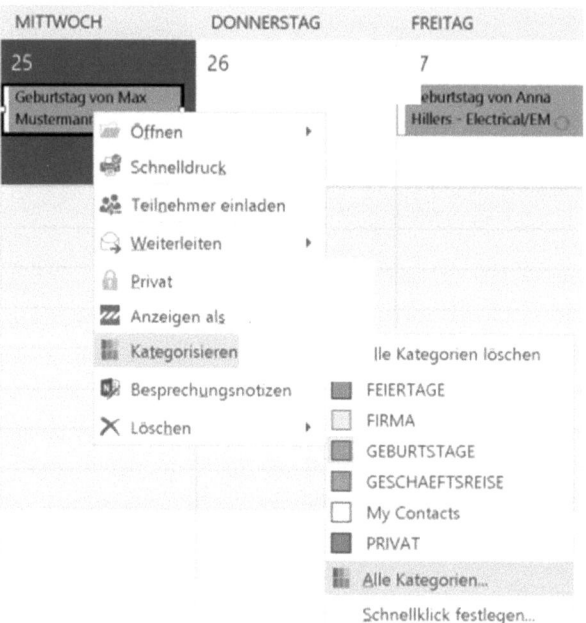

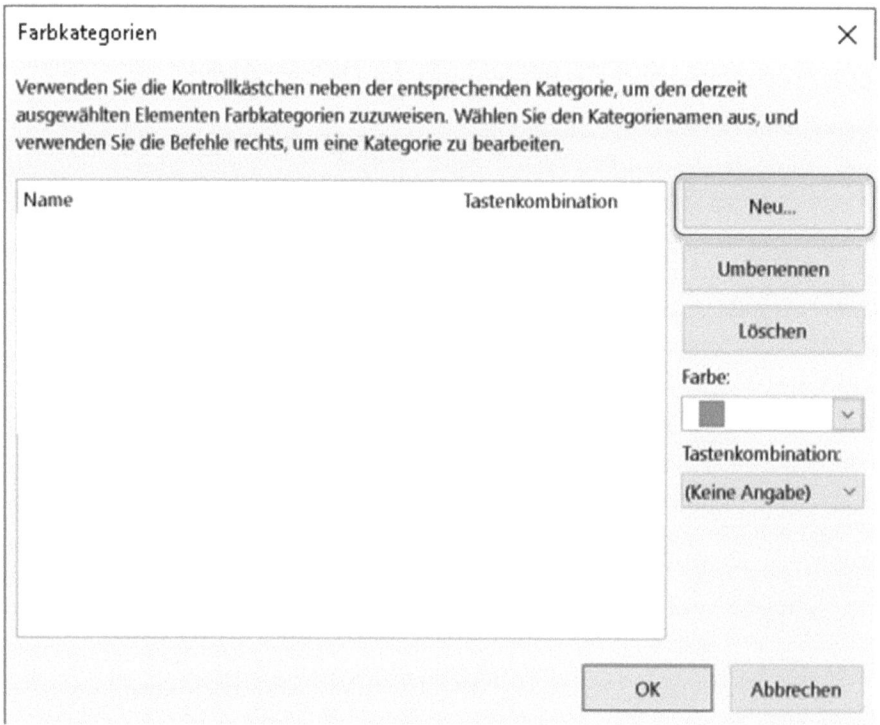

Mit einem Klick auf **Neu** kann man nun Namen und Farben für
die Kategorien vergeben.
In unserem Beispiel wären dies **GEBURTSTAGE** und die Farbe **Grün.**

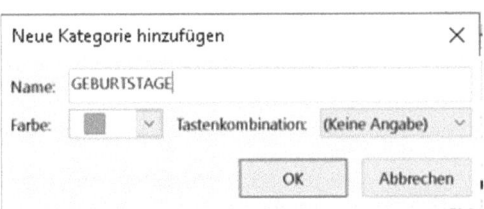

Ich persönlich nutze für den Kalender die folgenden Farben und Kategorien:

Einmal angelegt können diese dem Event über einen
Rechtsklick – Kategorie zugewiesen werden.
Wenn man möchte, kann man sich zudem Tastenkombinationen für häufig
genutzte Kategorien anlegen.

Das Event taucht nun farblich im Kalender auf und man hat eine wunderbare
Übersicht anhand der Kategorien und der farblichen Differenzierung.

Terminserien

Hat man Terminserien, so ist es oft lästig diese alle Manuell einzugeben.
Outlook bietet hier die Eingabemöglichkeit Serientyp.
Erstellt man einen neuen Termin über **Neuer Termin,**
so ist diese Option über **TERMIN – Optionen – Serientyp** verfügbar:

Machen wir es doch wieder konkret. Ich besuche einen Spanisch Kurs Dienstag
und Donnerstag von 12 Uhr bis 14 Uhr.
Der Kurs endet nach 4 Monaten insgesamt sind also 32 Termine wahrzunehmen.
Die Konfiguration würde also wie folgt aussehen

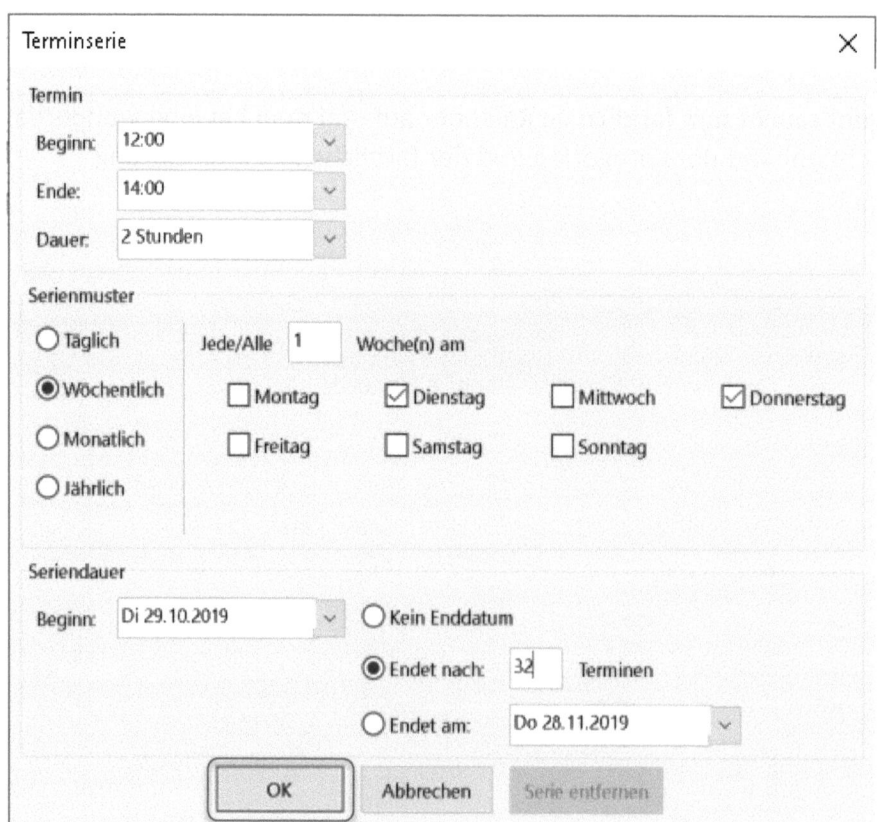

Nun mit **OK** bestätigen und den Betreff und Ort in den Termin einfügen:

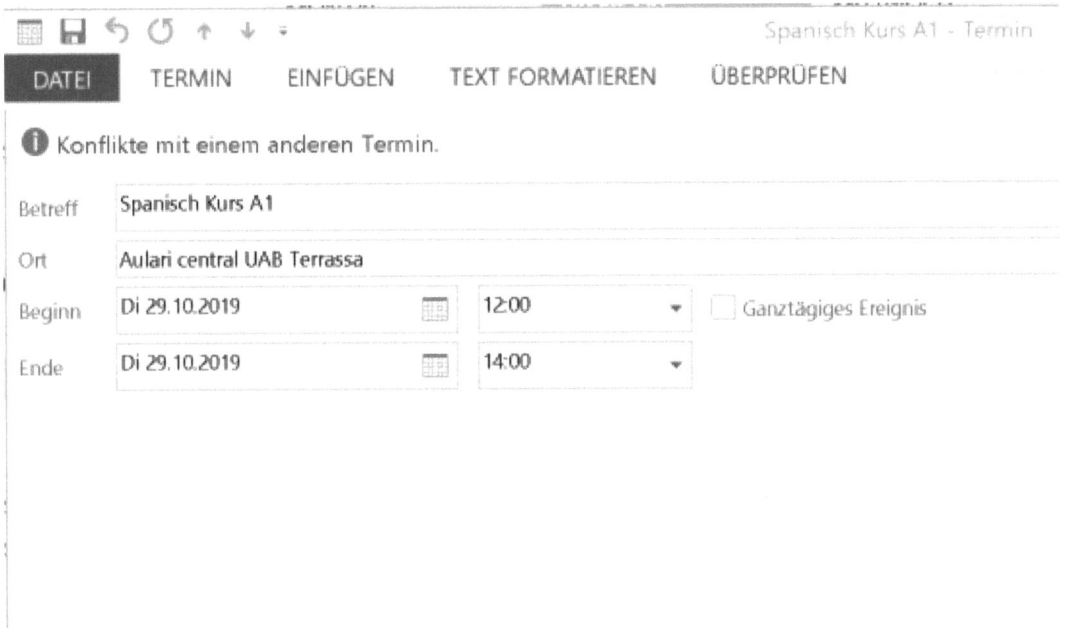

Nun mit der Diskette speichern und der Termin
ist für den kompletten Kurs gesetzt.

Termine über Excel importieren

Nun gibt es neben den Terminserien mit dem gleichen Betreff aber auch
Terminserien, bei denen der Betreff unterschiedlich ist.

Wie so oft nehmen wir direkt ein Beispiel aus der Praxis.

Die Kids in der Schule haben unterschiedliche Mittagsmenüs und wir wollen
diese nun in unseren Kalender aufnehmen um das Essen für den Tag auf dem
Kalender angezeigt zu bekommen.

Der Essenskalender sieht wie folgt aus:

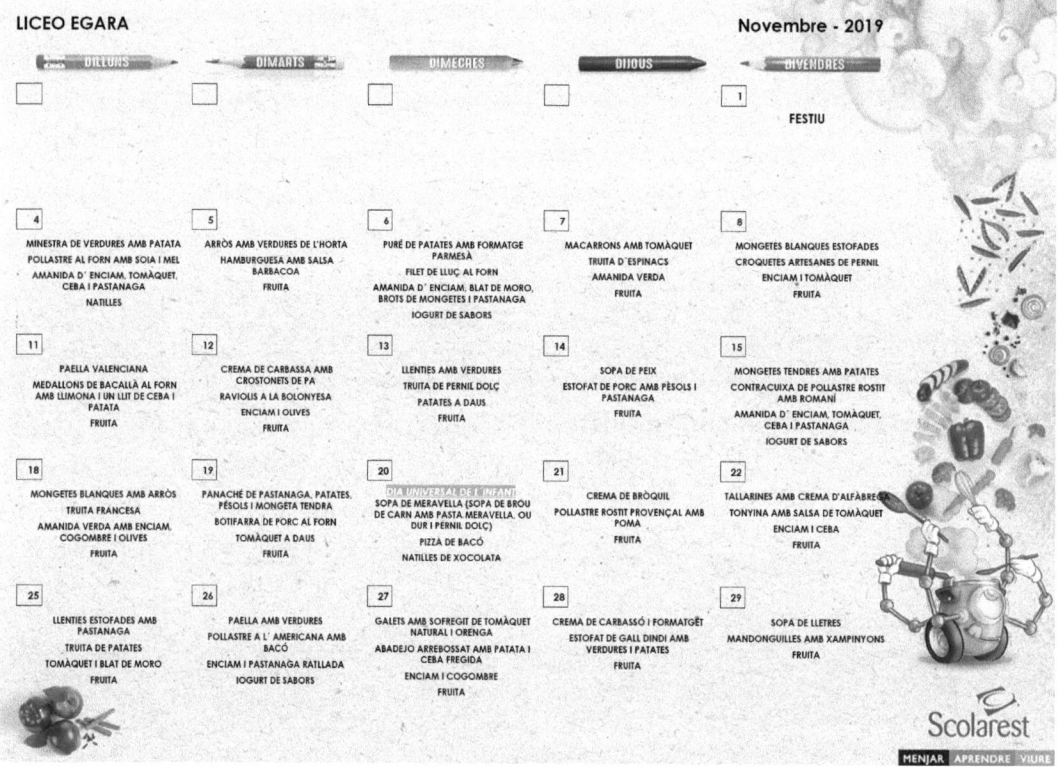

Nun öffnen wir also eine Excel Datei und fügen die folgenden Überschriften ein:

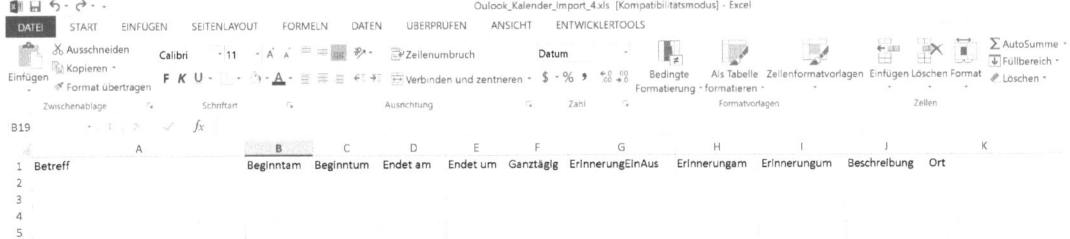

Nun kopieren wir einfach den Text aus dem PDF in das Excel und füllen die Daten für Betreff, den Ort können wir einmal einfügen und dann kopieren.
Die Uhrzeit ebenfalls in unserem Fall habe ich ein Zeitfenster am Mittag gewählt in dem die Kids essen.
Beim Datum können wir uns nun Excel wieder zu Nutze machen und die Wochenenden über z.B. eine Formel ausschließen.
Wem das zu kompliziert ist kopiert das Datum und löscht die Wochenenden.

Die Werte **Erinnerung** und **Ganztägig** deklarieren wir mit **FALSCH:**

	A Betreff	B Beginntam	C Beginntum	D Endet am	E Endet um	F Ganztägig	G ErinnerungEinAus	H Erinnerungam	I Erinnerungum	J Beschreibung	K Ort
2	MINESTRA DE VERDURES AMB PATATA POLLASTRE AL FORN AMB SOIA I MEL AMANIDA D´ ENCIAM, TOMÀQUET, CEBA I PASTANAGA NATILLES	04.11.2019	12:00:00	04.11.2019	14:00:00	FALSCH	FALSCH	04.11.2019	12:00:00		Escuela kids
3	ARRÒS AMB VERDURES DE L'HORTA HAMBURGUESA AMB SALSA BARBACOA FRUITA	05.11.2019	12:00:00	05.11.2019	14:00:00	FALSCH	FALSCH	05.11.2019	12:00:00		Escuela kids
4	PURÉ DE PATATES AMB FORMATGE PARMESÀ FILET DE LLUÇ AL FORN AMANIDA D´ ENCIAM, BLAT DE MORO, BROTS DE MONGETES I PASTANAGA IOGURT DE SABORS	06.11.2019	12:00:00	06.11.2019	14:00:00	FALSCH	FALSCH	06.11.2019	12:00:00		Escuela kids
5	MACARRONS AMB TOMÀQUET TRUITA D'ESPINACS AMANIDA VERDA FRUITA	07.11.2019	12:00:00	07.11.2019	14:00:00	FALSCH	FALSCH	07.11.2019	12:00:00		Escuela kids
6	MONGETES BLANQUES ESTOFADES CROQUETES ARTESANES DE PERNIL ENCIAM I TOMÀQUET FRUITA	08.11.2019	12:00:00	08.11.2019	14:00:00	FALSCH	FALSCH	08.11.2019	12:00:00		Escuela kids
7	PAELLA VALENCIANA MEDALLONS DE BACALLÀ AL FORN AMB LLIMONA I UN LLIT DE CEBA I PATATA FRUITA	11.11.2019	12:00:00	11.11.2019	14:00:00	FALSCH	FALSCH	11.11.2019	12:00:00		Escuela kids
8	CREMA DE CARBASSA AMB CROSTONETS DE PA RAVIOLIS A LA BOLONYESA ENCIAM I OLIVES FRUITA	12.11.2019	12:00:00	12.11.2019	14:00:00	FALSCH	FALSCH	12.11.2019	12:00:00		Escuela kids
9	LLENTIES AMB VERDURES TRUITA DE PERNIL DOLÇ PATATES A DAUS FRUITA	13.11.2019	12:00:00	13.11.2019	14:00:00	FALSCH	FALSCH	13.11.2019	12:00:00		Escuela kids

Nun Speichern wir das Excel als **.csv** Datei ab
– Achtung hier Trennzeichen-getrennt wählen:

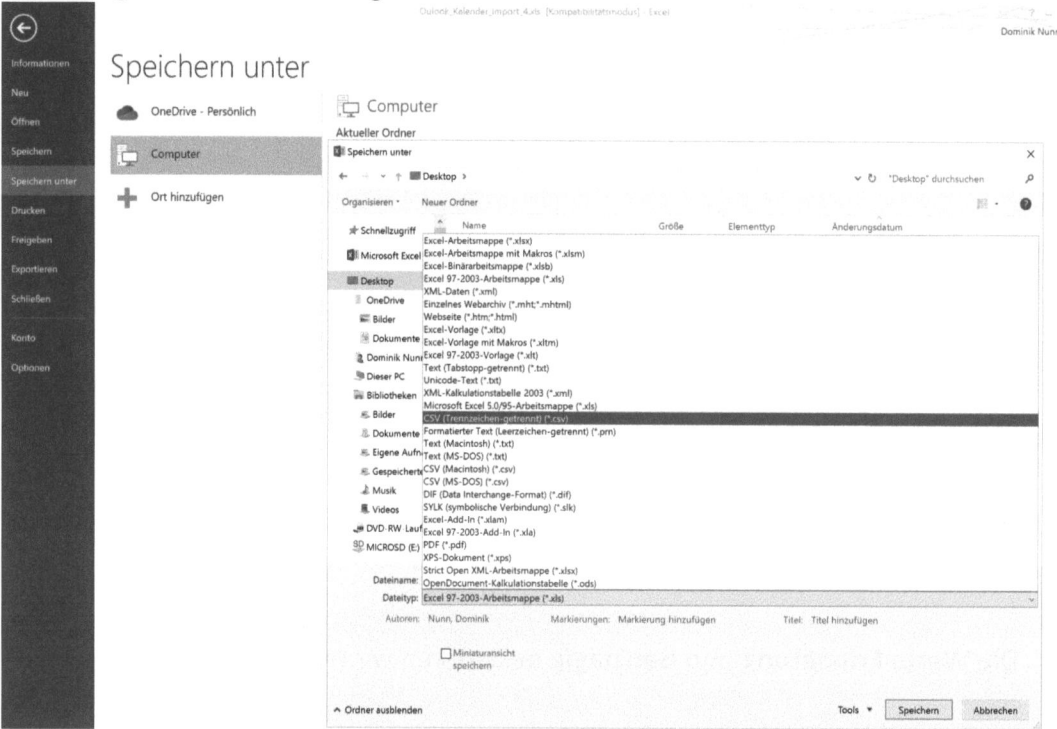

Bei älteren Outlook Versionen konnte man nun direkt importieren,
die neueren Versionen benötigen aber ein Komma anstelle des Semikolons als
Trennzeichen.

D.h. wir schließen nun Outlook und öffnen die .csv Datei über einen Rechtsklick
öffnen mit Editor:

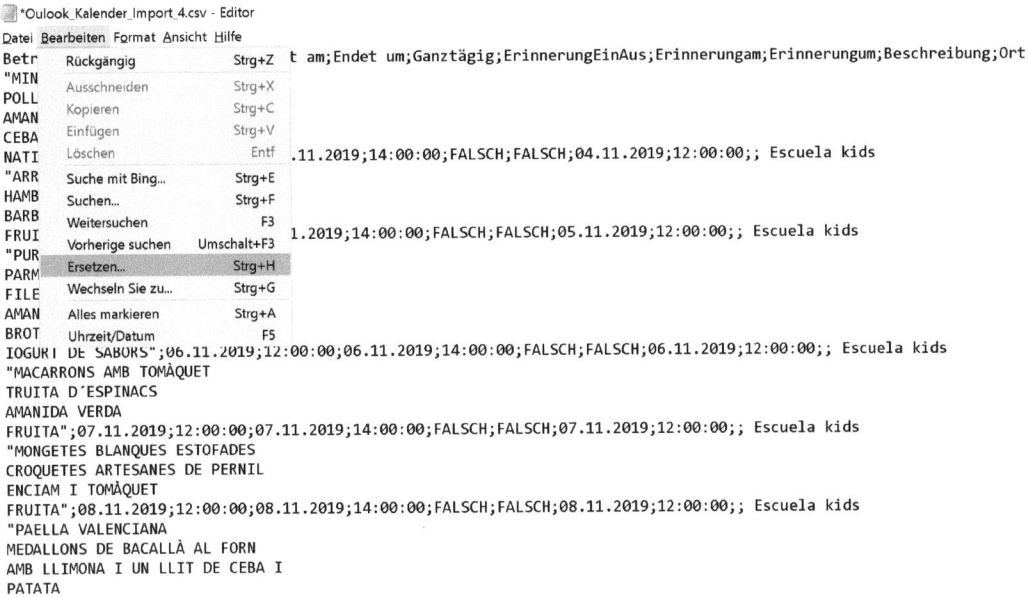

Über das Menü **Bearbeiten – Ersetzen** tauschen wir nun das Semikolon durch ein Komma:

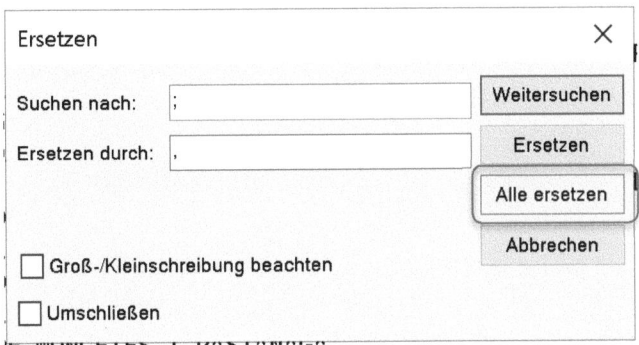

Nun die Datei Speichern und dann können wir mit dem Import starten.

Wir wählen in Outlook **Datei – Öffnen und exportieren – Importieren/Exportieren** aus meiner Sicht etwas verwirrend aber das Ergebnis zählt:

Nun den ersten Menüpunkt wählen und mit **weiter** bestätigen:

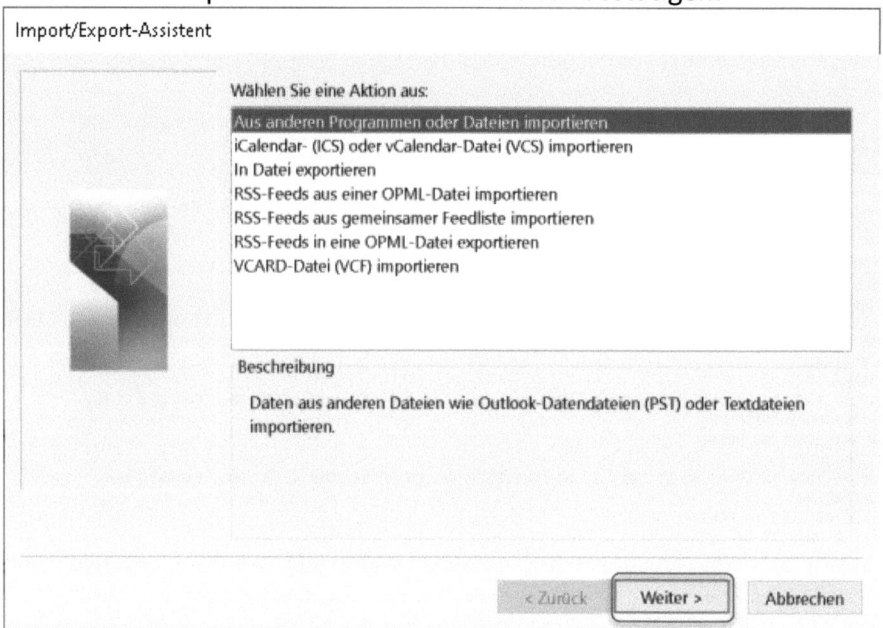

Im nächsten Menü ist ebenfalls der erste Menüpunkt zu wählen:

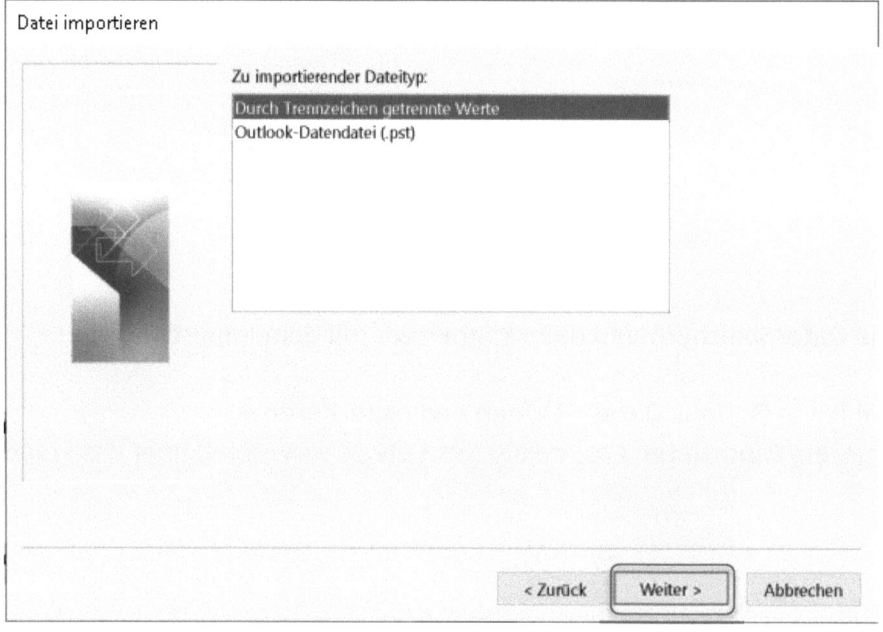

Nun wählen wir den Dateispeicherort aus, die Option Erstellen von Duplikaten kann angewählt bleiben.

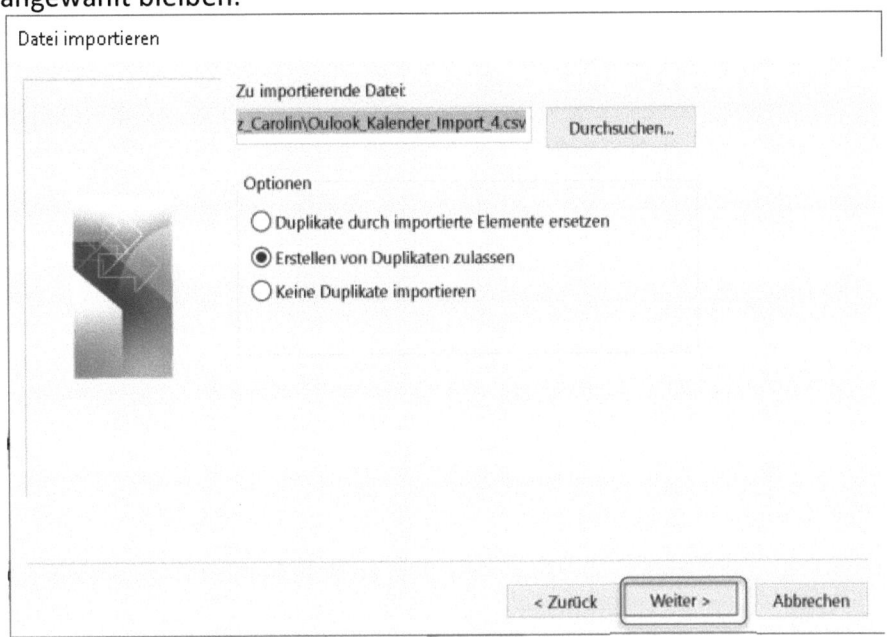

Im nächsten Schritt wählen wir den Kalender in den wir importieren wollen an und bestätigen mit **weiter:**

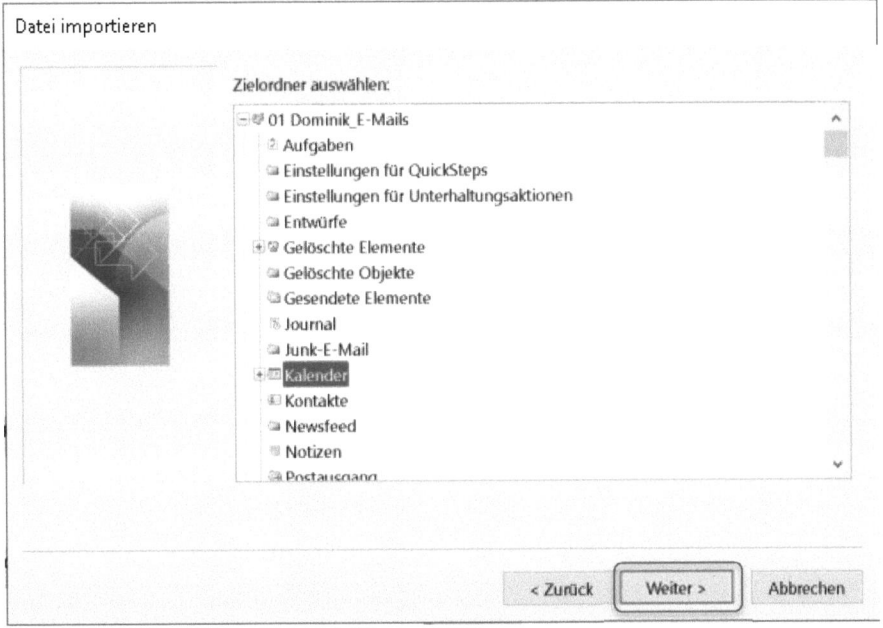

Im nächsten Fenster sollte ein Haken in der Outlook Import Datei gesetzt sein

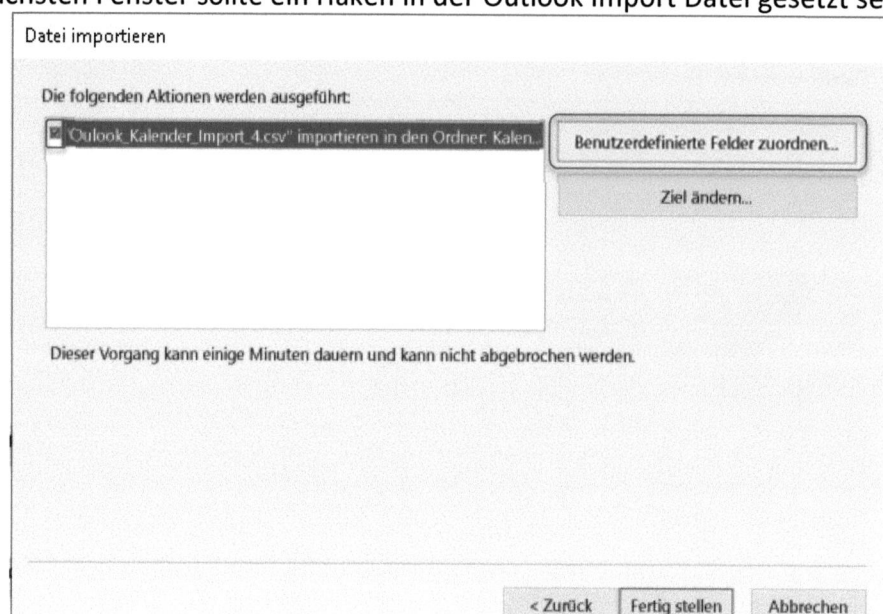

Zudem prüfen wir ob die Zuordnung funktioniert – hierzu dass Feld
Benutzerdefinierte Felder zuordnen anklicken.
Sind Zuordnungen vorhanden,
so ordnet Outlook automatisch die Überschriften die gleichlautend sind zu:

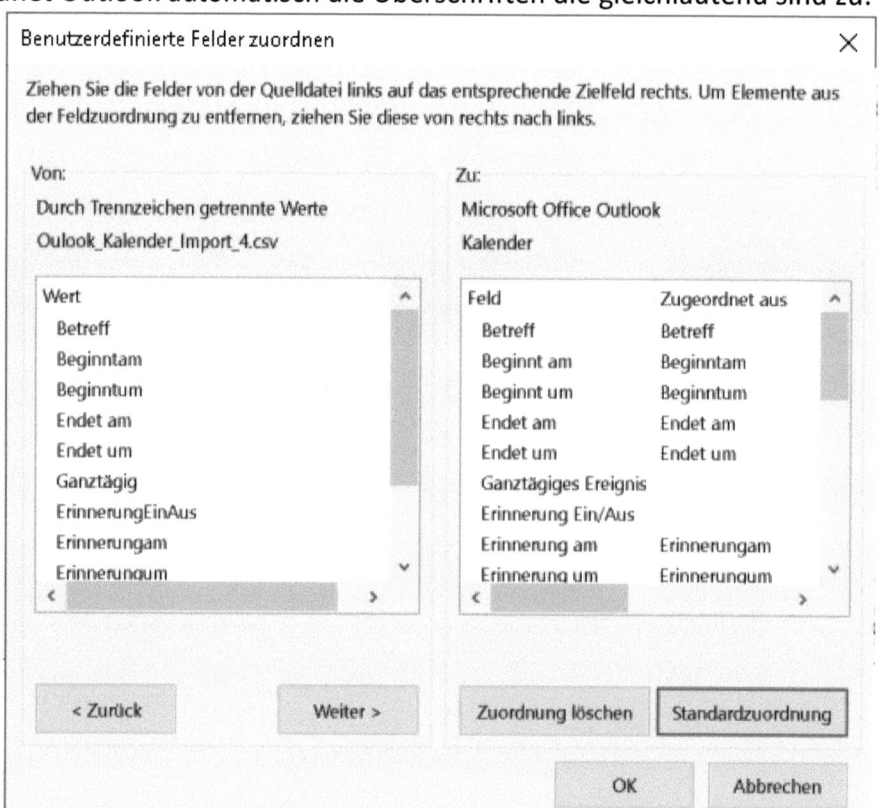

Bei Feldern bei denen unsere Spaltenbeschriftung nicht eindeutig ist sollten wir
nun mit der linken Maustaste die Zuordnung manuell übernehmen – in unserem
Beispiel **Gänztägig** und **ErinnerungEinAus**
im Anschluss bestätigen wir mit **OK:**

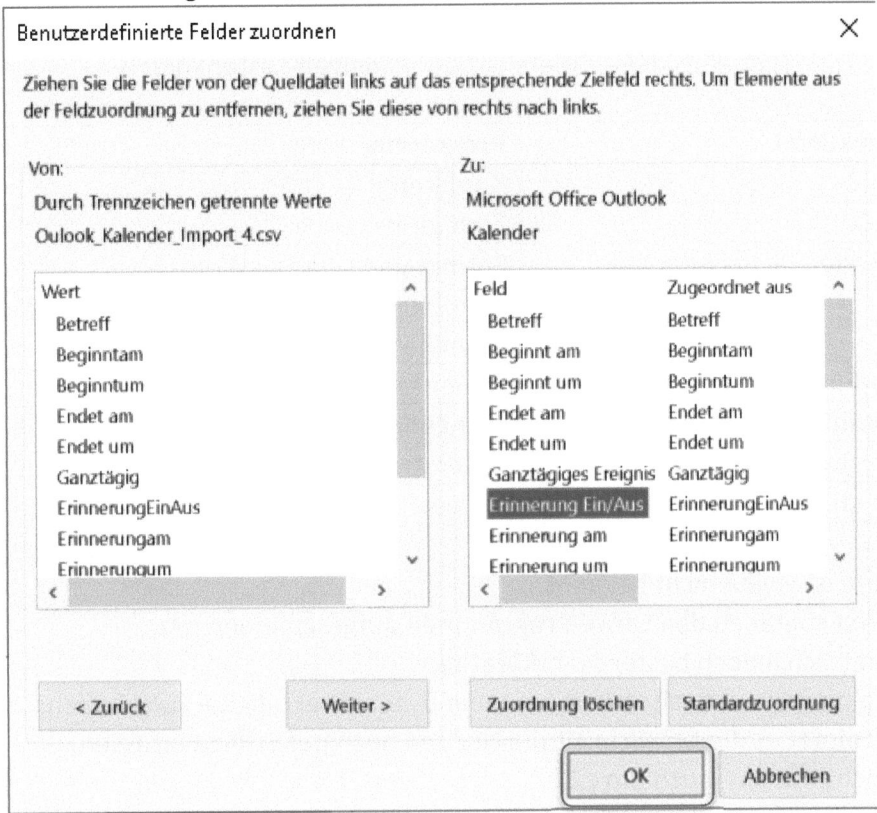

Final noch fertigstellen anklicken und unser Import ist abgeschlossen:

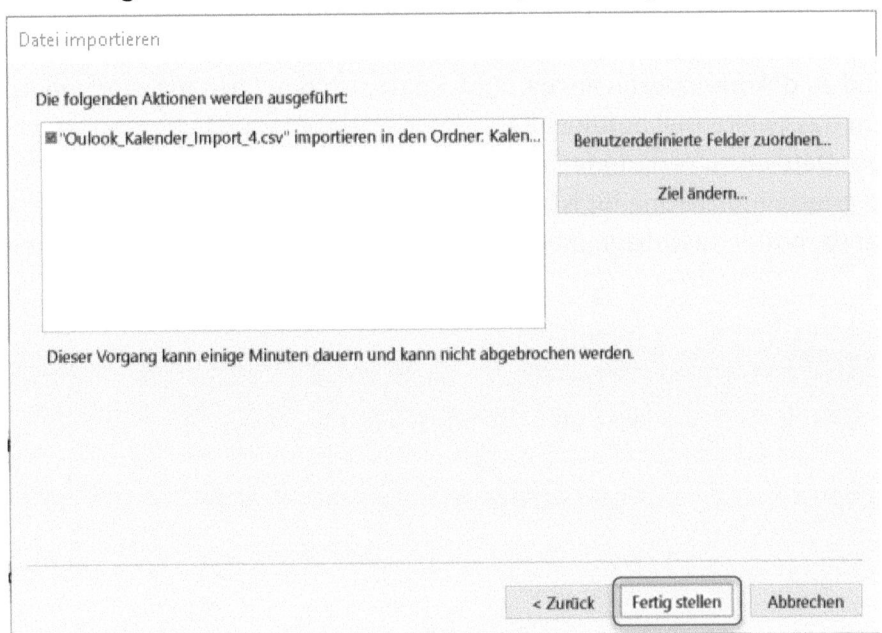

OneNote

 OneNote ist ein digitaler Notizblock von Microsoft.
Wie bereits erwähnt können hier die Tastenkürzel die auch unter
Windows geläufig sind genutzt werden.
Zudem sind einige spezifischen Tastenkürzel sehr nützlich
Hier eine kleine Übersicht der gängigen Tastenkürzel:

Tastenkürzel	Programm
Strg + c	Kopieren
Strg + v	Einfügen
Strg + Pfeil rechts oder links	Springt von Wort zu Wort (kombiniert mit der shift Taste können so schnell Wörter markiert werden)
Strg + Enter	Neuer Absatz
Strg + shift + f	Fett gedruckt
Strg + shift + u	Unterstrichen
Strg + shift + k	Kursiv

OneNote ist vielen nicht bekannt,
da es erst später zu den Office Programmen aufgeschlossen hat.
Es eignet sich jedoch bestens um Meetings
und Trainings zu verwalten und um neue Daten direkt digital zu erfassen.
Zudem bietet es die Möglichkeit die Notizen auch per Stift zu erfassen.
Aber nicht nur das, auch um z.B.
die Lösungen für Probleme in einer Art Journal zu dokumentieren.
Dieses Buch ist auch deshalb so Praxis nah,
da es aus meiner Sammlung entstanden ist die ich privat und geschäftlich für die
Problemlösungen die ich gefunden habe in OneNote gesammelt habe.
Das lohnt sich, auch wenn man kein Buch schreibt denn wer sich den kleinen
Aufwand zu dokumentieren angewöhnt, spart sich den Suchaufwand wenn das
Problem das zweite Mal auftaucht.
Auch um Dateien zu verknüpfen eignet sich OneNote.
Die integrierte Indizierung für Notizen, Sprachaufnahmen
und Handschriftliche Notizen macht es zu mehr als einem Dateimanagement
System.

Ablage Struktur

Generell können in OneNote Notizbücher
für unterschiedliche Zwecke angelegt werden.
Für mich haben sich folgende Notizbücher bewährt:

Meetings
Newsletter
IT
MOP   *(Manager Of People)*
Beispiele
ECN   *(Engineering Change Notice)*
ZM   *(Zulassungs Mitteilung)*
Sonstiges

Natürlich hängt die Notizbuchauswahl von Ihrem jeweiligen Einsatzgebiet ab, dies
soll lediglich ein Beispiel für eine mögliche Umsetzung in der Praxis sein.
Meetings kann auf jeden anderen Einsatzbereich übertragen werden.
Newsletter ist eine Sektion in der ich jede Woche markante Probleme
und Themen für die Abteilung mitgeführt habe,
die dann einmal in der Woche in einem Abteilungsgespräch abgehandelt
werden konnten.
IT (in dem wie bereits erwähnt, von mir jegliche Problemstellung
und anschließende Lösung dokumentiert wird).
Im Ordner MOP also Manager of People können Feedback Gespräche,
Mitarbeiterbewertungen, Einarbeitungspläne, Arbeitsplatzbeschreibungen
und Dokumentationen für Abteilungsevents
und Verabschiedungen abgelegt werden.
Im Ordner Beispiele kann man Bilder für spezielle Lösungen,
ein Abschnitt für Erklärungen, ein Abschnitt für Bauteile und ein Abschnitt für
Anwendungsbeispiele mitführen.
ECN und ZM ist speziell in meinem Arbeitsbereich für Zulassungsänderungen
und Änderungen an Bauteilen vorgesehen.
Erwähnenswert hier, dass das Notizbuch für ECN und ZM auf dem Server abgelegt
wurden, sodass das Team, das lese und Schreibrechte auf diesem Serverpfad hat,
interaktiv mit gestalten kann.

D.h. das Team kann den Ordner sehen, darin suchen und bei Rückfragen an die
Fachabteilung, die Fragen und Antworten direkt mit dokumentieren.
Im Abschnitt Sonstiges können Dinge abgelegt werden,
die in den anderen Notizbüchern nicht zugeordnet werden können.

In diesen Notizbüchern werden dann wieder Abschnitte erstellt,
in den Abschnitten wiederum Seiten.
Bei Meetings wären also das Notizbuch **Meeting** mit Abschnitten für die
jeweiligen Jahre versehen und dort dann für jedes Meeting Seiten angelegt.

Damit das ganze etwas greifbarer wird hier etwas grafischer dargestellt:

Notizbücher:

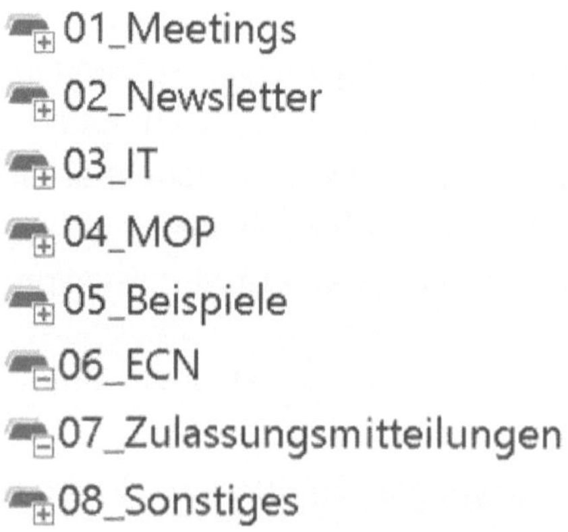

- 01_Meetings
- 02_Newsletter
- 03_IT
- 04_MOP
- 05_Beispiele
- 06_ECN
- 07_Zulassungsmitteilungen
- 08_Sonstiges

Abschnitte:

01_Meetings

| 2011 | 2013 | 2014 | 2015 | 2016 | 2017 | 2018 | 2019 | + |

02_Newsletter

| Newsletter 2... | Newsletter 2... | Newsletter 2... | Newsletter 2... | Newsletter 2... | Newsletter 2019 | ... ▼ | + |

03_IT

| Adobe Acrobat | BAT | Esplan | Word | Excel | Access | Outlook | One Note | Power Point | SAP | ... ▼ | + |

04_MOP

| Arbeitsvorlagen | Leistungsbew... | Arbeitszeugnis... | EG | SB | EHS | 8D Report | Feedback Gespräche | ... ▼ | + |

05_Beispiele

| E-Mail Erkläru... | Anwendungen | Bauteile Komp... | Bilder | ... ▼ | + |

06_ECN

| 2011 | 2013 | 2014 | 2015 | 2016 | 2017 | 2018 | 2019 | + |

07_Zulassungsmitteilungen

| 2011 | 2013 | 2014 | 2015 | 2016 | 2017 | 2018 | 2019 | + |

08_Sonstiges

| Unsortierte Scans | + |

Seiten:

Final sind noch die Seiten anzulegen.

Hier kann man je nach Bereich Sinnvolle Kategorien finden.

Für Meetings habe ich mir angewöhnt die Beschreibung aus Outlook zu kopieren – dies funktioniert mit OneNote wunderbar, da die Programme verknüpft sind.

Nutzen der Daten aus Outlook

Bei der Überschrift stelle ich dann noch das aktuelle Datum vorne an in der Reihenfolge Jahr/Monat/Tag.

Hier wieder das Beispiel konkret:

Zunächst erstellt man eine neue Seite über **Seite hinzufügen:**

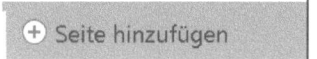

Nun über **START – Besprechungsdetails** nun

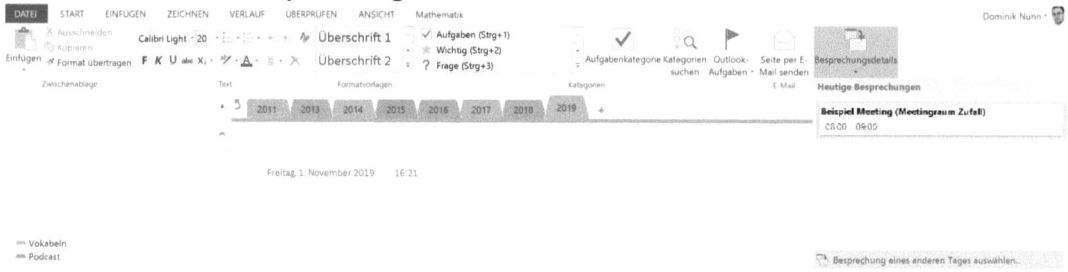

Nun das Datum vorne anstellen:

So ist im Handumdrehen die Basis für ein Meeting geschaffen.

Diktierfunktion

Heute sind meistens Laptops im Einsatz, diese haben auch ein Mikrofon
eingebaut, OneNote unterstützt hier die sogenannte Diktierfunktion.
Diese Funktion kann natürlich nur genutzt werden,
wenn die Personen im Meeting zustimmen.
Sollte man die Funktion einsetzen bietet diese jedoch die Möglichkeit,
dass man Notizen oder Bilder die man im Laufe des Meetings einfügt direkt
zuordnen kann da beim Abspielen ein Zeichen auf der Notizbuchseite
mitwandert und anzeigt zu welcher Zeit welcher Text mitgeschrieben wurde bzw.
welches Bild eingefügt wurde.
Die Sprachnotizen mit OneNote werden ebenfalls indiziert und so kann die
Suchfunktion auch Text in der Audiodatei erkennen.

Die Aufzeichnung kann wie folgt gestartet werden:
EINFÜGEN – Audio Aufnehmen:

Die Audiodatei wird wie folgt im Notizbuch dargestellt:

Notizen

2019.11.01 -
Beispiel...

Audioaufnahme gestartet: 17:15 Freitag, 1. November 2019

Über ein Klick auf die Datei öffnet sich das Menü zum Abspielen:

Suchfunktion OneNote

Die Suchfunktion in OneNote ist auf der rechten Seite von OneNote zu finden:

Über einen Klick auf den Pfeil am Rand kann man die Suche auf die Seite einschränken bzw. die Suche verfeinern:

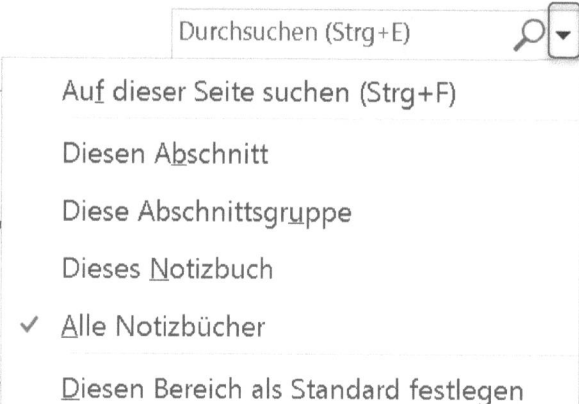

Mit der Suchfunktion hat man eine optimale Automatisierung zum Suchen von Daten für die Meetings und Notizen,
was die eigene Wissensdatenbank noch effizienter macht.

Meeting Vorlage

Je effizienter man wird, desto mehr Dinge handelt man ab.

So war es natürlich auch bei mir und obwohl ich ein Freund vom Reflektieren bin und dies auch fleißig für meine Meetings getan habe,

viel es mir am Ende schwer all die Meetings in Reinform zu schreiben.

Um auch hier mehr Effizienz zu erzielen, gibt es nur einen Weg

– direkt sauber strukturiert mitarbeiten.

Dies ist nicht immer ohne weiteres möglich, aber es gibt doch den ein oder anderen Trick – wie bereits hier erwähnt kann z.B. die Überschrift automatisch eingefügt werden.

Neben dieser praktischen Funktion, kann man auch Vorlagen generieren und diese dann im weiteren Verlauf nutzen.

Zunächst erstellt man also seine Vorlage in dem Stil, indem man sich die Vorlage vorstellt. Für mich hat es sich bewährt, die Vorlage mit Randmarkierungen zu versehen, sodass ich diese später auch in A4 drucken kann.

Zudem führe ich gerne die Visitenkarten und ggf. Bilder mit.

Meine Vorlagen in Deutsch und Englisch sehen also wie folgt aus:

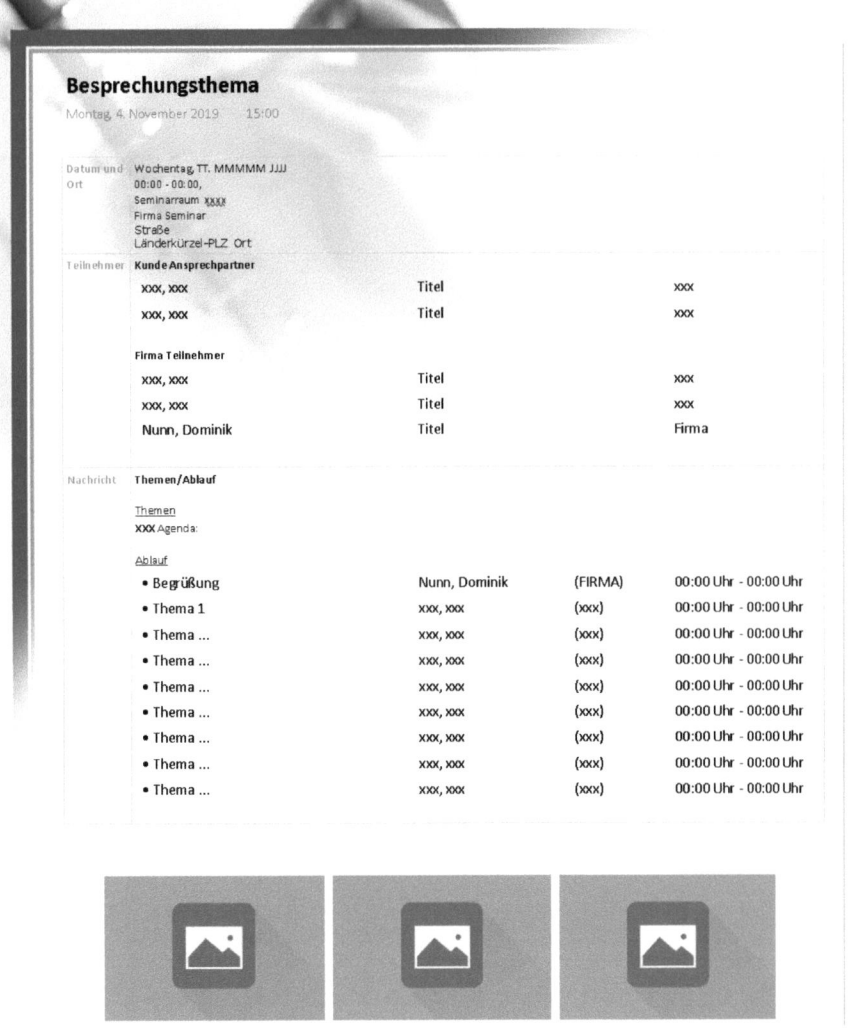

Pkt.	Beschreibung	Zeit / Personen
1.	**Überschrift** Beschreibung	Nunn, Dominik *(XXXXX)* 00:00 Uhr - 00:00 Uhr **Teilnehmer** xxx, xxx xxx, xxx
2.	**Überschrift** Beschreibung	Nunn, Dominik *(XXXXX)* 00:00 Uhr - 00:00 Uhr **Teilnehmer** xxx, xxx xxx, xxx
3.	**Überschrift** Beschreibung	Nunn, Dominik *(XXXXX)* 00:00 Uhr - 00:00 Uhr **Teilnehmer** xxx, xxx xxx, xxx
4.	**Überschrift** Beschreibung	Nunn, Dominik *(XXXXX)* 00:00 Uhr - 00:00 Uhr **Teilnehmer** xxx, xxx xxx, xxx
5.	**Überschrift** Beschreibung	Nunn, Dominik *(XXXXX)* 00:00 Uhr - 00:00 Uhr **Teilnehmer** xxx, xxx xxx, xxx
6.	**Überschrift** Beschreibung	Nunn, Dominik *(XXXXX)* 00:00 Uhr - 00:00 Uhr **Teilnehmer** xxx, xxx xxx, xxx
7.	**Überschrift** Beschreibung	Nunn, Dominik *(XXXXX)* 00:00 Uhr - 00:00 Uhr **Teilnehmer** xxx, xxx xxx, xxx
8.	**Überschrift** Beschreibung	Nunn, Dominik *(XXXXX)* 00:00 Uhr - 00:00 Uhr **Teilnehmer** xxx, xxx xxx, xxx
9.	**Überschrift** Beschreibung	Nunn, Dominik *(XXXXX)* 00:00 Uhr - 00:00 Uhr **Teilnehmer** xxx, xxx xxx, xxx
10.	**Überschrift** Beschreibung	Nunn, Dominik *(XXXXX)* 00:00 Uhr - 00:00 Uhr **Teilnehmer** xxx, xxx xxx, xxx

<u>Fotos Schulung</u>

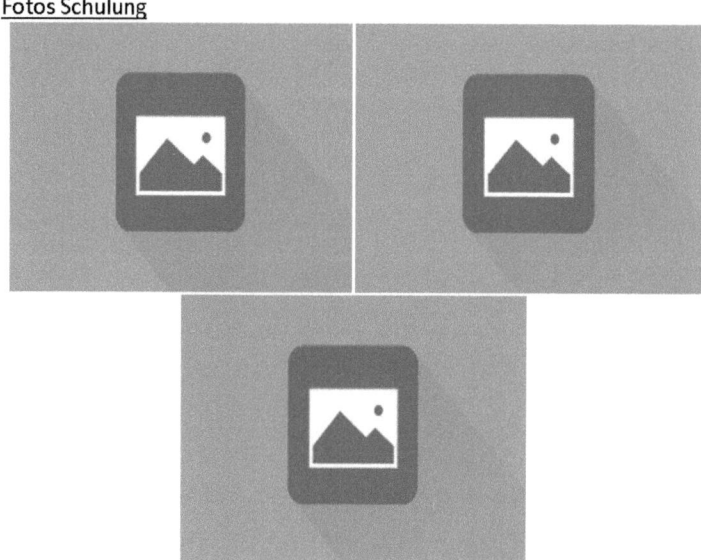

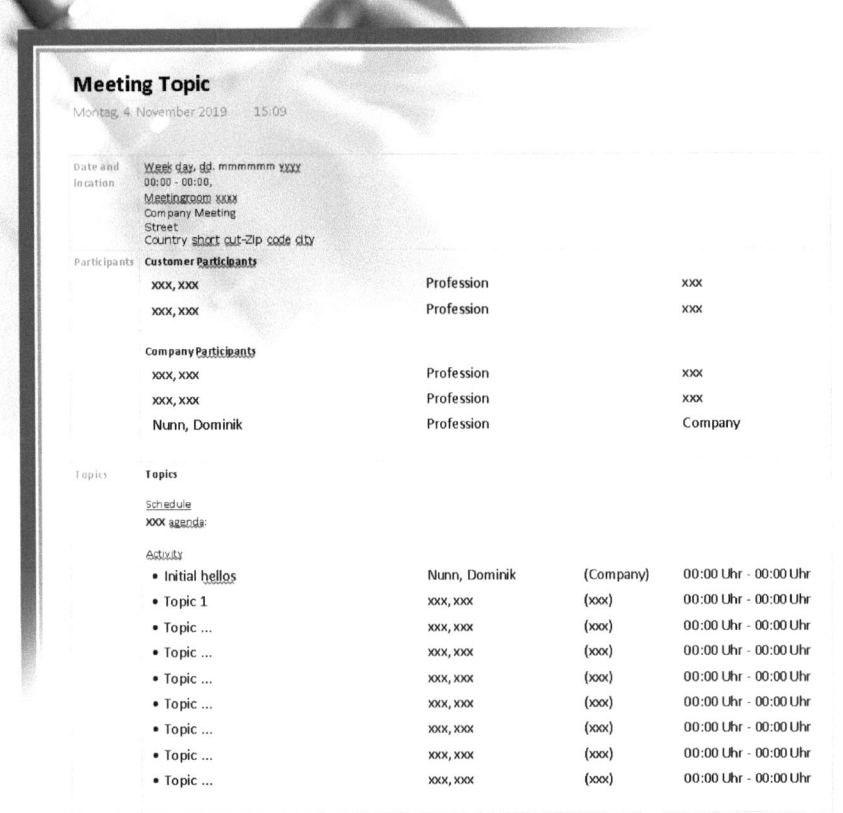

Meeting Topic

Montag, 4. November 2019   15:09

Date and location	Week day, dd. mmmmmm yyyy 00:00 - 00:00, Meetingroom xxxx Company Meeting Street Country short cut-Zip code city		
Participants	**Customer Participants**		
	xxx, xxx	Profession	xxx
	xxx, xxx	Profession	xxx
	Company Participants		
	xxx, xxx	Profession	xxx
	xxx, xxx	Profession	xxx
	Nunn, Dominik	Profession	Company

Topics	**Topics**			
	Schedule xxx agenda:			
	Activity			
	• Initial hellos	Nunn, Dominik	(Company)	00:00 Uhr - 00:00 Uhr
	• Topic 1	xxx, xxx	(xxx)	00:00 Uhr - 00:00 Uhr
	• Topic ...	xxx, xxx	(xxx)	00:00 Uhr - 00:00 Uhr
	• Topic ...	xxx, xxx	(xxx)	00:00 Uhr - 00:00 Uhr
	• Topic ...	xxx, xxx	(xxx)	00:00 Uhr - 00:00 Uhr
	• Topic ...	xxx, xxx	(xxx)	00:00 Uhr - 00:00 Uhr
	• Topic ...	xxx, xxx	(xxx)	00:00 Uhr - 00:00 Uhr
	• Topic ...	xxx, xxx	(xxx)	00:00 Uhr - 00:00 Uhr
	• Topic ...	xxx, xxx	(xxx)	00:00 Uhr - 00:00 Uhr

No.	Description	Time / Participants
1.	**Title** Description	Nunn, Dominik *(XXXXX)* *00:00 Uhr - 00:00 Uhr* **Participants** xxx, xxx xxx, xxx
2.	**Title** Description	Nunn, Dominik *(XXXXX)* *00:00 Uhr - 00:00 Uhr* **Participants** xxx, xxx xxx, xxx
3.	**Title** Description	Nunn, Dominik *(XXXXX)* *00:00 Uhr - 00:00 Uhr* **Participants** xxx, xxx xxx, xxx
4.	**Title** Description	Nunn, Dominik *(XXXXX)* *00:00 Uhr - 00:00 Uhr* **Participants** xxx, xxx xxx, xxx
5.	**Title** Description	Nunn, Dominik *(XXXXX)* *00:00 Uhr - 00:00 Uhr* **Participants** xxx, xxx xxx, xxx
6.	**Title** Description	Nunn, Dominik *(XXXXX)* *00:00 Uhr - 00:00 Uhr* **Participants** xxx, xxx xxx, xxx
7.	**Title** Description	Nunn, Dominik *(XXXXX)* *00:00 Uhr - 00:00 Uhr* **Participants** xxx, xxx xxx, xxx
8.	**Title** Description	Nunn, Dominik *(XXXXX)* *00:00 Uhr - 00:00 Uhr* **Participants** xxx, xxx xxx, xxx
9.	**Title** Description	Nunn, Dominik *(XXXXX)* *00:00 Uhr - 00:00 Uhr* **Participants** xxx, xxx xxx, xxx
10.	**Title** Description	Nunn, Dominik *(XXXXX)* *00:00 Uhr - 00:00 Uhr* **Participants** xxx, xxx xxx, xxx

Pictures training

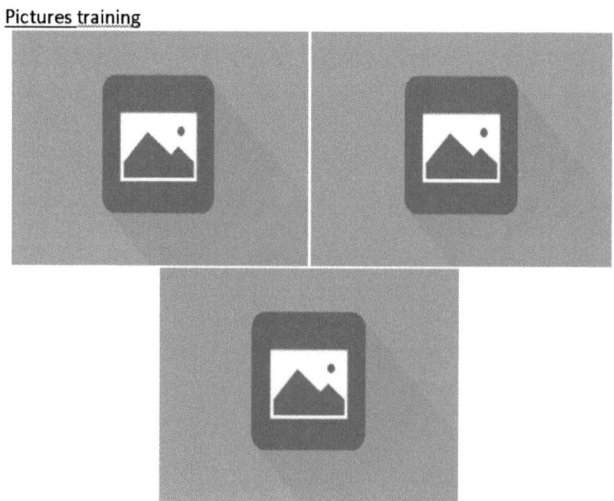

Über das Menü **EINFÜGEN – SEITENVORLAGE** kann man ein Untermenü öffnen,
in diesem kann man nun noch Vorlagen für Hintergründe etc. auswählen:

Die Vorlage(n) erscheinen
nach dem Speichern hier

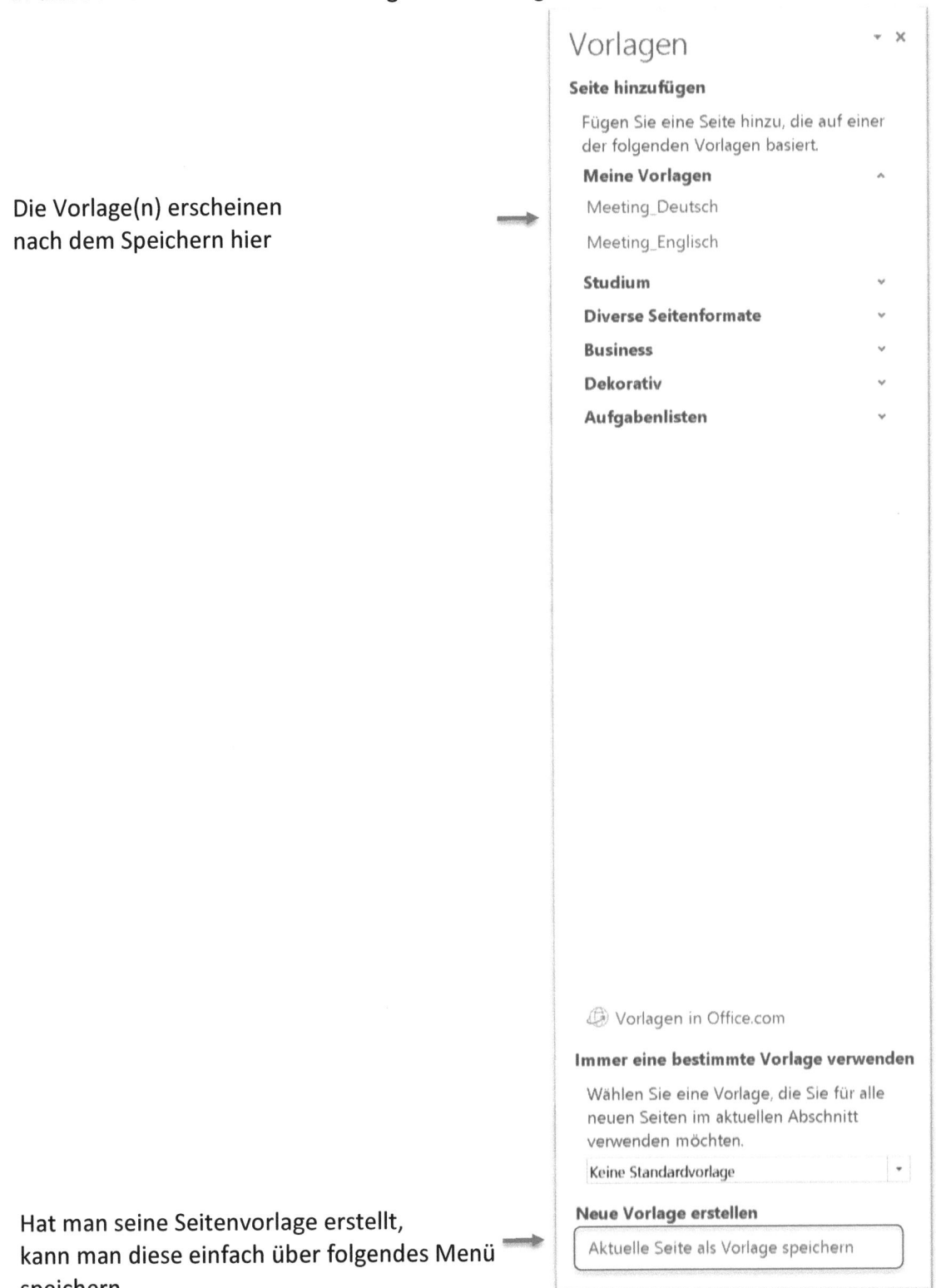

Hat man seine Seitenvorlage erstellt,
kann man diese einfach über folgendes Menü
speichern.

Nun geht man in den gewünschten Abschnitt,
über das Menü **EINFÜGEN – Seitenvorlagen** die gewünschte Vorlage auswählen:

nach dem Einfügen nun die Überschrift markieren und wie weiter oben
beschrieben ggf. eine Besprechungsüberschrift aus Outlook und das Datum
einfügen.
So hat man eine gute Basis, die bei disziplinierter Umsetzung direkt als Protokoll
genutzt werden kann und fast keine Nacharbeit erfordert.

Wer möchte kann die OneNote Notizen dann direkt per E-Mail über das Menü
START – Seiten per E-Mail senden verteilen:

Für mich ein optimaler Workflow, da man hier noch die E-Mail Adressen
direkt parat hat.

Handy

Das Thema Handy ist wirklich interessant für mich.

Ich habe selbst erlebt wie die Handys auf den Markt kamen und wie rasant sich die Technik entwickelt hat.

Heute kann man nahezu alles auch mit dem Handy abwickeln.

Ein Multifunktionsgerät das Kamera, Internet, Schreibprogramm, Adressbuch und Diktiergerät zu einer wundervollen Symbiose vereint. Viele sind sich gar nicht bewusst, was da so alles möglich ist.

Die Kamera ermöglicht es überall einmal schnell ein Foto zu machen und über das Internet können wir uns über Messanger wie WhatsApp ruck zuck austauschen.

Die Taschenlampe im Handy ist eine nützliche Eigenschaft, der Wecker ist überall mit Dabei und die Uhr stellt sich automatisch um.

Entwickler haben das Potential längst erkannt, so kann man über den integrierten NFC Reader automatisch die Kreditkarte einlesen um die Daten nicht eingeben zu müssen, man kann Rechnungen z.B. bei der privaten Krankenkasse tagesaktuell abfotografieren und übermitteln, oder über einen Logic code Banküberweisungsdaten in der Onlinebanking App einlesen.

Nahezu 80% der Anwender konsumieren im Jahr 2019 Inhalte im Internet über das Smartphone oder Tablet und Bücher werden zunehmend auf dem Handy oder eBook reader gelesen.

Aus diesem Grund möchte ich auch einige Impulse zum Thema Handy in diesem Buch mit beschreiben – aus meiner Sicht nicht nur in der Arbeitswelt ein nützlicher Begleiter.

Sortierung

Nicht nur unsere Kinder und Jugendlichen verlieren den Überblick,
wenn Sie zu viele Spiele installiert haben.
Die vielen Applikationen die man heute Schritt für Schritt installiert
machen es schwer den Überblick zu behalten.
Wie am Computer ist hier die Textsuche nützlich, im Iphone aber auch bei
den Samsung Handys kann man das Handy nach Text durchsuchen.
Ich möchte hier auf Android Smartphones eingehen.
Einmal von unten nach oben streichen und schon kommt man in die
Durchsuchen Maske:

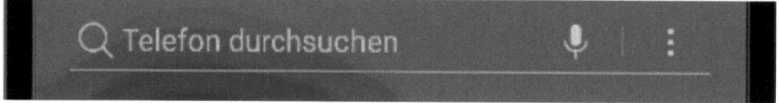

Nun kann man den Namen der App eingeben und gelangt so zu der App.
Der Nachteil ist, dass man oft den Namen so gar nicht mehr im Kopf hat.

Für mich ist deshalb auch hier Struktur das A und O.
In meinem Fall hat sich eine Sortierlogik aus zwei Komponenten bewährt.
Zum einen Kategorien bilden mit den Themengebieten, nach denen man selbst
sucht also eine Logik und zum anderen die Nummerierung um auch die
Kategorien in eine Reihenfolge zu bringen.

Für mich leiten sich folgende Kategorien ab:

01 Kamera + Favoriten	08 Reisen
02 Produktivität	09 Bild / Video bearbeitung
03 Soziale Netzwerke	10 Shopping & Co.
04 Smart Home	11 Spiele / Fun
05 Fernseh / Video	12 Health
06 Internet Explorer	13 Lernen / Sonstiges
07 E-Mail	14 Vodafone / Samsung / Google

Zudem ist die Google Suche und der Kalender für mich sehr wichtig.
Um das ganze etwas anschaulicher zu machen hier meine Telefonkonfiguration:

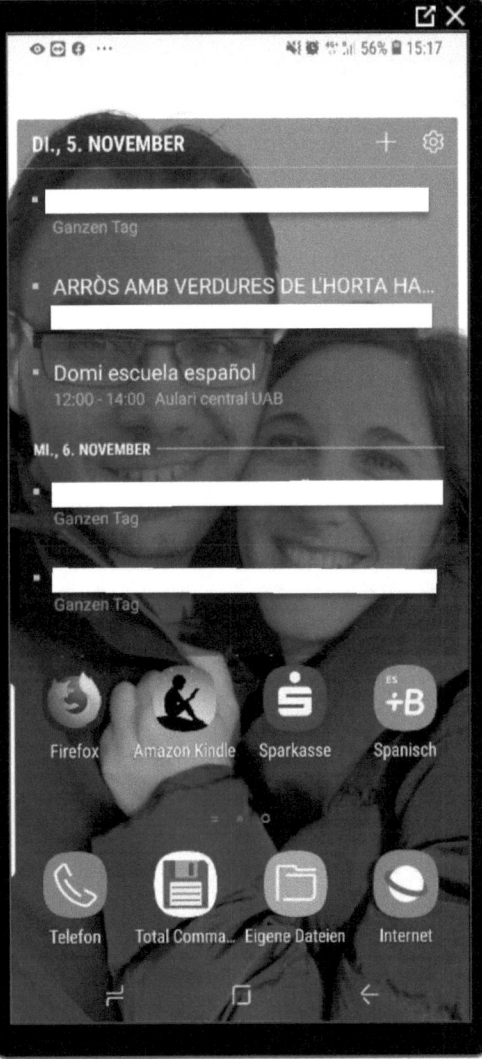

Die Ordner für die Kategorien kann man einfach erstellen, indem man ein Symbol
über das andere zieht. Ich habe diese dann pro Zeile noch farblich unterschieden.

Bilder mit Ort

Die Kamera Funktion ist bekannt, aber wie bei modernen Kameras kann man auch im Handy die GPS Funktion einschalten.

Diese speichert den Standort zum Bild ab.

Heute haben wir so einen Zeit Stempel und eine Stempel für den Ort.

Im Handumdrehen kann man so Bilder zuordnen und in eine Abfolge bringen.

Wer mir und meiner Lebensgefährtin auf Facebook folgt wird feststellen,

dass wir unsere Reisen mit den Lokalen und Sehenswürdigkeiten dokumentieren.

Wer die Funktion eingeschaltet hat kann so vor Ort genießen und beim Videoschnitt oder im Nachgang ganz einfach die Lokale und Orte finden an denen man war – für mich ein noch intensiveres Erleben und wer später die interaktive Karte anschaut kann wunderbar sehen an welchen Orten er war.

Diese Funktion kann man auch nutzen um z.B. an einem Standort mit dem Auto ein Foto zu erstellen so hat man direkt den Ort mitgespeichert.

Auch auf Geschäftsreisen, kann man Hotels in denen man war nachvollziehen und so beim erneuten Reiseantritt davon profitieren.

Die Funktion GPS schaltet man wie folgt ein:

Kamera öffnen, und auf das Einstellrad tippen nun Geotagging einschalten:

Sobald die Funktion eingeschaltet ist, werden die Standort Daten mitgeführt.

Abgerufen werden können diese indem man in der Galerie das Bild öffnet und dann nach oben streift:

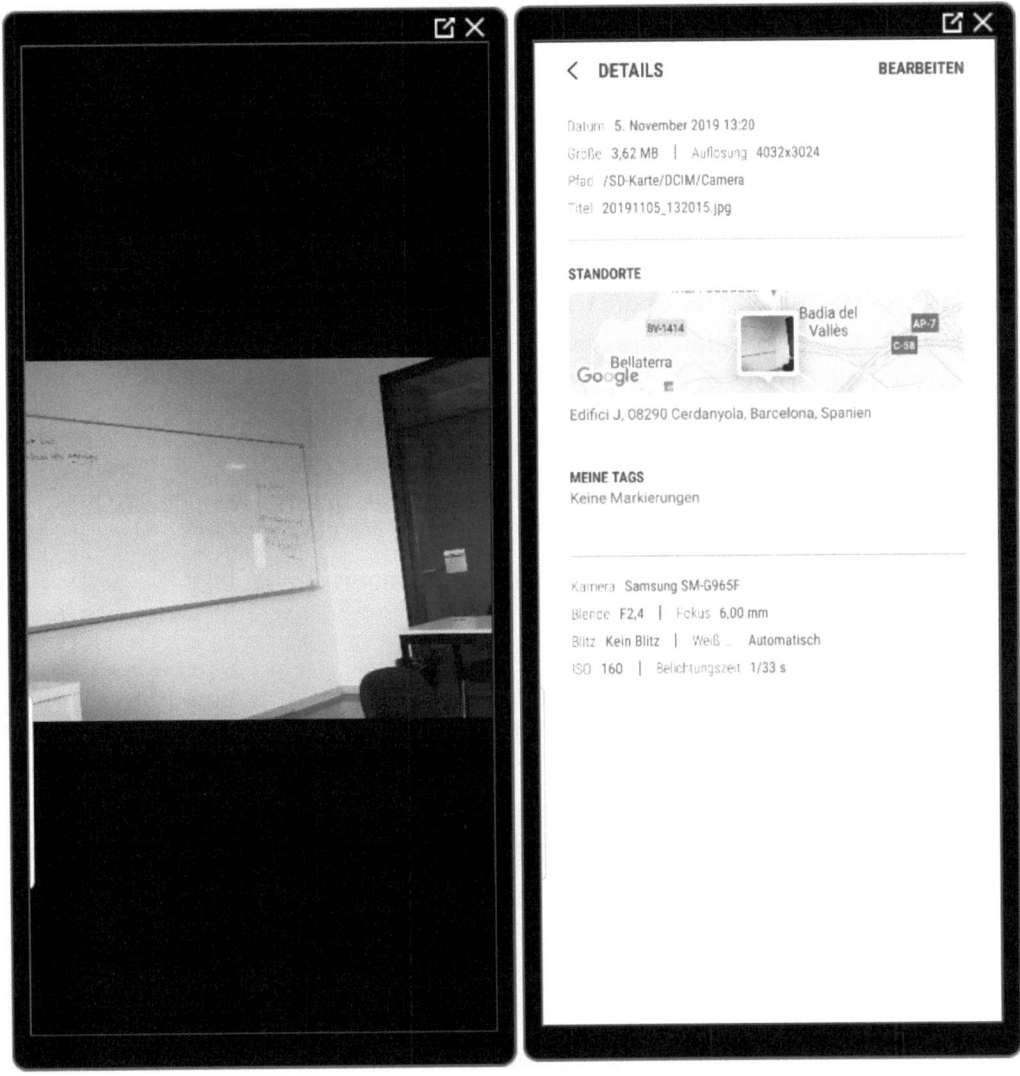

WhatsApp Gruppen

Auch WhatsApp nutzen heute alle Generationen.
Die WhatsApp Gruppen sind eine nützliche Funktion um Daten mit Freunden,
Kollegen oder der Familie auszutauschen.

Aber auch hier gibt es einen nützlichen Tipp um Daten zu tauschen aber
auch Listen zu führen.
So kann man eine Gruppe mit einer anderen Person erstellen
und diese Dann später wieder löschen.
Am Ende bleibt die Gruppe mit nur einem Mitglied – man selbst.
Was das für einen Sinn hat?
Nun ich ersetze damit Post it's.

Ich habe mit eine Gruppe
Datenaustausch erstellt, über die ich Daten schnell zwischen Handy
und Computer austauschen kann wenn ich WhatsApp für Windows nutze.
Zudem aber die Gruppen
ToDo in der ich mitführe was aktuell abzuarbeiten ist
-> praktisch man kann die Punkte löschen die abgearbeitet sind,
eBook nutze ich für die aktuellen Bücher die ich lese, hier notiere ich mir die
Seite auf der ich im PDF war.
Language Group nutze ich um neue Vokabeln in Spanisch abzulegen.

Man kann dies beliebig fortführen.
Die Gruppen sind so praktisch, da man auch ruck zuck im Auto eine Idee als
Audio Datei einsprechen kann, oder die Kamera und ein Bild für z.B. eine
Einkaufsliste nutzen kann.
Wer möchte kann die Gruppen auch mit dem Partner nutzen
und so den Mehrwert für beide erhöhen.

Scannen

Im Appendix des Buches habe ich einen tollen Scanner vorgestellt, dennoch für Kassenzettel und auch Rechnungen nutze ich die App **Tiny Scanner**,
eine tolle App die aktuell für weniger als 5€ zu haben ist.
Nach dem man die App gestartet hat geht man wie folgt vor.

Kamera Symbol anwählen

Nun das Foto des Dokumentes erstellen und über die 4 Ecken die Ecken des Dokumentes auswählen und die Größe definieren.
Im Anschluss über den Haken bestätigen.

Im folgenden Menü wird schwarzweiß vorgeschlagen.
Wenn man möchte kann man den Kontrast wählen.
Zudem kann man auch über das Bild Symbol rechts das PDF als Bild in
Schwarzweiß oder Farbe auswählen.
Hat man die Einstellung so konfiguriert, dass man mit dem Ergebnis
zufrieden ist, so bestätigt man erneut mit dem Haken.

Nun einen Dateinamen eingeben und mit dem Haken bestätigen.

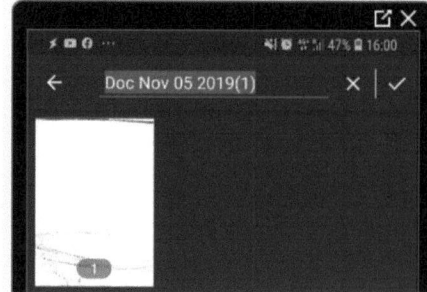

Wer mehrere Dateien hat kann nun über die Kamera weitere Fotos hinzufügen, ist man fertig kann man die Datei über das folgende Symbol per E-Mail oder WhatsApp als Datei versenden.
Ich persönlich sende mir die E-Mail um direkt Arbeitspakete in Outlook zu generieren.

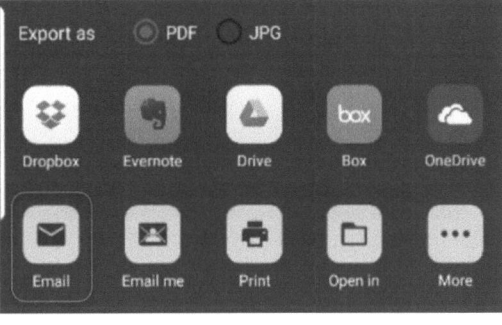

Audio Recorder

Wie bereits im Kapitel OneNote beschrieben kann man heute auch den Computer oder das Handy als Diktiergerät nutzen. Die Einverständnis der Gruppe vorausgesetzt kann man so Meetings protokollieren.
Auf dem Handy eignet sich der Super Sprachrecorder um diese Aufnahmen zu erstellen.

Hat man die App geöffnet kann die Aufnahme über den roten Aufnahme Button gestartet und über den Stop Button wieder beendet werden.
Die Audiodatei wird als MP3 gespeichert.
(Die Werbe Einblendung ist in der App leider nicht abzustellen)

Über den Pfeil kann man die aufgezeichneten Dateien sehen

Mit einem langen tipp auf die Datei öffnet sich das Sub-Menü.
Dieses bietet die Optionen zum Abspielen, Löschen oder Teilen.

Wenn man die Datei weiter nutzen möchte kann man diese per E-Mail oder
WhatsApp an den Computer weiterleiten

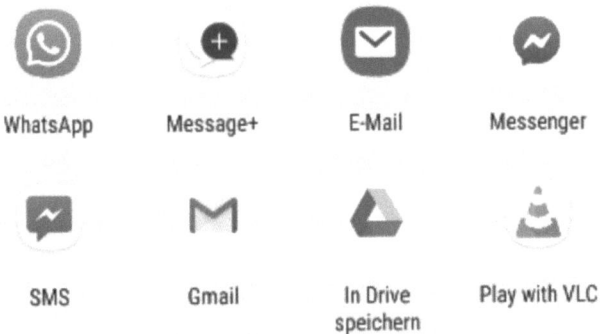

Appendix

Das moderne Zeitalter fordert immer häufiger,
dass wir flexibel sind – zudem sind wir durch die Globalisierung viel
häufiger unterwegs auf der ganzen Welt.
Globetrotter ist das neue Schlagwort.
Die Umstände stellen uns vor neue Herausforderungen und jeder versucht
diese für sich passend zu lösen.
Dies fängt meist beruflich an, sodass man Kataloge digital auf dem Rechner
verwaltet – etwas Gewöhnung bedürftig aber spätestens nach dem ersten
Kick-off Meeting im Ausland ein Muss.
Denn wer kann schon die ganzen Kataloge in einem extra Koffer mit sich
führen.
Aber auch privat ist der E-Book Reader praktisch und man hat gerne seine
Dokumente digital verfügbar.
Industrie 4.0 und das Digitalisierungszeitalter haben begonnen.
Neben den Möglichkeiten die Daten effektiv und effizient zu verwenden
stellt sich also die Frage, wie wir diese sichern und auch „Altdaten" erfassen.
Hierzu möchte ich in diesem Abschnitt mich ein paar Impulse geben.

Festplatten / Datenspeicher

Sowohl privat als auch beruflich stellt sich die Frage nach Server Lösungen NAS Systemen also Network attached Storage Lösungen oder einer großen Festplatte. Für Firmen sind Server Lösungen eine clevere Wahl, da ein IT Team für die Verwaltung sorgt und international mit den Daten gearbeitet wird.

Privat welchen viele auf Cloud Lösungen aus oder nutzen Netzwerkfestplatten also NAS Systeme. Zunächst sollte man sich die Frage stellen, was die Absicht für ein solches System ist. Ich höre oft, dass die Daten ja bei einem Server oder NAS System gesichert sind, da die Festplatten gespiegelt werden. Vorsicht ein RAID System gewährleistet keine Datensicherheit! Denn wird auf der einen Festplatte etwas gelöscht, spiegelt dies automatisch auf die Zweitfestplatte. Zudem wird man immer abhängiger von Internet Verbindungen und dem Datentraffic. Wer alle Daten online hat kann diese zwar mir sämtlichen Geräten live nutzen, bei einem Ausfall durch fehlende Netzabdeckung oder aufgebrauchten Datenvolumen sind Daten so aber nicht mehr zugänglich. Würden heute die Internet kosten steigen hätten viele erhebliche Probleme und Mehrkosten.

Ich warne seit langem vor diesem Phänomen denn auch Musik und Filme die heute nicht mehr gekauft werden da man sie ja jederzeit live streamen kann sind so nur dann verfügbar wenn Sie durch den Provider gestellt werden.

Sobald diese aus dem Programm genommen werden nicht mehr – aus meiner Sicht entsteht hier eine zu große Abhängigkeit. Für mich hat sich daher ein zwei Festplatten System bewahrheitet. Heute sind 2.5 Zoll Festplatten bis zu 4.5 TB erhältlich. Dies reicht meist aus um alle Daten zu sichern und so auch lokal verfügbar zu haben die Outlook Datendateien und auch die Eigenen Dateien verknüpfe ich auf dieses externe Laufwerk und nutze den internen Speicher nur für das System. Diese externe Festplatte kopiere ich 1x wöchentlich auf die identische zweite Festplatte. Das hat den Vorteil, dass ich bei einem Computerabsturz innerhalb von 2 Stunden mit einem Leihlaptop oder Ersatzgerät wieder den Vollen Funktionsumfang nutzen kann und online bin.

Die beiden Festplatten gewährleisten Sicherheit der Daten, geht eine kaputt sind im Zweifel maximal die Daten einer Woche verloren.
Werden Daten gelöscht,
so hat man einige Tage oder Stunden Puffer um dies zu erkennen und um die Daten wiederherzustellen. Bei einem Verschlüsselungsvirus ist die zweite Platte komplett vom Netz und somit ein Befall wie bei einem NAS System ausgeschlossen. Da eine Festplatte immer am Mann ist und die andere Zuhause deponiert ist auch gewährleistet, dass ein Backup im Falle eines Diebstahls, Brandes usw. Vorhanden ist. Die Frage die sich nun noch stellt ist die Wahl der Festplatte. Ich setze hier auf eine Western digital Festplatte mit 5TB 2.5" die eine Hardware Verschlüsselung hat und somit für den Computer ein Passwort gewählt werden muss um die Daten zu sehen. Würde die Festplatte geklaut selbst wenn man Sie direkt vom Computer entfernt, dann könne auf einem Zweitgerät die Daten nicht verwendet werden. Die 2.5" Festplatten sind sehr robust und überleben sogar kleiner Stürze und die Geschwindigkeit ist Praxis erprobt:

Für größere Ansicht Maus über das Bild ziehen

WD Elements Portable , externe Festplatte - 5 TB - USB 3.0 - WDBU6Y0050BBK-WESN
von Western Digital
⭐⭐⭐⭐☆ ⌄ 3,379 Sternebewertungen | 985 beantwortete Fragen

Unverb. Preisempf.: ~~149,99 €~~
Preis: 135,90 €
Sie sparen: 14,09 € (9%)
Alle Preisangaben inkl. deutscher USt. Weitere Informationen.

Jetzt automatische Amazon-Konto Aufladung einrichten und mehr Zeit beim Einkaufen sparen.
Kostenloser Amazon-Produktsupport inbegriffen ⌄

Neu (2) ab € 135,90 ✓prime KOSTENLOSE Lieferung

Stil: **Portable**

Portable	Desktop

Kapazität: **5TB**

500GB	750GB	1TB	1.5TB	2TB	3TB	4TB	5TB

Wer größere Datenmengen nutzt bzw. hat dem bleibt nur eine 3.5" Festplatte hier entweder mit Windows eigener oder aber einer Drittanbieter Software Verschlüsselung. Ich kann hier die Seagate Ironwolf mit 16TB empfehlen allerdings hat das 3.5" System den Nachteil, dass man eine separate Stromversorgung benötigt.

Für größere Ansicht Maus über das Bild ziehen

Seagate ST16000NEZ00 IronWolf Pro 16 TB NAS intern Festplatte (8,9 cm (3,5 Zoll), 7200 u/min, 256 MB Cache, SATA 6 GB/s, silber, FFP (Frustfreie Verpackung))

von Seagate

★★★☆☆ ⌄   46 Sternebewertungen | 15 beantwortete Fragen

Preis: 575,49 €

Alle Preisangaben inkl. deutscher USt. Weitere Informationen.

Jetzt automatische Amazon-Konto Aufladung einrichten und mehr Zeit beim Einkaufen sparen.

Kostenloser Amazon-Produktsupport inbegriffen ⌄

Neu (1) ab € 575,49 ✓prime KOSTENLOSE Lieferung

Kapazität: **16 TB**

| 250 GB | 480 GB | 960 GB | 1920 GB | 3840 GB | 1 TB |

| 2 TB | 3 TB | 4 TB | 6 TB | 8 TB | 10 TB | 12 TB | 14 TB |

| **16 TB** |

Backup / Hilfsmittel

Um ein Backup von der einen Festplatte zur anderen dir zuzuführen gibt es viele Anbieter und auch Tools für mich eignet sich das Tool FreeFileSync am besten.

Das Tool kann kostenlos unter
https://freefilesync.org/
heruntergeladen werden und ist recht einfach in der Nutzung.

Hierzu kurz vorgestellt, wie man ein Laufwerk zum Spiegel
also zum Kopieren einrichtet:

Nach dem Öffnen erhält man zwei Fenster, auf der linken Seite fügt man
nun das Laufwerk oder den Pfad ein, von dem man auf ein anderes Laufwerk
oder einen andere Pfad kopieren möchte und auf der rechten Seite das Ziel.
Im Zweiten Schritt stellt man die Synchronisierungsart ein
– in unserem Fall **Spiegeln.**
Final startet man den Prozess über **Vergleichen.**
Das Programm bietet jede Menge Sonderfunktionen, hier kann man bei Bedarf
im Handbuch nachlesen.

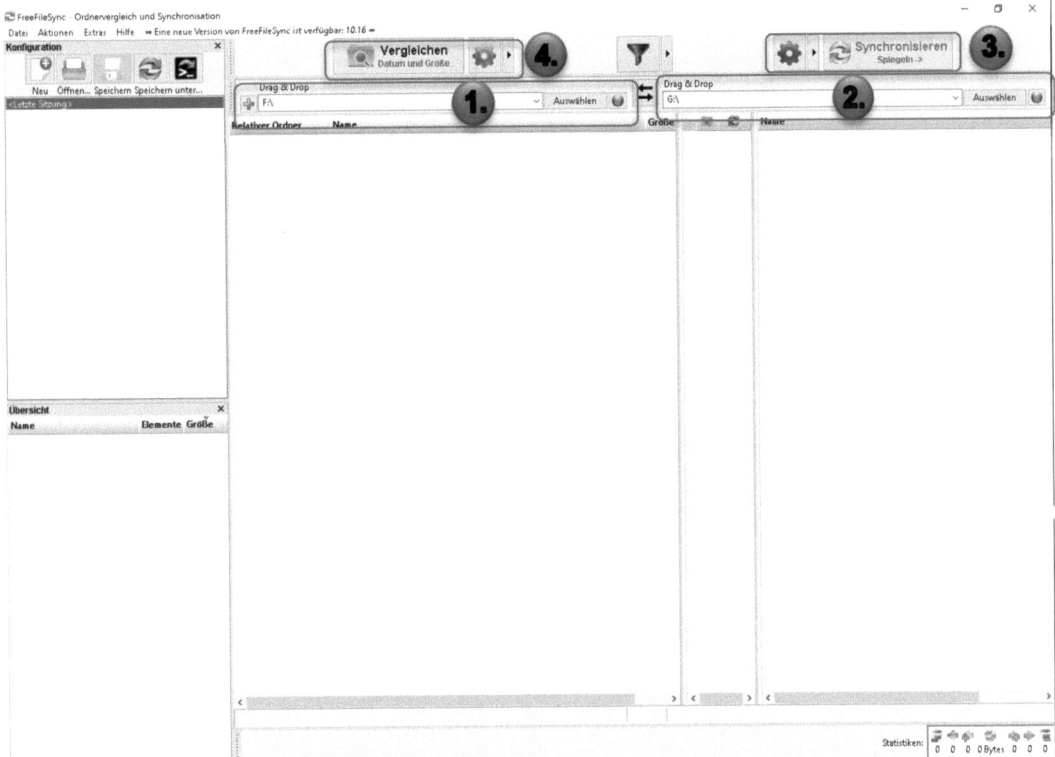

Scanner / Unterstützung beim Digitalisieren

Wie bereits im Abschnitt zuvor angesprochen ist oft die Frage wie man bei der Digitalisierung alt Daten digitalisiert, ab3r auch wie man permanent die Daten die man in Papierform hat durchgängig digital hält also Briefe Rechnungen, Kassenzettel Bücher und Kataloge. Nun da führt um das Scannen kein Weg Drumherum.

Im heutigen Zeitalter bieten sich sehr viele Möglichkeiten und ich habe mehrere über den Lauf der Zeit ausprobiert.

Für mich hat sich die Kombination aus FreeScan auf dem Handy für Kassenzettel und Rechnungen und dem Fuji iX500 Scanner bewährt.

Das Tool auf dem Handy ist im Abschnitt Handy beschrieben, der Scanner ist hier abgebildet:

Der Scanner ist die effizienteste Variante im Bereich Scannen, da er sehr schnell scannt und dies zudem mit immer mit vor der und Rückseite tut.

Die Datei wird direkt in ein PDF umgewandelt.
Zudem wird die Größe also das Format direkt angepasst,
scannt man z.B. Kassenzettel, so wird die Größe automatisch übernommen.

Nachteil ist, dass man das Buch oder den Katalog zuvor aufschneiden muss.
Ich nutze hierzu einen Buchschneider von HOMFA:

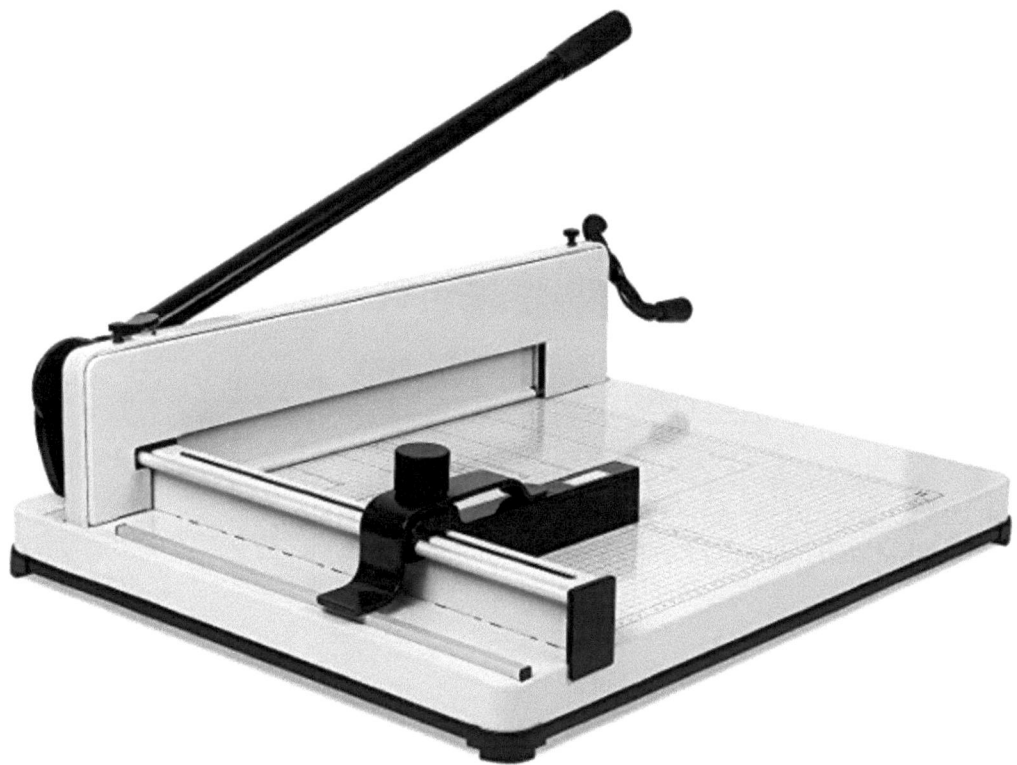

Wenn man also keinen digitalen Katalog bekommt,
so kann man die Daten dennoch über diesen Weg digitalisieren.
Im Nachgang empfiehlt sich über Adobe Acrobat Pro einen OCR Scan zur
Texterkennung durchzuführen.

Google Alerts

Die digitalen Medien machen es nahezu unmöglich alle Informationen zu überblicken.

Der Spam Filter ist schon deshalb nicht mehr notwendig,

da ich ohnehin nur zum Lesen wirklich wichtiger E-Mails komme.

Aber wie nun immer aktuell auf dem Stand sein?

Nun Google hat ein Tool das sich Google Alerts nennt, hier kann man einstellen bei welchen Schlagworten Google eine Benachrichtigung an die Gmail Adresse sendet.

Wenn man sich also eine Gmail E-Mail Adresse einrichtet und diese nach den entsprechenden Schlagworten filtern lässt bekommt man eine Nachricht, sobald sich zu dem entsprechenden Schlagwort neue Daten in Google befinden.

Diese Benachrichtigungen kann man dann an eine beliebige E-Mail Adresse weiterleiten und hat so immer aktuell alle News, die man benötigt parat.

Wir melden uns zunächst auf der Seite an:

https://www.google.com/alerts

Nun das Schlagwort eingeben und die Konfiguration wählen.

Für mich hat sich folgende Konfiguration bewährt:

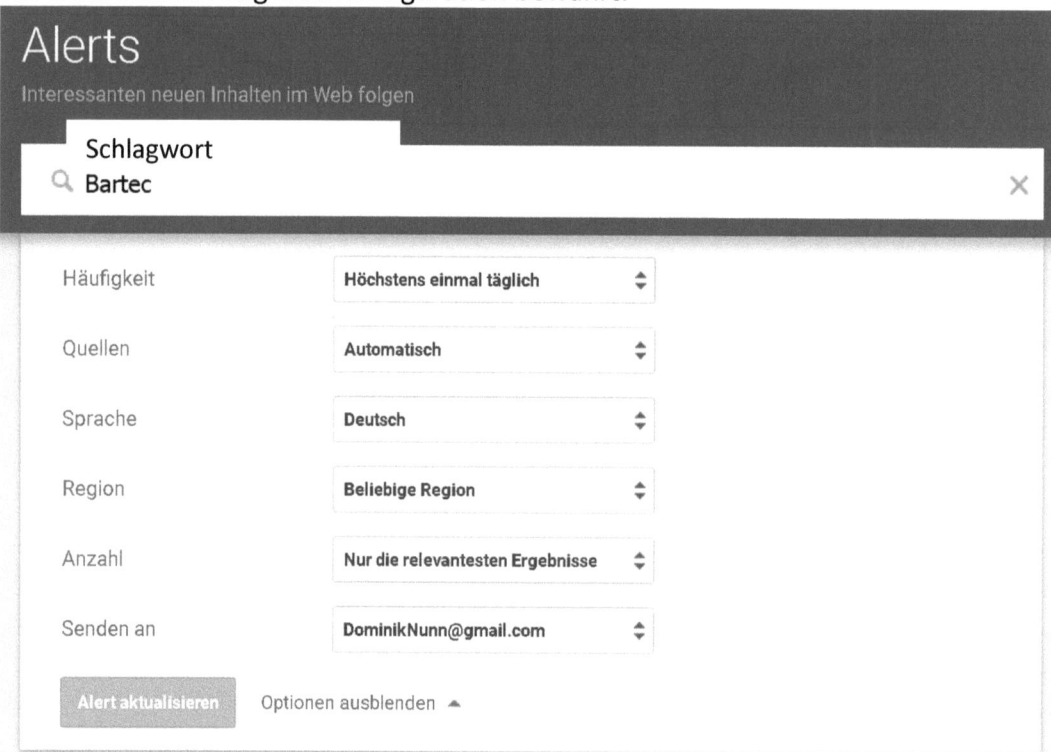

Nachdem der Alert erstellt wurde, wird automatisch eine Benachrichtigung an das entsprechende Google Gmail Postfach gesendet.
Möchte man nun diese Alert E-Mails weiterleiten, so kann man einfach im Gmail Postfach eine E-Mail Adresse angeben, zu der die E-Mails weitergeleitet werden.

Hierzu zunächst im Google Gmail Konto anmelden.
Im zweiten Schritt über das **Einstellungsrad** und **Settings** bzw. **Einstellungen** in die erweiterten Optionen wechseln:

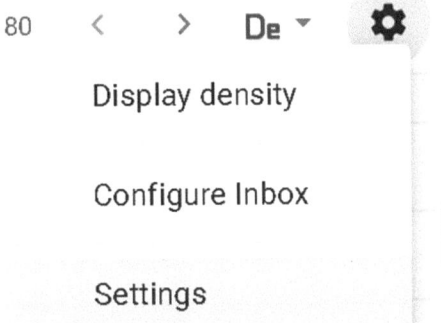

Nun kann über den Reiter **Forward and POP/IMAP** eine E-Mail Adresse eingetragen werden, zu der die E-Mails weitergeleitet werden:

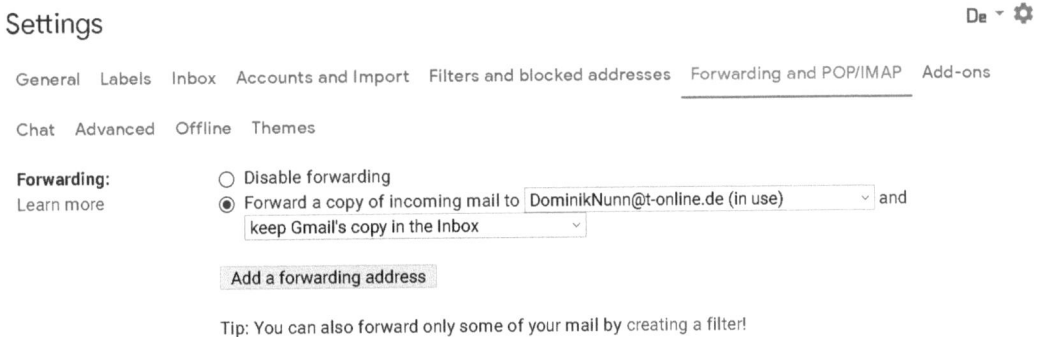

Ich behalte die E-Mails in Kopie im Postfach, aber dies obliegt dem Anwender.